Ciberética

Responsabilidade em um mundo interligado pela rede digital

Anton Kolb
Reinhold Esterbauer
Hans-Walter Ruckenbauer
(orgs.)

Ciberética

Responsabilidade em um mundo interligado pela rede digital

Colaboradores:
Gunter Bauer, Rafael Capurro, Reinhold Esterbauer,
Anton Kolb, Andreas Maron, Hermann Maurer,
Wolf Rauch, Gerhard Reichmann,
Hans-Walter Ruckenbauer, Michael Trimmel

Edições Loyola

Título original:
Cyberethik – Verantwortung in der digital vernetzten Welt
© 1998 W. Kohlhammer GmbH
Stuttgart Berlin Köln
ISBN 3-17-015571-7

Edição Brasileira

Direção
Fidel García Rodríguez, SJ

Tradução
Paulo Astor Soethe
Maurício Mendonça Cardozo
Maria José Viana de Almeida-Müller

Preparação
Maurício Balthazar Leal

Revisão
Renato da Rocha
Sandra Garcia Custódio

Diagramação
Telma dos Santos Custódio

Edições Loyola
Rua 1822 nº 347 – Ipiranga
04216-000 São Paulo, SP
Caixa Postal 42.335 – 04299-970 – São Paulo, SP
☎: (0**11) 6914-1922
℻: (0**11) 6163-4275
Home page e vendas: www.loyola.com.br
Editorial: loyola@loyola.com.br
Vendas: vendas@loyola.com.br

ISBN: 85-15-02334-2

Sumário

Prefácio*

Entramos na era dos novos meios de comunicação, dos computadores e da internet. Alguns de nossos contemporâneos vêem nisso a maior e mais radical de todas as revoluções intelectuais de todos os tempos, uma ruptura cultural de dimensões inimaginadas, uma mudança de paradigmas; ou então esperam dessa revolução um grande crescimento econômico, a garantia do emprego ou o aniquilamento dos postos de trabalho hoje existentes. Quando se trata de ponderar as chances e os riscos que a era digital pode trazer para a sociedade, benefícios e prejuízos que ela pode acarretar, seu sentido ou seu contra-senso, pessimistas e otimistas dividem-se de modo claro.

Os otimistas anunciam-se capazes de criar um mundo melhor, uno e novo, prometem concretizar, finalmente, noções como humanidade, individualidade, liberdade e comunicação. A internet seria a rede de todas as redes. Com ela haveria começado, enfim, um futuro melhor. Os pessimistas, de sua parte, temem o fim das noções de humanidade, corporalidade, possibilidade de contato físico, identidade, responsabilidade, o fim da realidade real. A nova "filosofia do espírito" e a inteligência artificial colocariam o espírito em perigo, nos conduziriam ao materialismo, a um novo mecanicismo, ao funcionalismo e ao deducionismo. O desenvolvimento deveria ser visto no sentido de um recalcamento, de compensação e fuga; ele seria o começo do fim de nosso futuro.

As novas tecnologias da informação, interligadas mundialmente, estão relacionadas à globalização da economia, à manipulação da informação genética, e com isso potencializam tanto o poder como a impotência do ser humano. É possível prever o aprofundamento da divisão social em classes: de um lado, os ricos em informação; de outro, os desprovidos de informação. Os ricos ficarão cada vez mais ricos, os pobres, cada vez mais pobres. A era dos *bits* e *bytes* faz-nos oscilar entre parcelas e regras, entre as massas e as classes. A distribuição de parcelas e a atenção às massas parecem levar a melhor. Informação ainda não é comunicação. E um dos

* Tradução: Paulo Astor Soethe.

principais problemas do futuro consiste em relacionar viabilidade econômica com solidariedade, e informação com humanidade. A Rede Mundial de Computadores também deveria empenhar-se por fomentar verdade, valores e realidade.

Em 1997, o Instituto Filosófico da Universidade Karl-Franz, em Graz, na Áustria, promoveu, em conjunto com o Instituto de Ciências da Informação, um seminário interdisciplinar sobre essas questões, com o título Ética da Informação. Nesse seminário, atuaram representantes de diversas universidades, faculdades e áreas de estudo, provenientes de universos teóricos e práticos como ciências da informação, psicologia, informática, direito, ética, filosofia e teologia (uma lista dos vários participantes encontra-se no fim deste volume). Suas contribuições foram colocadas à disposição e são trazidas a público nesta coletânea. As idéias expressas nos textos são de responsabilidade de seus autores.

Grande parte dos problemas científicos e sociais só pode ser solucionada, se possível, por meio da cooperação e por via interdisciplinar. A compreensão disso impõe-se aos poucos e à custa de muitos esforços, mais facilmente em áreas teóricas do que na prática. Só se pode chegar a determinados objetivos quando se caminha lado a lado, e não em direções opostas e conflitantes. A visão mais comum e integrada das diferentes contribuições individuais só se tornou possível, neste livro, porque os autores puderam discutir uns com os outros, ao longo do seminário.

O presente volume proporciona um panorama de problemas e propostas de solução atuais, afeitas a uma área específica, em que tiveram destaque os seguintes campos temáticos: *status* e relevância social crescente dos novos meios de comunicação; ligação entre teoria e prática, informação e motivação; intermediação de visões otimistas e pessimistas; relação entre realidade virtual e real; redução ou minimização do material negativo à disposição na rede de computadores; proteção de crianças, adolescentes e da dignidade da pessoa humana; fortalecimento da consciência da responsabilidade, sobretudo a responsabilidade futura e à distância; formulação de linhas mestras éticas e sua aplicação aos novos meios de comunicação, bem como à sociedade, à política, à economia e à Igreja. Portanto, o presente volume não se destina apenas a especialistas e estudantes, mas também a um público mais amplo. Ética da informação e ética para a internet são de grande atualidade e significância, sobretudo para o início do novo milênio.

Graz, janeiro de 1998
ANTON KOLB

Ontologia e antropologia virtuais*

Anton Kolb

1. O estado da questão

Hoje em dia, as noções sobre o sentido ou o contra-senso, sobre o benefício ou o malefício trazidos pelo computador, pela internet e pela realidade virtual dividem as pessoas em dois grupos, ou duas classes: otimistas e pessimistas. Há um abismo que hoje parece insuperável. A discussão gira em torno de chances e perigos, medos e esperanças, felicidade e infelicidade, compreensão e recusa, aceitação e rejeição, fascinação e frustração, entusiasmo e repúdio, sonhos e pesadelos, essência e aparência, luz e trevas, euforia e demonização, apoteose e apocalipse, céu e inferno. Alguns vêem a internet com simpatia, outros a consideram pérfida. Precisamos procurar, e encontrar, um caminho intermediário entre essas duas posições extremas. As chances de obter popularidade são maiores para quem pinta as situações de forma parcial, para quem descreve ou catástrofes ou paraísos. Por isso há tão poucas vozes ponderadas, que defendam posições intermediárias e racionais. A propósito, o uso dos computadores e seu julgamento é muitas vezes uma questão de faixa etária. Os jovens já crescem com os computadores.

Otimistas argumentam: com o computador, o reino dos céus vem à terra. Não precisamos mais esperar pelo paraíso do além, mas nós mesmos o criamos, do lado de cá. A ciência e a pesquisa conquistam avanços enormes, alcançam seus objetivos, há uma vida próspera, saciamos nossos desejos, o novo instrumento traz possibilidades ilimitadas. Tempo e espaços são suspensos. Se isso cabia apenas a Deus, hoje somos nós que estamos ao mesmo tempo em todos os lugares (alcançamos a onipresença). Passado e futuro ocorrem no agora (tudo está presente). O mundo, o ser humano, as realidades podem ser simuladas, e simultaneamente todos os compromissos podem ser cumpridos.

* Tradução: Paulo Astor Soethe.

O "Gênesis" finalmente alcança seu objetivo, um objetivo infindável: o ser humano torna-se em definitivo imagem e semelhança de Deus, pode até mesmo tomar o lugar de Deus; o ser humano *cria* a si mesmo e a seu mundo. Deus e o mundo tornam-se supérfluos, são substituídos pelo homem e pelo computador. Clonamo-nos a nós mesmos. O ser humano será perfeito, completo, insubstituível e imortal. Ora, vamos *criar* esse paraíso na Terra.

Pessimistas crêem que o computador é o começo do fim. Para eles, o apocalipse já está a pleno vapor. Chegou-se ao limite. A *hybris*, o ultraje, conduz o homem à queda. Primeiro, o ser humano negou, desagregou e destruiu a "natureza primeira", ou seja, o mundo, a natureza extra-humana, a realidade real, e o fez à medida que a confundiu com a natureza do homem e a entendeu como natureza própria ao homem, como "segunda natureza". E então — como passo subseqüente e conseqüência lógica — ele negou, desagregou e destruiu também essa "segunda natureza". Consciência e natureza foram substituídas pelo inconsciente e pela desrazão (uma "terceira natureza"). E o ser humano, com auxílio dos computadores, pretende agora criar uma "quarta natureza", que deve substituir as duas primeiras mas, em virtude da eliminação de ambas, já não pode ser uma "natureza" destinada a transpor a "terceira natureza", de modo consciente. O que faz essa "quarta natureza" é desagregar definitivamente toda e qualquer realidade, naturalidade, criaturalidade e racionalidade. O ser humano quer, em definitivo, ocupar o trono de Deus, tomar Seu lugar. Eis a maior tentação, o maior anseio do ser humano, seu pecado original, sua maldição, sua decadência e seu fim (basta ver o relato do Gênesis); um fim sem objetivo. Com isso, no entanto, reverte-se a criação: Deus, o mundo e o próprio ser humano são *de-formados*. Contudo, o objetivo e o sentido do ser humano não podem estar em que ele mesmo se torne supérfluo, em que ele se extinga. Isso é o inferno na Terra, a *hybris* e a mortalidade intermináveis que só fazem embrutecer. Estejamos atentos! Afastemo-nos dessa blasfêmia!

A "verdade" deve estar em um meio-termo; em algo entre o milagre pentecostal, no qual todos entendem a todos, e a balbúrdia babélica, entre o santo Graal e a tumba irremediável. Há cognições de sentido e confusões de sentido, conhecimento intelectual e descaminhos do intelecto. O computador também é ambivalente — tal como o homem que o concebeu. A internet também tem sua face de Jano. E talvez se possa comparar o computador com a Praça da Paz Celestial, em Pequim, onde muitos perderam suas vidas. Em todo caso, a internet corresponde a um salto quantitativo no desenvolvimento, a uma mudança de paradigma, a uma revolução sem igual na história. Os "multimeios" estão na ordem do dia. Quem pode prever as conseqüências da consolidação e dos efeitos globais dos recursos da informática, da manipulação genética e do uso da energia atômica? Não se pode discernir, nesses casos, se há um avanço ou um fim sem objetivos, uma regressão. Quem pode medir avanços e retrocessos, e com que parâmetros? Ainda assim, o que ocorre em decorrência do uso dos computadores e da internet é uma alteração radical na relação do ser humano consigo mesmo, com seu próximo e com o mundo. O mundo do trabalho e o mundo vital, as formas de trabalho e de vida sofrerão mudanças decisivas, maiores do que as pessoas parecem prever. As instituições e culturas sofrerão um processo erosivo. Talvez não nos aproximemos apenas da rede, mas mergulhemos nela. E, se cairmos na rede, quem ganhará com isso? Trata-se da rede das redes? Ou a rede é uma ironia, um narcótico? Estamos celebrando nosso próprio réquiem? É correta a afirmação de H. M. McLuhan segundo a qual "o meio é a mensagem"[1]? E descrevo aqui as faces negativas justamente porque grande parte das demais contribuições tratará de mostrar as faces positivas, e porque, a longo prazo, vislumbro mais riscos que chances. As muitas faces positivas do computador para a ciência, a economia, o emprego e a política, além disso, vão se tornar tanto mais válidas quanto mais puderem ser evitadas ou minimizadas as faces negativas que ele apresenta, quanto mais se puder controlá-las ou, na pior das hipóteses, puni-las.

2. *Ontologia virtual*

2.1. A relação entre as realidades virtual e real

A determinação relacional entre as realidades virtual e real consiste atualmente em um dos problemas centrais da filosofia, da filosofia da mídia e da ciência em geral. Para muitos, a realidade virtual cada vez mais toma o lugar da realidade real; e não são poucos os que crêem que a realidade virtual já se tornou a realidade única, a força, o poder, a chance e a esperança da ciência, da humanidade e do futuro (*virtus*, em latim, significa "virtude", "força efetiva", "coragem", "arrojo"; ou seja, qualidades marcadamente positivas). A consciência estaria ocupando o lugar do ser, e portanto deixaria de derivar do ser. A pergunta sobre o ser do mundo, sobre a essência do ser humano estaria mal elaborada e não poderia ser respondida de maneira adequada. Argumentos metafísicos não contariam. Todas as coisas formalizáveis também poderiam ser transformadas em algoritmos, podendo, com isso, ser computadorizadas[2]. E isso também se aplicaria à linguagem humana. A possibilidade de digitalizar o mundo, o ser humano,

1. M. Baltes, F. Böhler, R. Höltschl, J. Reuss (orgs.), *Medien verstehen. Der McLuhan-Reader*, Mannheim, 1997, p. 112.

2. Tal é o que diz, por exemplo, J. Götschl em palestra sobre "Inteligência artificial e suas conseqüências", em 11 de junho de 1997, em Graz (Áustria).

a consciência e a linguagem, tudo isso avança inapelavelmente, provocando espanto e fascinação. A inteligência artificial estaria em marcha e avançaria sempre mais para tomar o lugar da inteligência natural. Agora, só se poderia falar de entendimento e racionalidade quando se tratasse de percorrer de maneira correta um sistema de regras. De qualquer maneira, não se saberia nada sobre o interior do ser humano (basta ver o behaviorismo). A vida não passaria de uma sistema de regras em permanente acabamento. E essa consciência é vista, cada vez mais, como dependente do cérebro, do sistema neurônico de regras. O espírito, a consciência, o pensamento, o sentimento e o falar do ser humano corresponderiam ao *software*, enquanto o cérebro estaria para o *hardware*. E mesmo a evolução já poderia ser simulada. Nos Estados Unidos, "consciência" (ou "espírito") é de fato *o* tema central da filosofia e da ciência.

2.2. Construtivismo radical

Como representantes do construtivismo radical, cabe mencionar três austríacos, P. Watzlawick[3], H. von Foerster[4] e E. von Glasersfeld[5], e dois chilenos, H. Maturana[6] e F. J. Varela[7]. Sobre seus precursores, ou sobre outros construtivistas menos radicais, não se fará qualquer comentário.

---

3. P. Watzlawick, (org.), *A realidade inventada*, Campinas, Psy, 1994; id., *Wie wirklich ist die Wirklichkeit? Wahn – Täuschung – Verstehen*, München, ^{22}1996; id., *Die Möglichkeit des Anderssein. Zur Technik der therapeutischen Kommunikation*, Bern, ^{4}1991. P. Watzlawick, Kreuzer, F., *Die Unsicherheit unserer Wirklichkeit. Ein Gespräch über den Konstruktivismus*, München, ^{5}1995; *Die Welt als Labyrinth. Die Unsicherheit unserer Wirklichkeit. Franz Kreuzer im Gespräch mit Friedrich Dürrenmatt und Paul Watzlawick*, Wien, 1982.

4. H. v. Foerster, *Wissen und Gewissen. Versuch einer Brücke*, org. S. Schmidt, Frankfurt/M., ^{3}1996; id., *KybernEthik*, Berlin, 1993; H. v. Foerster, E. v. Glasersfeld, P. M. Hejl, S. J. Schmidt, P. Watzlawick, *Einführung in den Konstruktivismus*, München, ^{3}1997.

5. E. v. Glasersfeld, *Radikaler Konstruktivismus. Ideen, Ergebnisse, Probleme*. Frankfurt/M., 1997; id., *Wege des Wissens. Konstruktivistische Erkundungen durch das Denken*, Heidelberg, 1997; id., *Wissen, Sprache und Wirklichkeit. Arbeiten zum radikalen Konstruktivismus*, Braunschweig, 1992.

6. H. Maturana, *Was ist Erkennen?* München, 1996; id., *Biologie der Realität und des Selbstbewusstseins*, Frankfurt/M., 1996; id., *Erkennen. Die Organisation und Verkörperung von Wirklichkeit. Ausgewählte Arbeiten zur biologischen Epistemologie*, Braunschweig, ^{2}1985. H. Maturana, F. J. Varela, *A árvore do conhecimento*, Campinas, Psy, 1995.

7. F. J. Varela, *Ethisches Können*, Frankfurt/M., 1994; id., *Kognitionswissenschaft – Kognitionstechnik. Eine Skizze aktueller Perspektiven*, Frankfurt/M., ^{3}1993. Cabe ainda mencionar: S. Schmidt (org.), *Der Diskurs des Radikalen Konstruktivismus*, vol. 1, Frankfurt/M., ^{6}1994; "Kognition und Gesellschaft", in *Der Diskurs des Radikalen Konstruktivismus*, vol. 2. Frankfurt/M., ^{3}1994; R. Hofstetter, "Die Wirklichkeit als Konstrukt. Bemerkungen zum Radikalen Konstruktivismus", in *Wissenschaftliche Nachrichten* 105 (set. 1997): 3-5.

De início, um resumo de algumas das idéias fundamentais do construtivismo radical. Para essa corrente de pensamento, não encontramos a realidade, mas a inventamos. O que pretensamente encontramos é na verdade inventado por nós. O conceito de "descoberta" deve ser substituído pelo de "invenção", "construção". Toda realidade, em sentido imediato e literal, não passa de uma construção dos que imaginam descobri-la e pesquisá-la. O mundo, o entorno, com todas as conseqüências éticas e estéticas daí decorrentes, são uma invenção nossa. Não há concordância alguma entre pensar e ser, entre o original e a reprodução. Nosso saber não se refere a um ser em si, externo a nós, não se trata de uma ontologia, nem no mundo do ser. *Nada* sabemos sobre o *verdadeiro* caráter das coisas. Nosso pensamento não atinge a realidade, não a exprime, não a retrata. O mundo verdadeiro foge a nossos sentidos e a nosso intelecto. Não há qualquer cognição intelectual ou sensorial. Não conhecemos nem pesquisamos o mundo real. Para nos aproximar do mundo, nada fazemos além de tomar nossas suposições e pressuposições básicas como aspectos "objetivos" da realidade, embora elas não o sejam. Há inúmeras concepções, realidades e visões de mundo altamente contraditórias entre si. "Real é o que denominamos real."[8] O construtivismo radical, dessa forma, associa-se ao seguinte dilema, paradoxo ou lógica quase irrefutável do ceticismo: *jamais* poderemos saber se nosso saber e nossa vivência coincidem com um mundo que viesse a estar isento do ser humano. A constatação de uma concordância ou não-concordância só é possível pela comparação entre um campo e outro. Tal comparação, no entanto, não nos é possível porque só podemos saber sobre a vivência do não-vivido.

Assim, a divisão sujeito-objeto pode e deve ser suprassumida. Não há objetos que defrontem com o sujeito, nenhuma divisão entre observador e coisa observada. Processos cognitivos e sociais podem ser explicados internamente. A realidade passa a ser um produto social. Tal como os animais, precisamos de estruturas, ordenações, causalidade e sentido, mas tais coisas são construídas por nós, criadas, e não dadas *a priori*. Realidades pessoais, científicas e sociais, nós as *criamos* e as combinamos entre nós. *Autopoiesis*, segundo H. Maturana, significa autocriação. Trata-se aí da ordenação e da organização das experiências no mundo de nossas experiências. O mundo em que vivemos, nós o devemos a nós mesmos. O conceito de "realidade" serve como uma muleta confortável, mas é supérfluo, pois não se pode diferenciar realidade e ilusão. Da realidade, na melhor das hipóteses, sabemos *sempre* e *tão-somente* apenas o que ela *não* é.

Encontramo-nos em uma realidade criada artificialmente. Não se trata do mundo do ser, mas apenas de representações e vivências, de uma inter-

8. Título da conferência de P. Watzlawick proferida em Graz em 9/10/1984, no âmbito da "Steirische Akademie".

pretação do sujeito que vivencia, de uma adaptação, em sentido funcional; trata-se apenas das decorrências de nossa procura pela realidade, da maneira pela qual essa busca acontece. O cérebro não dispõe de nenhum acesso direto ao mundo, mas apenas representa um sistema fechado e auto-referencial. A realidade e a ação são apenas o produto da comunicação e da informação. A realidade surge a partir da comunidade. Os organismos são autônomos, regulam-se a si mesmos. Não podemos conhecer fatos, *apenas* delimitá-los, "fazê-los". Afinal, "fato" tem a ver com *facere* (lat.), "fazer", "agir", "atuar". Conhecemos o que fazemos. A tese remonta a G. Vico, que equiparou o *verum* e o *factum*. O alcance da cognição seria o mesmo que o da ação. Trata-se, portanto, da busca por maneiras *adequadas* de agir e por formas *adequadas* de pensamento. Pode-se falar apenas de "adequação", não de "correção". Uma chave é adequada, mas não é correta (cf. o pragmatismo, o utilitarismo, o instrumentalismo e o conceito de "comprovação" no racionalismo crítico). Da mesma forma, a linguagem, os meios de comunicação são uma construção, um sistema autopoiético. Com a linguagem, convencemo-nos da realidade, bem como a descartamos. Comunicação é uma interação na qual os observadores coordenam ações por meio da linguagem.

Para o construtivismo, segundo suas próprias declarações, importam a sobrevivência no mundo, a evitação da dor e da infelicidade, o aumento da alegria e da felicidade, a cura, o que torna mais saudável, o que é "adequado"; não se trata da cognição do ser, da realidade, da essência e da verdade. O que é mais adequado é também mais saudável. Tolerância, responsabilidade, liberdade e sentido são vistos como conseqüências dessa concepção. Não devemos ter por objetivo esclarecer as pessoas e o mundo, nem impor-lhes uma ordem. *Todos* os sistemas que se ocupassem de humanizar o mundo conduziriam à desumanidade. E devemos servir-nos da religião mística, da mitologia e da filosofia do construtivismo para solucionar os problemas. *A realidade virtual vem confirmar o construtivismo.*

2.3. Hiper-realismo

Enquanto os representantes do construtivismo (radical) substituem a realidade por construções do ser humano; e enquanto os representantes da realidade virtual, de forma análoga, fazem-na ocupar o lugar da realidade real, os assim chamados hiper-realistas vão um passo além. Como seu representante, menciono aqui o francês J. Baudrillard. Segundo ele, a linguagem e a escrita foram inventadas, de início, para fazer remissão à realidade. Há algum tempo, elas estariam, isso sim, escondendo a realidade, por meio da publicidade, da propaganda, da mercantilização. Estaríamos hoje em meio a uma hiper-realidade, na qual os signos da escrita e da linguagem estariam escondendo a ausência de realidade. Haveria uma crescente inflação de significações, uma simulação eletrônica de nosso mundo vital, uma realidade virtual, a manutenção de ilusões, mero entretenimento. "Já que os outros praticamente desapareceram enquanto horizonte social e sexual, o horizonte espiritual do sujeito restringe-se ao trato que ele tem com suas imagens e telas eletrônicas. O todo da essência humana, sua corporalidade biológica, muscular e animal, transferiu-se para próteses mecânicas."[9] "Hiper-realistas vêem no uso das tecnologias comunicacionais uma substituição plena do mundo original e da ordem social por uma hiper-realidade mediada tecnicamente, uma 'sociedade do entretenimento'..."[10]

O hiper-realismo reconhece uma realidade pura e simplesmente real e objetiva. Mas o ser humano, por meio de suas próprias ferramentas, e ao tecnicizar a sociedade e o ser humano, teria perdido sua capacidade de conhecer essa realidade.

2.4. Espaço e tempo

Em Newton, tempo e espaço ainda eram absolutos e mantinham-se em referência mútua. Einstein relativizou o tempo e o espaço, mas a relação entre um e outro permaneceu. Tendências filosóficas, sobretudo Kant, a filosofia da vida e a filosofia da existência, bem como, muito antes, Agostinho — ainda que com grandes diferenças —, haviam deslocado o tempo, transferindo-o do objeto para o sujeito, para a "existência" e a subjetividade. Em Kant, espaço e tempo são formas apriorísticas da intuição no âmbito da cognição sensível.

Na internet, espaço e tempo perdem sensivelmente seu significado, especialmente o espaço; no mínimo, têm seu *status* alterado[11]. Já não é preciso mais ir a (quase) nenhum lugar para resolver as coisas, para exercer a própria profissão, para fechar negócios, fazer conferências. Basta pensar, por exemplo, em *telebanking*, em *teleshopping*, no trabalho que se pode fazer em casa, com o computador, na recepção de teleconferências, em estúdios virtuais e na televisão interativa. Prazos e distâncias, estações do ano, a diferença entre manhã, tarde e noite, tudo isso perde em importância.

---

9. J. Baudrillard, "Videowelt und fraktales Subjekt", in id. (org.), *Ars Eletronica. Philosophien der neuen Technologie*, Berlin, 1989, 114.

10. H. Reingold, *Virtuelle Gemeinschaft. Soziale Beziehungen im Zeitalter des Computers*, Bonn, 1994, p. 341.

11. Cf. G. Grossklaus (org.), *Medien-Zeit, Medien-Raum. Zum Wandel der raumzeitlichen Wahrnehmung in der Moderne*, Frankfurt/M., 1995.

Temporalmente, pode-se migrar para o passado ou para o futuro. Na internet, graças a simulações, tentam-se presentificar o passado e o futuro; (quase) tudo torna-se contemporâneo, coexistente. *Ficam indefinidas as barreiras de tempo e espaço, os limites de perto e longe, exterior e interior, público e privado.* Os mais distantes podem ser os mais próximos, e os mais próximos, "distantes". Ou seja, há sempre menos "próximos", em sentido bíblico. A distância transforma-se em proximidade, e trata-se de minorar a relevância da proximidade. Tornamo-nos mais independentes de vinculações geográficas. Se por um lado temos tudo no computador, como que fora do tempo e do espaço, já que podemos baixar muitas informações da rede, por outro lado tratamos, *na realidade*, de nos afastar de tudo e de todos. À medida que unimos o tempo e o espaço em uma máquina, o computador, em um momento pontual, e à medida que os fundimos, *na realidade* perdemos tanto um como outro. Tem-se uma desfiguração e uma perda do tempo. Pensamos ganhar tempo, mas o perdemos. Em contrapartida, vale por exemplo a afirmação de que computadores sempre têm tempo para as crianças, ao contrário dos pais; mas isso soa mais como desculpa. O tempo também tem importância sob o aspecto de que tudo deve acontecer em um tempo sempre menor. O ritmo acelerado é um trunfo, pois essa é praticamente a única forma de garantir lucro, sucesso, a vida e a sobrevivência (basta ver a globalização!). O saber também se desatualiza cada vez mais rápido. Velocidade é poder, mas também impotência. Ainda assim, permaneceu algo absoluto: a velocidade da eletrônica, da telecomunicação, das bandas largas para transmissão de dados, das ondas eletromagnéticas, tudo isso é a velocidade absoluta, ou seja, a velocidade da luz, de aproximadamente 300.000 km/s. A "telecomunicação", a "telepresença", a "teleexistência" tomam o lugar da comunicação e da presença que se realizam na proximidade.

O homem, desde tempos imemoriais, anseia por alcançar limites situados sempre mais além e superá-los; tem-se aí uma saudade do ilimitado, da atemporalidade, da imortalidade, da eternidade. E agora esse desejo parece estar próximo da possibilidade de se realizar. Com a simulação, o universo torna-se presente, tanto espacial como temporalmente, e o ser humano torna-se onipresente. Os limites entre finitude e infinitude são efetivamente apagados, afinal; tal como prenunciado pela filosofia, pela teologia e pela matemática, de forma exemplar[12]. A internet, ou o ciberespaço, ou a realidade virtual parecem conduzir o ser humano a seu objetivo: deixamos para trás o espaço, o espaço mundano, e viajamos rumo ao "céu"; abandonamos a finitude e mergulhamos na infinitude; abandonamos o tempo e mergulhamos na eternidade; da mortalidade, projetamo-nos para a imortalidade; a

12. Cf. H. Häuser, "Das Unendliche in Philosophie, Theologie und Mathematik", in *Mitteilungen der Deutschen Mathematischen Vereinigung*, cad. 3 (1997): 35-38.

internet como o paraíso sobre a Terra. De fato, uma firma israelita já instalou uma "Jerusalém virtual". Talvez a internet se assemelhe a um "buraco negro", a engolir o tempo e o espaço.

Tempo e espaço chegaram ao ponto de receber sua expressão mais precisa, chegaram a *um* ponto em especial. O ser humano situa-se em um ponto-chave arquimediano e olha a seu redor como que *sub specie aeternitatis*. O tempo funde-se ao espaço, o espaço, ao tempo. Espaço e tempo, passado e futuro fundem-se ao presente, e o presente, à eternidade. Sempre é *hoje*. A eternidade é um presente eterno, *tota simul et perfecta possessio*. O ser humano torna-se quase Deus: *homo creator*. Deus já se fez homem há um bom tempo. Agora, o ser humano finalmente é capaz de fazer-se Deus em uma espécie de compensação ou contrapartida. E com isso o cristianismo, as religiões e a teologia parecem ter alcançado seu objetivo: o materialismo parece ter sido definitivamente superado, o espírito volta à tona[13], o além funde-se ao aqui e agora, o além e "este mundo" podem ser simulados[14], o ser humano está salvo para todo o sempre, a fé está *fundamentada*. Não se trata mais da encarnação divina, mas da deificação humana. O ser humano quer assumir o papel de Deus. A realidade real e supra-real fundem-se, fundem-se Deus e o ser humano; e nasce uma síntese dessa fusão entre natureza e supranatureza. Já se está diante de uma "pastoral da internet" ou ela ainda precisa assumir outras formas? O que precisa ocorrer para que a internet se torne um mensageiro dos deuses, como Hermes, um *Logos*, um Evangelho, uma boa nova?

A circunstância de que a distância se torne sempre menor prejudica nosso estado anímico. A falta de uma terra acolhedora decide a sorte do ser humano. Espaço e tempo não se fundem a Deus de modo essencialmente adequado. Do contrário, atribuiríamos à essência de Deus coisas como materialidade, finitude, temporalidade, historicidade, transformações e alterações, e faríamos delas coisas constitutivas da divindade; é o que alguns têm afirmado nos últimos tempos. Deus não vive no tempo e no espaço, ao contrário do ser humano, que sem eles não pode viver. A suspensão do espaço e do tempo, do futuro, do descanso e da distância significaria o fim do ser humano. Ao suspender o tempo, negamos nosso futuro. A pessoa que não tem futuro, um fim, um *telos*, um sentido, pertence ao passado, está morta. Quando o ser humano não tem um objetivo a seguir, a falta de objetivos é que começa a persegui-lo. Em lugar do *hic et nunc*, assume o "nenhures e em todo lugar". Quando estamos em todo lugar, não estamos em lugar algum — ao contrário de Deus.

13. Cf. J. R. Searle, *A redescoberta da mente*, São Paulo, Martins Fontes, 1997. Searle pretendia, com a redescoberta da consciência, redescobrir também o espírito.

14. Cf. F. J. Tripler, *Physics of Immortality: Modern Cosmology, God and the Resurrection of the Dead*, New York, Anchor Books, 1994.

2.5. *Desdobramentos filosófico-humanísticos*

É preciso situar o estado da questão, em sua atualidade e em seu conteúdo, no âmbito dos desdobramentos humanísticos e históricos de longo prazo e maior profundidade, pois sem isso não podemos entender nossa história, nem nós mesmos, nem tampouco constituir nossa identidade. Só assim podemos entender certos desdobramentos como descaminhos, e corrigi-los; só assim podemos resolver problemas, dominar o futuro, orientar-nos intelectualmente. Na filosofia tradicional, durante muito tempo remeteu-se a consciência ao ser, ao mundo, à natureza, à realidade real e ao objeto (que designei acima como "natureza primeira"); a partir dessas coisas, a consciência foi deduzida e, com base nelas, fundamentada. Então, transferiu-se a "natureza primeira" para dentro do homem, para a natureza humana, para o sujeito (a "segunda natureza", conforme a designei mais acima); e o que se fez foi entendê-la como tal. Assim, o ser humano, o sujeito e a consciência passaram a ocupar sempre mais o lugar do mundo, do objeto, do ser; e foram proclamados, pura e simplesmente, "natureza", realidade e ser. Primeiro, atribuiu-se a consciência ao ser; depois, atribuíram-se o ser e o conjunto das coisas, a natureza toda, à consciência. E depois tratou-se de individualizar essas naturezas, de dinamizá-las plenamente, com muitas conseqüências perigosas que ameaçaram, por exemplo, a identidade. Não se compreendeu que com a supressão da "natureza primeira" estava-se também suprimindo a "segunda natureza". Como decorrência seguinte, e talvez mais conseqüente, a natureza, a consciência, a racionalidade e a razão são substituídas pelo inconsciente e pelo subconsciente (cf. a psicologia profunda), pela irracionalidade, pela desrazão e pelo mito (os quais denominei, mais acima, "terceira natureza"; cf. as diversas correntes irracionalistas, a pós-modernidade, o esoterismo e a New Age).

Com o computador, ingressamos cada vez mais e de forma definitiva na era digital, na realidade virtual, na inteligência artificial (caracterizadas por mim como a "quarta natureza"). Aí, as naturezas primeira e segunda são totalmente abolidas, substituídas e simuladas. E a "terceira natureza" é substituída, na "quarta natureza", por consciência e espírito, embora com um pendor ao mítico e irracional, já que não podemos eximir-nos desse atributo da época (e nem queremos fazê-lo), já que com isso podemos tornar-nos mais vendáveis e mais facilmente compreensíveis e já que, afinal de contas, a realidade virtual representa, ela mesma, um novo mito, *o* novo mito por excelência[15]. O novo paradigma "internet" caracteriza-se pela si-

15. Quanto a isso, indico os seguintes livros: S. Münker, A. Roesler, (orgs.), *Mythos Internet*, Frankfurt/M., 1997; W. Sternberg, (org.), *Mythos Weltmacht. Vom Elend des Neoliberalismus*, Berlin, 1997; A. Bühl, *CyberSociety. Mythos und Realität der Informationsgesellschaft*,

mulação do mundo, do ser humano, da consciência, da linguagem. Nesse paradigma, serão progressivamente elaborados e firmados um novo racionalismo, um novo mecanicismo, um novo determinismo, uma nova "tecnicização" e até mesmo um novo materialismo[16]. E o perigo maior não reside tanto na expansão do materialismo teórico, mas sim no crescimento do materialismo prático — com ou sem a computadorização. Esse novo paradigma também pode ser reconhecido na antítese parcial em relação à "terceira natureza", ao irracional e inconsciente. E antíteses permitem a comparação com a tese, permitem a existência de padrões de racionalidade abrangentes. E digo isso contrapondo-me a T. S. Kuhn. Pois o novo espírito e a nova consciência vão impor-se sob uma forma eletrônica, digitalizada, ou seja, por meio do computador, da máquina. Parece-me que uma nova era mecanicista-materialista se aproxima. La Mettrie († 1751) já em sua época escreveu um livro intitulado *L'homme machine*. Os defensores do "funcionalismo computacional" crêem que o computador possa vir a ter pensamentos, sentimentos e intelecção.

Quanto mais o ser humano abolir o objeto, tanto mais ele mesmo se tornará objeto. Máquinas vão tornar-se próteses do ser humano, sucedâneos de pessoas. Basta pensar na "transferência de dados" para o ser humano, nas novas possibilidades de transplante e no possível implante de emissores de estímulos no corpo humano. Conceitos e imagens da técnica, das ciências naturais e da medicina traspassam cada vez mais nossa linguagem, nossa sociedade, nosso sistema social e nossa cultura. A comunicação e a interação entre o homem e a máquina aumentam continuamente. Exemplo disso é a dependência de certos usuários de telefones celulares. O que seria do homem sem o seu celular?! Na "quarta natureza", a era da máquina chegou a seu objetivo. As pessoas transformam-se cada vez mais em máquinas, e as máquinas cada vez mais em algo semelhante a pessoas. Lembro-me de "Deep Blue", que o enxadrista Kasparow derrotou há certo tempo. O computador ocupa cada vez mais o lugar do ser humano, e a inteligência artificial, cada vez mais o lugar da inteligência natural. O ser humano transforma-se em uma máquina processadora de informações. Mais exatamente, o ser humano é substituído e simulado pelo computador enquanto máquina processadora de informações. Corre-se o risco de uma redução da humanidade e da formação humana a uma função meramente instrumental.

Köln, 1996; C. Wessley, *Mythologische Strukturen in der Unterhaltungsindustrie. Zur Relevanz mythologisch verschleierter Gewaltmechanismen im kommerziellen Film und Computerrollenspielen*, Graz, 1996 (= tese de doutorado na Faculdade de Teologia Católica).

16. Ver também J. R. Searle, *A redescoberta da mente*, op. cit. Nos dias de hoje, segundo Searle, predomina uma doutrina materialista na filosofia da mente contemporânea.

2.6. *Origem da internet*

A internet surgiu da pesquisa militar norte-americana. E no início ninguém pensava em funções de segurança. Em 1983 criou-se a internet. Ela continuou a ser desenvolvida e foi utilizada, por exemplo, em 1991, na Guerra do Golfo, entre Iraque e Estados Unidos. A guerra real, com isso, transformou-se em uma guerra virtual. A diferença entre realidade e simulação diminui mais e mais, e é vista muitas vezes como (quase) suprimida. Antes do início da guerra que mencionamos, muitas simulações foram feitas com afinco, nos monitores. Destruição, dor, miséria e sofrimento, porém, não foram devidamente percebidos pelos olhos, pelos sentidos ou pela consciência nem durante as simulações nem durante a guerra (o que nos confronta com a questão da realidade); não se tomou conhecimento dessa realidade humana, e *a posteriori* ela chegou mesmo a ser omitida — ao menos em parte (o que nos põe frente a frente com a questão da verdade). Vê-se que a verdade não tem a ver apenas com a realidade — embora isso se dê de forma muito essencial —, mas também com a validação da realidade. Em 1983, a "world wide web" (www) foi criada pelo físico T. Berners-Lee. As auto-estradas foram criadas e construídas pelo fascismo, por Mussolini e Hitler. Hoje há "infovias". Aonde elas nos conduzirão?

Há mesmo o "novo e belo mundo da virtualidade"[17]? Existem o "universo virtual", o "ambiente global", a "universidade virtual", a "sala de aula virtual"? E o que elas trarão para nós?

2.7. *Crítica da exclusividade e da ênfase excessiva na construtividade e na virtualidade*

A meu ver, não se pode duvidar de que haja um mundo real, uma realidade exterior ao ser humano, independente dele e de sua consciência. Posiciono-me, portanto, em favor de um realismo gnosiológico e ontológico. Os defensores radicais do construtivismo e da realidade virtual confundem o *quê* e o *como*. Com certeza, é muito difícil a pergunta sobre o "como" da cognição, sobre a cognição científica do mundo real, a relação entre sujeito e objeto, observador e coisa observada, criador e coisa criada, enfim, sobre as parcelas subjetiva e objetiva envolvidas na cognição humana; e quanto a essa questão praticamente não se pôde chegar, até hoje, a uma resposta unívoca. O "como" da apreensão do "quê" continua a ser, como antes, um problema. Desse fato, porém, não resulta, nem lógica nem ontologicamente, a negação

17. P. Virilio, "Interview", *Die Presse*, Bücherpick (out. 1986): 6-9.

de um mundo real e objetivo. Correto e importante é *que* apreendemos, sabemos e entendemos *algo* sobre esse mundo real, seja de que modo for. Nossa cognição por certo não depende *apenas* do que se dá externamente a nós, do que constitui o caso, no mundo que nos é externo; mas tampouco a realidade é *apenas* decorrência da maneira pela qual buscamos a realidade. Não há consciência sem objeto da consciência. Intencionalidade tem a ver com conteúdo. Por "intencionalidade" entendo a referenciação essencial e necessária de nossas atividades espirituais e de nosso conhecer a objetos e acontecimentos, ou seja, a conteúdos externos a nossa consciência, sem excluir, com isso, a reflexibilidade. Com a negação do mundo externo real ou da realidade real, a consciência passa a ser algo isento de conteúdo, de coisas, de significação e da própria condição consciente. Não se pode escalar montanhas sem haver montanhas, esquiar sem esquis ou, normalmente, sem neve. Não se pode nadar sem entrar na água (Hegel). A América não existe porque foi descoberta, mas porque antes de ser descoberta já estava lá (B. Russell). Justamente porque as controvérsias da era moderna giraram em torno de objetos, coisas e conteúdos, houve uma retração progressiva ao que é subjetivo, ao próprio sujeito, à consciência, às questões formais, aos métodos, aos esclarecimentos conceituais e à linguagem.

Todos os que negam a realidade real, ou que ao menos afirmam não conhecermos *nada* sobre ela, ou conhecermos apenas o que ela *não* é, acabam por filiar-se de bom grado a esse argumento do ceticismo que acabamos de expor. Gostaria de fazer esse tiro do ceticismo sair pela culatra, ao dizer o seguinte: ora, se o ser humano *nada* sabe sobre o mundo real, então ele tampouco sabe se o saber e a vivência de que dispõe estão ou não de acordo com esse mundo. Portanto, *jamais* se pode saber, com certeza, que *não* há uma concordância. E, da mesma forma, se sabemos *apenas* o que o mundo *não* é, então de qualquer maneira assumimos sua existência, o que na verdade não é adequado ao pensamento de céticos e construtivistas radicais. Assim, eles incidem ao menos no mesmo dilema, paradoxo e contradição lógica que imputam aos realistas.

Portanto, pode-se até mesmo afirmar, mas não *comprovar*, que o assim chamado realismo ontológico esteja errado. Também eu e outros autores muitas vezes apontamos para a impossibilidade de funcionamento do método de falsificação de Popper, e chegamos a comprovar isso[18]. E isso vale, de forma análoga, também para os defensores do construtivismo, da realidade meramente virtual. Insipiência, não-correspondência, falsificação e negação pressupõem, dos pontos de vista lógico, ontológico e gnosiológico,

18. A. Kolb, "Universität und Gesellschaft", discurso inaugural, in A. Kolb, *Wissenschaft - Bildung - Kultur*, op. cit.

realidade, existência, empiria, verificação, posição, saber, *verum*. A teologia negativa, a que os construtivistas radicais às vezes se remetem, defende a posição de que só podemos saber sobre Deus o que ele *não* é. Tal postura, no entanto, pressupõe a existência de Deus. Portanto, precisaríamos saber ou ao menos supor, já de antemão, *que* Deus existe. E com isso dispomos de um saber positivo ou de uma suposição positiva.

Por parte dos defensores radicais do construtivismo e, de forma análoga, também por parte dos defensores da realidade virtual, ouve-se muito falar de uma realidade externa à consciência, da qual nada ou quase nada podemos saber. Watzlawick, por exemplo, crê que o mundo existe, sem dúvida; mas isso contraria suas próprias teses e diversas declarações de muitos representantes das correntes que mencionamos há pouco. Para Glasersfeld, o mundo real só se "revela" nos momentos em que nossas construções fracassam. Contudo, para que se possa revelar, e para que fracassemos diante dele, o mundo precisa existir. Ainda assim, parte-se sempre de que há o "tu", a terceira pessoa, o "nós", a comunidade, a comunicação, a interação, o psiquismo alheio; mas não se compreende que essas realidades do mundo fora de mim, exteriores à minha própria pessoa, à primeira pessoa, e exteriores a qualquer pessoa individual, existem (precisam existir), e que portanto fazem parte do mundo real e objetivo. Não se compreende que o computador como tal também faz parte do mundo real exterior e que não representa nenhuma realidade virtual. *De jure*, defende-se um solipsismo ou um virtualismo radical. O trato com diversos "Robinsons", também nas ciências econômicas, tem o efeito de mera brincadeira teórica. A existência da própria pessoa, do próprio "eu", do próprio sujeito e do próprio corpo, da própria consciência é uma existência "objetiva" em si, e dada a mim. O anseio de Heinz von Foerster é observar o observador. Mas para isso ele teria de observar ou um observador real do mundo exterior, ou a si mesmo; e observar a si mesmo só será possível se ocorrer em relação ao próprio corpo, que, por sua vez, também pertence ao mundo externo. A consciência e o que diz respeito à mente também são reais e irredutíveis. Além do mais, as pessoas próximas podem estar em perfeitas condições de restringir a liberdade do indivíduo; mas isso os construtivistas também refutam, assim como fazem com a realidade do mundo exterior, e não atribuem validade a esse argumento da restrição da liberdade, o que é claramente contraditório. Segundo Watzlawick, a procura impede que achemos, e a tentativa de humanizar o mundo nos leva à desumanidade. Como se eles mesmos, Watzlawick e companhia, não quisessem humanizar e curar os males do mundo e do ser humano, que quase inexistem, como mundo exterior! Desse jeito pode-se inverter qualquer coisa, tudo fica às avessas, torna-se irrealista, desestimulante e insensato.

Estímulos, estados de excitação, constatações, percepções, sinais e reproduções do cérebro não são totalmente independentes do mundo exterior, mas remetem a ele e são amplamente provenientes dele, caso não se pretendam isentos de objeto, orientação, sentido e entendimento. Reproduções são equiparadas a produções, reconstruções, a construções. O fato de também haver uma independência do sujeito, do observador e do próprio cérebro está longe de significar que haja *apenas* essa independência. Do contrário, tratar-se-ia de um sistema fechado, de um solipsismo total, e não seria possível entender o entendimento. O cérebro, a consciência, o sujeito e o observador não são sistemas fechados, mas abertos (cf. a teoria do sistema). A realidade virtual, o construtivismo radical e a filosofia analítica, em princípio e afinal de contas, representam sistemas fechados. Defeitos, desajustes, usurpação, falhas, polissemia, mal-entendidos, "dioptrias" não podem ser equiparados à realidade real, nem à virtual, nem tampouco aos constructos, pois do contrário "jogaríamos fora a criança com a água do banho", tal como faz o construtivismo radical. Descartes, como outros filósofos antes e depois dele, quis entender o não-ser como ser, o não-saber como saber e os sentimentos como pensamentos. Isso conduz ou à negação das realidades, ou a um racionalismo, ou a um reducionismo. Os representantes do construtivismo radical não se dão conta de que estão plantados sobre seus próprios constructos radicais. Não têm somente um "ponto cego" na retina, mas estão cegos para toda a realidade real. O "espírito da mentira" de Descartes regozija-se e reaparece. Não se trata apenas de um construtivismo e de um solipsismo gnosiológicos — como muitas vezes se afirma, em uma tentativa de justificação —, mas sim ontológicos. Mas não se podem separar esses dois lados. Não há teoria gnosiológica sem ontologia, não há entendimento sem ser, nem dever sem ser. Para conhecer e reconhecer a referencialidade de grande parte de nossos constructos em relação ao mundo exterior — já que não é preciso tratar-se de concordância —, não precisamos de um "superobservador", de um "ponto arquimediano", de um "Deus *ex machina*", de nenhuma visão *sub specie aeternitatis*, nem de "iluminação" alguma.

Não é preciso fixar-se de forma unilateral e prioritária no conceito "concordância", em que realmente importam realidade, causalidade, influência, dependência e relação. É claro que a distinção qualitativa entre cognição sensitiva e intelectiva, entre atividade e espontaneidade do entendimento, tem grande importância, mas também devem ser consideradas a remissão e a dependência, múltiplas e originais, do entendimento em relação aos sentidos, e dos sentidos em relação à realidade. O cérebro e o aparato intelectual são um produto da evolução (v. a teoria gnosiológica evolucionária).

Como devo *aplicar* as simulações ao mundo e às pessoas se o mundo e as pessoas ou não existem de forma real ou objetiva, ou se nada sei sobre eles, ou se o que sei sobre eles é *apenas* o que eles mesmos não são? A *aplicação* só funciona se existe algo a que posso, por exemplo, aplicar as simulações de forma realista, ou se conheço e sei alguma coisa sobre o campo de aplicações. Os defensores do construtivismo e da realidade virtual, portanto, tratam sempre de fechar os olhos para toda uma série de contradições e inconseqüências lógicas e ontológicas existentes em seu próprio campo de reflexão, tratam de ignorá-las e negá-las. Mais que isso, tratam até mesmo de imputá-las aos realistas, sendo que, na realidade, a eles é que caberia imputá-las.

A teoria da ancestralidade, amplamente reconhecida, contradiz e refuta a negação da realidade real. O mundo já havia *antes* do ser humano, *independentemente* dele e *externamente* à sua consciência. A realidade real, antes e sobretudo, *não* é um produto, uma construção ou uma criação do homem. Por isso, a maioria dos defensores da gnosiologia evolucionária — como K. Lorenz e R. Riedl, por exemplo — intervêm com veemência em favor de um realismo que caracterizam como "realismo hipotético". Popper também é um representante da gnosiologia evolucionária e um realista conseqüente.

Não é correto afirmar, nem do ponto de vista objetivo, nem do factual, que os representantes do construtivismo radical tenham esgotado radicalmente a reflexão sobre a gnosiologia evolucionária, nem que eles a tenham levado até as últimas conseqüências, como pensa, por exemplo, B. Watzlawick. A herança não é apenas um produto do ser humano, não se pode confundi-la com o mundo circundante. Não há ontogênese sem filogênese. A natureza criou certos "fatos" que não derivam do ser humano, que nada têm a ver com o *facere* do ser humano, nem com os fatos criados por ele. Os defensores radicais da construtividade e da virtualidade trocam causas e efeitos, causalidade e finalidade, quase não se dedicam aos métodos ou aos problemas da indução e da dedução, à relação entre experimento e teoria. Moléculas, átomos, massa, partículas, onda, velocidade, tudo isso é real, são dados independentes de nós — embora isso seja contestado pela interpretação copenhaguense da teoria quântica.

O cristianismo e outras religiões vêem o mundo como criação de Deus, e de modo algum como criação do ser humano. Essa concepção implica a realidade de Deus e a realidade do mundo exterior. Para quem crê, o mundo foi criado por Deus, e não simplesmente ou *apenas* pela evolução, pelo homem, pela comunicação ou pela cultura; o mundo não é uma *invenção* do ser humano. Não só a evolução, não só a história natural, mas também a história dos homens e mulheres como tal contradiz a negação do mundo real exterior. Se, por um lado, a história é produto do ser humano, para as gerações futuras, por outro ela será algo previamente dado, algo com que as pessoas terão de conviver, e que as influenciará e co-determinará. Pensemos nos vários fatos da história que somos incapazes de mudar, embora talvez quiséssemos fazê-lo. O ser humano é tanto criador como criatura da história, como já havia dito J. G. von Herder.

A ecologia contradiz, no objeto e na substância, os defensores do construtivismo e do virtualismo radicais. O pensamento dessas correntes, antecedidas por F. Bacon, pelo assim chamado "programa Bacon", que apregoa a dominação da natureza pelo ser humano, o antropocentrismo — tudo isso nos lançou em meio à crise ecológica[19]. A natureza, o meio ambiente, o mundo natural partilhado têm seu *próprio* ser, seu *próprio status*, seu *próprio* valor. Precisamos ter mais respeito, mais temor diante do que *não* criamos nem ocasionamos. Ao que está *dado* diante de nós, cabe-nos devotar nosso conhecimento e nosso reconhecimento. A estabilidade, a constância, a resistência, a perdurabilidade, a persistência do mundo em face do ser humano e do conhecimento deste são explicáveis apenas por meio do realismo. Tomem-se como exemplo a ocorrência e as conseqüências de um acidente de trânsito real. O mundo, a Áustria, o estado de Steiermark, a cidade de Graz, as ruas, os prédios, as obras de arte, a música, tudo isso não são apenas constructos virtuais, mas constructos realmente dados. A viagem à Lua, as ameaças atômicas e as doenças reais existem também para os irrealistas, para os construtivistas, para os convencionalistas. A negação de tudo isso conduz-nos, com o passar do tempo, ao niilismo, ao ceticismo, ao relativismo, ao construtivismo, ao virtualismo e ao reducionismo. Não é possível simplesmente substituir a realidade real pela virtual. Procura-se substituir a antiga metafísica, criticada e negada, por uma nova metafísica[20]. Recusa-se a verdade, a antiga verdade, mas quando se trata das próprias declarações recorre-se à verdade. O que é velho está absolutamente errado, toda absolutidade deve ser recusada, mas a própria doutrina é vista como absolutamente correta. Que contradições!

O construtivismo radical e muitos defensores da realidade virtual recusam de forma *genérica, global e excludente* a realidade do mundo exterior. Fala-se o tempo todo em "todos", "apenas", "sempre", "nunca", "puramente", "jamais", "nada". As generalizações são falsas, jamais foram comprovadas até hoje, e não se pode comprová-las. Elas são tão erradas quanto a concepção freudiana de que o ser humano seja total e exclusivamente de-

19. Cf. K. M. Meyer-Abich, *Praktische Naturphilosophie. Erinnerung an einen vergessenen Traum*, München, 1997.

20. M. Heim, *The Metaphysics of Virtual Reality*, Nova York, 1993, condena severamente essa opinião; contudo, ela é partilhada por muitos.

terminado pelas pulsões sexuais, ou quanto a concepção de A. Adler para quem o fator que determina o homem, também de forma total e exclusiva, é a ânsia pelo poder. É certo que há muitos construtivismos, construções e simulações, em número maior do que normalmente se sabe ou se supõe, mas nem *tudo* é *apenas* construção, nem *tudo* é *apenas* simulação, nem *tudo* é simulável. Certamente, ocorrem muitas influenciações, restrições, desfigurações, reelaborações, deslocamentos, modificações e "racionalizações" do que é real e objetivo — tal como se dá no caso de Freud, no contexto das neuroses e da interpretação dos sonhos; e isso pode estar associado ao observador, a preconceitos, à imaginação, a interesses particulares, a "dioptrias", a desejos, a expectativas, a sentimentos, a ideologias, à política (partidária), à ânsia desproporcionada ou unilateral pelo poder, ao nacionalismo, ao uso de drogas, a álcool em demasia, a doenças psíquicas ou físicas. Todos esses fenômenos abrangem ou excluem realidades, impedem sua apreensão correta, restringem o ângulo de visão em face delas (tal como no caso, por exemplo, da diferença entre os reflexos de pessoas com 0,8 e com 0,5 milésimos de teor alcoólico na corrente sanguínea). Searle chama de "intrínsecos" todos os traços do mundo cuja existência independe do observador e distingue-os dos que são "relativos" a este último[21]. Não podemos desistir da tarefa de conhecer e pesquisar o mundo, a natureza, não podemos omitir-nos diante dessa tarefa, nem delegá-la. Ao cumpri-la, porém, não devemos render-nos *apenas* a um racionalismo, a um irracionalismo, a um monismo ou a um dualismo.

Para F. Wallner[22], assim como a vanguarda intelectual nos anos 1960 foi constituída por marxistas, nos anos 1990 ela seria constituída de construtivistas; não se poderia ser mais lisonjeiro com o construtivismo. Wallner também afirma: "Hoje, a análise lógica está mais ou menos morta"[23]. A coação social nas ciências da atualidade seria, para ele, expressão da intelecção teológica. E o "projeto para a natureza" que antecedeu o construtivismo, a "natureza como norma cognoscível", teria sido "um pensamento inacreditavelmente perigoso"[24]. Não se trata aqui de análises que se possam comprovar, mas de afirmações. O desejo é o pai desses pensamentos, que se devem caracterizar como perigosos e unilaterais, e cujo oposto é o mais correto. A filosofia analítica é a predecessora do construtivismo radical, e ambos são predecessores da realidade virtual. As três correntes têm em

21. J. R. Searle, *Die Wiederentdeckung des Geistes*, op. cit., p. 9 [ed. br.: *A redescoberta da mente*, op. cit.]

22. F. Wallner, "Der Konstruktivismus als Chance für die europäische Kultur" (Teil 1), *Wissenschaftliche Nachrichten* 105 (set. 1997): 6-8.

23. Id., ibid., p. 7.

24. Id., ibid., p. 8.

comum o erro de se ocupar muito pouco com os conteúdos, objetos e problemas atuais do ser humano e da sociedade[25].

Há muitos caminhos para chegar à natureza e aos demais seres humanos: o pensamento, a cognição, a compreensão (cf. a psicologia intelectiva, a hermenêutica), a intuição, a empiria, os sentidos, os sentimentos, nossa vida e nossa ação. Se houvesse apenas enganos (por parte dos sentidos), não saberíamos que nos enganamos, não poderíamos viver nem sobreviver. Só sabemos o que são enganos, desinformação, inverdade e doença, quando sabemos o que são cognições, informação, verdade e saúde, e não quando negamos isso tudo. Ao menos sob esse ponto de vista, precisamos revisar o conceito de ciência, abandonar e combater a *hybris*, o anseio da ciência por ser absoluta e total, a crença piedosa na ciência, a tentativa de substituir religião por ciência.

Enquanto ciência e filosofia se debatem com seus conceitos, muitas vezes não chegam a compreender os problemas, preocupações e perigos do ser humano e da sociedade, ou então o fazem de forma insuficiente. Um novo paradigma normalmente vincula-se a unilateralidade e desrazão, é desfigurado pela busca do novo e pela ânsia por alcançá-lo, fica cego para a tradição, para o que se conservou e o que se consagrou como verdadeiro, para o que amadureceu ao longo da história e se tornou bem comum e abrangente. O construtivismo e o virtualismo têm predecessores, modelos e imitadores. Na história da filosofia, na ciência, na política e na vida pessoal, há hoje, como no passado, graus de maior ou menor proximidade e afastamento da realidade; e não é raro chegar-se até mesmo à negação ou à recusa da realidade.

3. *Antropologia virtual*

3.1. Novas causas de neuroses

A exclusividade e a ênfase exagerada da virtualidade e do construtivismo fazem adoecer o ser humano, deturpam e destroem sua essência, sua alma; impelem-no à desrazão, à mentira e às neuroses. Se há uma perda radical da realidade, ela é sobretudo a dos anti-realistas, aos quais escapa toda e qualquer realidade. Segundo S. Freud e outros psicanalistas, psicólogos e psicoterapeutas, o neurótico sofre de uma perda de realidade. Para

25. Cf. A. Kolb, "Neues Welt- und Menschenbild einer ökologischen Philosophie", in A. Kolb, R. Esterbauer, H.-W. Ruvckenbauer (orgs.), *Ökonomie – Ökologie – Ethik. Vom Wissen zum richtigen Handeln*, Innsbruck, 1997, pp. 9-47.

Freud e A. Schopenhauer (cf. seu tratado sobre o conceito "loucura"), nós nos debatemos contra um quinhão de realidade. Por isso Watzlawick, entre outros, alcança um sucesso tão grande: como psicoterapeuta, ele é capaz de relacionar uma série de exemplos nessa direção. Nessas teses seguramente há muitas coisas corretas, importantes, interessantes e novas, mas a conclusão a que se chega, de que não há um mundo real, de que não podemos conhecê-lo, de que nós o teríamos criado, essa tese é claramente falsa. Além disso, há não apenas a tendência, mas também o perigo, de se generalizar o elemento patológico; um alerta que Freud, por exemplo, já havia feito.

Também aqui, como já havia feito com os céticos, espero poder fazer o tiro sair pela culatra. Não se vê, afinal, que a perda de realidade maior ou total faz crescer o número de neuróticos, ao menos em parte? (E não a libido, ou o recalcamento da pulsão, como pensa Freud.) Sem a criação, sem realidade, sem natureza, o ser humano é notadamente incapaz de sair-se bem. Depois de haver abolido as demais naturezas, o ser humano trata agora de criar para si mesmo suas próprias naturezas, seus próprios mundos, representações, desejos e fantasias. Ele se torna cada vez mais Narciso, que só busca e vê a própria imagem no espelho. E o que resta é uma sala de espelhos solipsista. O ser humano manobra em direção a uma claustrofobia. Mas quanto mais ele se alça à condição de um *homo creator*, quanto mais dispõe de poder, tanto mais se torna espelho de si mesmo, torna-se um neurótico (cf. também A. Adler, que deduz neurose de pulsão de poder). Tentam-se compensar deficiências, lacunas, carências. Muitas coisas devem ser entendidas como sucedâneo de satisfação, como comportamento movido pelo vício. As realidades pretensamente abolidas acabam por vingar-se, da mesma forma que a alma "abolida" dá provas de sua existência e de sua influência por meio de doenças psicogenéticas. Sem a realidade, o sentido não tem qualquer fundamento real. Sem um mundo real, o indivíduo vive privado de um mundo, de semelhantes que partilhem o mundo com ele, vive sem sentido. E sem sentido algum só resta às pessoas o contra-senso, a insensatez. Não se pode simular o sentido. Para a maioria das pessoas, a vida sem sentidos não faz sentido algum. Segundo V. Frankl, a perda de sentido ocasiona no ser humano uma "neurose noogênica". Quanto mais radical a perda de realidade, mais rapidamente ela ocasiona perda de sentido, de orientação e responsabilidade, e tanto mais facilmente arrasta as pessoas à hipnose, à psicose, à neurose ou à histeria de massa, ao exibicionismo, às depressões. As pessoas tornaram-se pobres em suas almas. Essa "pobreza" da alma, por exemplo, foi posta diante de nossos olhos pelo comportamento das massas, da mídia e dos fotógrafos (*paparazzi*) por ocasião do lamentável falecimento da princesa Diana, em um acidente automobilístico no dia 31 de agosto de 1997. Não foram poucos os repórteres a deixar de lado qualquer ética e verdade. O que desvia da norma e está circunscrito à privacidade vira norma e objeto de negócios; as perversões aumentam. O que na aparência parecia ser um ganho de realidade acaba por se revelar como perda de realidade. Por meio da fuga para um acionismo, para a auto-realização, para uma criação de si mesmo, uma fuga em direção às massas (com comportamentos histéricos), ao passado e à doença (A. Adler), é possível omitir-se das tarefas e de objetivos claros. O futuro e a motivação desaparecem.

A perda da realidade é causa do *homo creator*. As duas coisas juntas são causa da perda de sentido. As três coisas juntas, causa de neuroses. Não estamos cercados de bons augúrios, nenhuma boa estrela nos acompanha, nossa época não é das mais felizes. De maneira inconsciente e involuntária, criamos justamente as doenças que fingimos curar, e justamente os problemas que queremos resolver. Se isso não for um círculo vicioso, o que será então? Uma coisa é certa: quanto mais neurótico o ser humano, tanto maior a perda de realidade que o acomete. Mas os construtivistas e virtualistas radicais perderam *toda e qualquer* realidade. Se vivessem de fato segundo suas teorias, precisariam ser neuróticos, careceriam de terapias e socorro. Isso não é assim. Portanto, não têm razão as teses que defendem. Eles só podem viver e sobreviver porque na verdade não consideram as conseqüências ontológicas, lógicas, gnosiológicas e sobretudo existenciais de suas próprias doutrinas; e nem podem fazê-lo. Mas, de forma análoga ao que se dá com a globalização na economia, procuram racionalizar, nos dois sentidos da palavra: a realidade é expurgada pela via da razão, é "racionalizada" — assim como se dá com os empregos, no processo de globalização —, e para isso tenta-se apresentar fundamentos racionais. Os efeitos macroeconômicos das tecnologias da informação sobre os níveis de emprego ainda são certamente incertos. A meu ver, elas se tornarão, a longo prazo, um *job-killer* a mais, assim como a globalização, no campo da economia[26]. Com o passar do tempo, a plena globalização e a plena virtualização vão levar-nos ao abismo, se não mudarmos nossa forma de pensar, se não reaprendermos a nos situar no mundo, se não assumirmos novos objetivos e prioridades. O irrealismo, assim como o racionalismo filosófico, tem por conseqüência um irracionalismo, por mais que ele se faça passar por racional — e talvez justamente por isso.

3.2. Perda da identidade

O ser humano está situado em duas realidades, a real e a virtual, e nelas permanece. Sofre pela omissão, pela supressão, pela perda da primeira, tal

26. Cf. id., ibid., principalmente pp. 17-23.

como se sofresse com a amputação de uma perna. Há o perigo de que se consolide uma nova forma de esquizofrenia, de dissociação da personalidade. O ser humano será cada vez mais um ser partido, e justamente em razão da supressão da realidade extra-humana e supra-individual, o que talvez não deixe de ser interessante e típico. Possivelmente, a esquizofrenia que decorre de uma nova cognição não é apenas uma doença psicogênica, mas provavelmente continuará a ser assim considerada. Por isso a identidade é um tema tão atual: porque muitos abdicaram dela e a perderam, arremessaram tudo em uma dinâmica desproporcionada, dissolveram o geral e o bem comum, vivem em desacordo. Sem o geral, sem o bem comum, sem personalidade não há identidade. Com o computador, é possível produzir muitas realidades. Cada um cria, concebe *sua* própria realidade. Há múltiplas realidades, antropologias múltiplas; a rigor, cada um constrói a *sua*. No computador, cada um pode assumir muitas faces, pode mascarar-se, desempenhar vários papéis, mudar de raça, sexo, idade, voz, humor e atitudes, assumir muitas identidades, identidades novas, falsas, mutantes. A identidade, os papéis e as aparências masculina e feminina passam a ser intercambiáveis, e os joguetes com a identidade tornam-se mais numerosos, sobretudo no âmbito dos MUDs (Multi User Dungeons)[27]. Simula-se um "ideal de ego" ou um "ego ideal". O computador e os jogos computadorizados tornam-se, em parte, substitutos dos parceiros reais. O "cibersexo" (P. Virilio) toma cada vez mais o lugar do sexo real, da proximidade, do calor e do tato (corporais), e torna supérflua a pessoa, o homem e a mulher enquanto parceiros reais em um amor real. E isso até que as pessoas em geral se tornem supérfluas, ou façam de si mesmas elementos supérfluos, tal como ocorre hoje nas fertilizações *in vitro* e na clonagem de indivíduos. *Os problemas tornam-se ainda maiores quando a manipulação da informação genética associa-se às manipulações da informação sobre a sociedade.* Tudo isso, na verdade, significa a dissolução do sujeito, da pessoa, do eu, da essência humana, da identidade, do gênero, e cria anonimidade e distância. Há muitos rostos, ao mesmo tempo uma perda da face, e por isso nenhum semblante. A "interface" ameaça a identidade, a existência, a qualidade de vida, a dignidade, a liberdade e o semblante do ser humano. Se o ser humano sempre se recria a si mesmo, *perde* sua identidade, não a conquista. Há muitas existências, mas nenhuma existência própria, verdadeira. O ser humano transforma-se em cópia xerográfica, é clonado, torna-se geneticamente idêntico. Diante desses desdobramentos, P. Lévy não é convincente ao defender a idéia de que o ciberespaço oferece uma chance para a partilha comunitária, ou de que a inteligência coletiva que surge auxilia na solução de problemas gigantes-

27. Cf. a contribuição de S. Turkle, "Identität in virtueller Realität. Multi User Dungeons als Identity Workshops", in S. Bollmann, C. Heilbach (orgs.), *Kursbuch Internet. Anschlüsse an Wirtschaft und Politik, Wirtschaft und Kultur*, Mannheim, 1996, pp. 315-331.

cos[28]. Somente em raríssimos casos os MUDs ajudarão a encontrar ou a construir uma identidade, ao longo do tempo.

A internet e as comunidades virtuais permitem não apenas assumir muitos papéis e identidades, mas também ocasionam forçosamente o "vício computacional", o "vício MUD" (que hoje já se tornou termo técnico), a dependência de computadores, que se mostra mais forte entre usuários esquizóides e com inibições sociais. Dessa maneira, eles podem voltar a "desempenhar um papel". "Fingidores" em geral e "simuladores" de doenças, em particular, todos fazem valer seus direitos. A identificação dos participantes na internet fica cada vez mais difícil, freqüentemente é impossível. Não há identidade sem identificação. Com a troca crescente da presença pela telepresença, da experiência primária pela secundária, da comunicação primária pela secundária, a identidade acaba por perder-se. Mas para uma identidade verdadeira precisamos de realidade: não há identidade sem realidade. Com mera virtualidade não se obtém uma identidade real. Precisamos de continuidade, constância, consistência, totalidade e certa fidelidade[29]. Sem fidelidade, não é possível haver nem mesmo ciência, verdade, pesquisa e pensamento conseqüentes. Sem lugar, sem uma posição, sem um posicionamento, não há identidade. Não há futuro sem haver procedência; sem ela, não vamos adiante em nossa história. Não há identidade sem história. Sem história não temos vivacidade. A Terra tornou-se um planeta de nômades e mônadas. Quanto maior a inquietação, o barulho, quanto mais acelerado o ritmo, tanto mais curto é o tempo, tanto mais perdemos em identidade e temperança; tanto mais nos afastamos de Deus, que é, *só Ele*, calma e eternidade. Para o cristão, o ser humano é criatura, imagem e semelhança de Deus, e por isso não há para ele identidade (plena) sem transcendência. Quanto mais avassaladora a velocidade, que freqüentemente não tem sentido nem destino, e não nos leva a lugar algum, tanto mais surgem, de um lado, nervosismo, agressividade, um comportamento patológico e neurótico e, de outro lado carência de equilíbrio, de compensação, calma, solidão e descanso. Quando tudo é móvel, tudo entra em congestionamento. Há uma paralisia decorrente da atividade excessiva. A velocidade absoluta ainda nos levará ao absoluto colapso[30]. Na deposição

28. P. Lévy, *A inteligência coletiva: para uma antropologia do ciberespaço*, São Paulo, Loyola, 3ª ed., 2001.

29. Cf. A. Kolb, "Kulturwissenschaft und Kulturpolitik", in id., *Wissenschaft – Bildung – Kultur*, op. cit., pp. 18-47; id., "Wertewandel und multikulturelle Gesellschaft. Zum Verhältnis von Kunst und Gesellschaft", loc. cit, pp. 48-68; id., "Geistig-kulturelle Identität. Beispiel Arbeitsgemeinschaft Alpen-Adria", loc. cit, pp. 69-82; K. Michalski, (org.), *Identität im Wandel. Castelgandolfo-Gespräche 1995*, Stuttgart, 1995.

30. P. Virilio, *Fluchtgeschwindigkeit. Essay*, München, 1993; id., *Rasender Stillstand. Essay*, Frankfurt/M., 1997 (= Fischer Wiss. 13414).

dos conteúdos — estimulada e apoiada sobretudo pela internet, pela crescente substituição do livro pela internet, pelo construtivismo e pelo virtualismo radicais, pela filosofia analítica, pela patologia das imagens — vejo uma das principais ameaças à identidade, à cultura, à filosofia, à ciência e à sociedade. Sem conteúdo não há identidade, da mesma forma que sem conteúdo ou substância também não há intelecção. Não se pode *entender* o que não *é*. É preciso crer cada vez mais, e cada vez menos se pode provar. Já se crê em quase tudo, porque quase tudo já é possível. E nesse caso não se trata de uma crença religioso-teológica. Quem sabe tudo, segundo Goebbels, nada teme. Talvez o inverso disso esteja cada vez mais correto: porque sabemos demais, e porque consideramos (quase) tudo possível, temos medo.

O conceito "substância" foi relativizado e dinamizado durante tanto tempo, que se chegou à sua diluição. Diluiu-se a substância, e em compensação promoveram-se os acidentes à condição de substância. A velocidade, a dinamização, a superfície, ou mesmo a superficialidade, o dilúvio de imagens e sons tornam-se "substância" da mídia e dos seres humanos. A verdadeira substância, a verdade, o conteúdo, a realidade, a estabilidade, a continuidade, a subsistência, a duração e a profundidade tornam-se cada vez mais acidentais. A comunicação (relação) é constitutiva para o ser humano, mas não perfaz sua substância. Sem comunicação, unidade, individualidade, sem autodeterminação, sem a pessoa[31], não há identidade. Tentou-se abolir o absoluto, mas é óbvio que não se pode simplesmente eliminá-lo. As frases "tudo é relativo", "tudo está em movimento, como na correnteza de um rio" (Heráclito de Éfeso) são absolutas. A velocidade da luz, as ondas eletromagnéticas da internet são absolutas. Não é casual que o acaso e o caos sejam apresentados como absolutos. A exortação bíblica "Não deves fazer para ti nenhuma imagem de Deus" (Ex 20,4; Dt 5,8) torna-se atual e compreensível. Realmente há o perigo de que percamos Deus, a substância, o conteúdo e a identidade. O homem, para sua vida e seu pensamento, necessita de constantes, algo perdurável e absoluto, necessita da transcendência e da identidade.

3.3. Não há equivalência entre o ser humano e o computador

O construtivismo radical e outras tendências afirmam que não se pode mais diferenciar sujeito e objeto, interior e exterior, corpo e alma, ou que não

31. Cf. H. Schmidinger, *Der Mensch als Person. Ein christliches Prinzip in theologischer und philosophischer Sicht*, Innsbruck, 1994.

é preciso mais fazer essa diferenciação. Isso certamente será possível se uma das partes tiver sido suprimida, ou por causa dessa supressão. É interessante que também os defensores da inteligência artificial afirmem, e não raramente, que pouco podemos saber sobre o interior do ser humano, em um sentido mais ou menos marcadamente behaviorista. Essa concepção é surpreendente, entre outras razões, porque são justamente os representantes dela que tratam de abolir o mundo exterior, de fazer valer apenas o ser humano e a consciência humana. Se, no entanto, não conhecemos o interior do homem, então não conhecemos o próprio homem; então não podemos dizer nem comprovar que o simulamos, ou no máximo uma parte dele, a externa, ou talvez apenas a externamente perceptível, mas de forma superficial. Entretanto, se fosse possível simular apenas a consciência no interior do homem, então o inconsciente e os sentimentos, justamente eles, ficariam excluídos dessa possibilidade. O inconsciente não pode ser simulado, quando se trata exclusivamente da "consciência", e mesmo por causa dessa exclusividade. Contudo, o inconsciente (cf. a psicologia profunda) e os sentimentos desempenham um papel importantíssimo na vida do ser humano.

Pergunta-se se o construtivismo e o virtualismo representam um dualismo ou um monismo. Em minha opinião, ambos conduzem a um monismo, dos pontos de vista ontológico, lógico e gnosiológico, justamente porque não se pode mais diferenciar os dois relevantes campos mencionados; e, a rigor, porque um dos lados é negado. De uma parte, nega-se o mundo exterior, ao qual pertence também o corpo humano, e de outra parte afirma-se que nada podemos saber sobre o mundo interior do homem. Dessa forma, porém, nada saberíamos, e incidiríamos em um ceticismo ou em um niilismo. Todo método científico, a verificação e a falsificação estariam fora de ação. Identidade, asserções, entendimento mútuo, verdade e ciência, tudo isso seria impossível. Ou tudo é apenas individual, ou tudo apenas comunicação. Não se pode, sem contradição, defender as duas teses ao mesmo tempo. E com isso chegamos ao difícil problema da distinção entre corpo e alma. *Se corpo e alma, os elementos psíquico e mental, a matéria e o espírito, a realidade virtual e a real são separados de forma dualista, ou equiparados de forma monista, ou se ainda se nega uma das partes, como podem interagir entre si e exercer influência mútua?! Causa e efeito, as relações causais e os efeitos correlatos confundem-se, misturam-se, deixam de ser conhecidos, são ignorados e negados. O agir humano e as doenças psicogênicas passam a ser incompreensíveis.* Não se devem equiparar os dois lados ou aspectos a seguir, embora isso ocorra com freqüência: de um lado, a realidade que não pode ser apreendida exclusivamente pelas ciências naturais; de outro, resultados reconhecidos pelas ciências (naturais), concernentes a causas, efeitos correlatos e relações.

De qualquer modo, até hoje praticamente não se podem simular os sentimentos do ser humano. Em minha opinião, jamais será possível simulá-los de maneira completa, ao menos não será possível substituí-los. No que diz respeito a sentimentos e ao gosto, trata-se aí de um dos grandes problemas, um vasto campo de experimentação e um sério déficit no mundo dos computadores. "Tamagotchi", um ovo, pintinho ou galo eletrônico, não pode e não deve substituir crianças e animais, nem tampouco as devoções e os sentimentos. "Tamagotchi" já foi proibido nas escolas chinesas, porque há o risco de que as crianças e adolescentes negligenciem as obrigações escolares e familiares. A capacidade de comover-se diminui sempre mais. D. Goleman diagnostica uma miséria emocional, uma crise emocional que se agrava, sobretudo entre as crianças, um crescimento assustador dos casos de criminalidade, suicídio, uso de drogas e depressão, sobretudo nos Estados Unidos, e manifesta-se, com razão, em favor da inteligência emocional, das forças e capacidades do coração humano, as quais seriam tão importantes quanto as do intelecto[32]. O plano emocional, em face da possibilidade de simulação, é o que menos se pesquisou até hoje. Como se pode pretender falar, portanto, de uma equivalência humana ao computador, como faz Götschl, entre outros? Como tais equivalentes humanos, ele menciona, por exemplo, as atividades de cálculo e armazenamento de informações. Em cálculo, com certeza o computador é tecnicamente superior ao homem, não apenas equivalente. Um computador, porém, não pode conhecer a verdadeira identidade interior do ser humano, nem tampouco representá-la, nem substituí-la. A realidade digitalizada e a real não são a mesma, por mais que se as queira ligar entre si e separá-las cada vez menos, o que tem aspectos positivos e negativos. Há o risco da confusão entre realidade virtual e real, o risco de ver a realidade virtual como única e verdadeira. O mundo virtual facilmente pode ser visto como (único) mundo ideal, como mundo platônico das Idéias. Alguns consideram o mundo virtual o melhor dos mundos possíveis; outros, o pior de todos.

Matéria e espírito, objeto e sujeito, exterior e interior, os campos privado e público, as realidades real e virtual, o observador e a coisa observada, produtor e produto, corpo e alma, consciente e inconsciente, a razão e os sentimentos, acima e abaixo (cf. acima o item 2.4, "Espaço e tempo", a viagem espacial), perto e longe, presença e telepresença, existência próxima e distante, regional e global, nacional e internacional, passado e presente, espaço e tempo, horário local e horário internacional: de fato, todos esses

32. D. Goleman, *Inteligência emocional*, Rio de Janeiro, Objetiva, [5]1996. Sobretudo Agostinho e Pascal deram ênfase ao papel do coração.

pares estão permanentemente ligados e estabelecem efeitos correlatos, de modo que cada um dos lados não existe sem o outro, não pode ser entendido ou concebido sem o outro. A pessoa que pretende fazer valer ou pretende conhecer apenas um dos lados desconhece a totalidade, os seres humanos, e desconhece também o próprio lado que pretende conhecer; tal pessoa não pode nem deve falar de um equivalente para o humano. A inteligência natural solipsista e a inteligência artificial escondem o perigo de uma sala de espelhos, de um labirinto, de um sarcófago. Esse mundo só subsiste na cabeça e no computador. É preciso retornar ao terreno das realidades reais, da Terra, dos seres humanos.

A seguir, gostaria de mencionar alguns campos a mais que o computador é incapaz de substituir, e para os quais não há um equivalente para o humano:

— Entre os sentimentos, mencionemos, por exemplo: amor, ódio, medo, desespero, saudade, preocupação, alegria, vontade e falta de vontade, temor, proteção, inteligência emocional; a razão sem sentimento não tem cor nem força, e o sentimento sem razão é cego. Inteligência e sentimentos são dependentes entre si[33].

— Procriação: são gerados seres humanos *reais*; vejam-se as relações concretas e reais de matrimônio e de amor, a família.

— Nascimento: nascem crianças *reais* — para nossa sorte.

— Morte: são sepultadas pessoas *reais*, mães, pais, filhos, amantes e parentes, não apenas nossas construções ou simulações; mesmo que na internet seja possível morrer várias vezes e reviver depois.

— Carne e sangue, vida e vivência, corpo e alma, ar e alimento, pobreza e fome, matéria e espírito, nossos cinco sentidos. Espírito e alma não são idênticos a consciência ou inteligência artificial. M. Scheler defendeu a opinião de que o maior erro da metafísica do Ocidente consistiu em confundir consciência e espírito. A alma e sua imortalidade não se deixam substituir por via artificial. A cultura em rede não pode substituir a cultura restante, real[34].

— Sofrimento, dor, miséria, destruição, culpa, sentido, felicidade, infelicidade, paz, tranqüilidade, o aconchego da terra pátria, valoração, justiça, solidariedade, compaixão, fidelidade, outras virtudes, esperanças, expectativas, desejos, a personalidade, experiência de vida, consciência de responsabilidade e valor.

---

33. Cf. id., ibid.

34. Cf. A. Kroker, M. A. Weinstein, *Datenmüll. Die Theorie der virtuellen Klasse*, Wien, 1997. Segundo esses autores "a carne humana evapora em meio à virtualidade" (Prefácio, p. 11). Eles criticam a apropriação da internet pelo capitalismo, o culto à rede global, à história virtual e a euforia que cerca tudo isso.

— Dimensão religiosa: Deus, Trindade, criação, conservação, fé, graça, bênção, conciliação, sacramentos, espiritualidade, humildade, salvação, santidade, ressurreição. A internet não é capaz de antecipar nem a imortalidade da alma nem a ressurreição dos mortos.

3.4. Liberdade e responsabilidade

Os representantes do construtivismo radical e do virtualismo radical afirmam que o ser humano alcançaria, em uma vida virtual, a liberdade, responsabilidade, tolerância, sentido, felicidade e cultura plenos. Isso até soa muito bem na fundamentação e na teoria, mas nem de longe está de acordo com a realidade. Quando se defende essa postura, pode não haver possibilidade de diferenciação entre realidade, fatos, teoria, exigência, formação, liberdade, sentido, felicidade, tolerância, responsabilidade e cultura, de um lado, e aparência, ilusão, ficção, imaginação, falta de liberdade, insensatez, infelicidade, intolerância, falta de responsabilidade e incultura, de outro. De fato, a separação entre os dois lados fica sempre mais comprometida. A fundamentação e a vida no sentido do primeiro lado que mencionamos ficam sempre mais difíceis. Para o cristianismo e as religiões, a liberdade nasce essencialmente da vinculação, da re-ligação (lat. *re-ligare*, "religião"). Quando *todos* os tabus estiverem rompidos, *nada* restará, nem sequer liberdade. Não se deve querer apregoar e vender como grande progresso o que no futuro, em seus efeitos concretos, poderá vir a significar um grande retrocesso. Na verdade, seria preciso ocupar-se muito mais intensivamente com critérios e normas para o progresso, a humanidade, a imagem e a essência do ser humano, os demais valores, tal como são chamados, as tarefas e os objetivos das ciências, e ainda chegar a uma posição unificada em relação a eles[35]. Dados empíricos são interessantes, mas não suficientes, pois com freqüência negligenciam os aspectos mencionados há pouco, e não chegam a estabelecer (nem podem fazê-lo) uma concatenação histórica maior, em especial uma concatenação humanística e histórica. Desenvolvimentos factuais também podem ser desenvolvimentos negativos.

Sempre se repete e se reafirma que a realidade é idêntica à comunidade e ao elemento social (cf. von Foerster, por exemplo). A práxis, entretanto, comprova cabalmente o contrário: constata-se que egoísmo, *ego-trip*, os solipsistas, a singularidade banal e o comportamento associal estão avan-

35. Cf. A. Kolb, "Grenzen, Gründe, Gefahren und Ziele der Wissenschaften. Ein Vergleich mit der Theologie als Wissenschaft", in M. Liebmann, E. Renhart, K. M. Woschitz (orgs.), *Metamorphosen des Eingedenkens. Gedenkschrift der Kath.-Theol. Fakultät der K.-F. Universität Graz 1945-1995*, Graz, 1995, pp. 241-258.

çando e são realidade. Já alertei muitas vezes sobre a ameaça que paira sobre a referência à sociedade e à práxis, e agora essa referência vem sendo confundida ou identificada cada vez mais com o pensamento da busca de proveito e utilidade e com a mentalidade da concorrência. O computador representa, de direito, um sistema aberto — veja-se, mais uma vez, a globalização —, mas na prática trata-se claramente de um sistema fechado: do sistema fechado de uma rede "aberta". As determinações, manipulações e dependências, a heteronomia, o estresse, as coações (objetivas), os mecanismos de mercado, as pressões ocasionadas pela seleção social e pela aceitação no grupo que se almeja integrar, as tendências centralizadoras e monopolizadoras, a polarização, tudo isso aumenta, ao passo que a autodeterminação e a autonomia diminuem. A televisão e sobretudo a internet caminham cada vez mais para a condição de um meio totalitário, ao lançar levas de estímulos também totais sobre a sociedade. Em N. Wiener já se fala de uma tirania da informação. Alcança-se uma condição totalitária por meio das informações (de massa). Diminuem o pluralismo e a pluralidade. A internet torna-se um instrumento de direcionamento, de controle, de exercício de poder. Não se pode subestimar o poder da informação — que, além de tudo, é freqüentemente selecionada e manipulada. Concorrência, concentração (no campo dos meios de comunicação), monopólio da opinião pública, internet, *global players*, tudo isso gera pressão e pode fortalecer a alienação do ser humano. Há também outra opressão, exercida pelo tédio, pelo caos e pelo acaso. Diante do aumento das coações, do abandono a vontades alheias, da concentração do poder nas mãos (ou nos punhos cerrados) de um grupo cada vez menos numeroso, o grito por liberdade torna-se cada vez mais intenso, excessivo, antitético e parcial. Basta ver o poder — ou a impotência — dos gerenciadores, em grandes empresas. Também a moda surge como poder, violência e necessidade. Há muito tempo a globalização já virou moda. Depois de toda recessão ou repressão segue-se uma rebelião. No caso da globalização, esses elementos parecem assumir dimensões assustadoras. O conteúdo, a verdade parecem cada vez menos importantes, os dados são modificados e manipulados cada vez mais, ficam aos ventos e ao gosto da moda, que coincidentemente sopram sempre na direção dos lucros. Um número cada vez menor de pessoas toma todas as decisões, domina tudo. O ser humano é direcionado cada vez mais por seu produto e seu constructo, o computador. Tornamo-nos escravos de nossas invenções. Estamos presos à "rede". P. Virilio fala de um "ciberfascismo". Antes se afirmava "saber é poder" (F. Bacon). Hoje se deveria dizer: "internet é poder". A grande maioria dos organizadores e usuários da internet são homens; na Áustria, cerca de 85%. Talvez isso também esteja relacionado com o poder, com o jogo, com o "brincar de Deus", com a sexualidade como exercício de poder, coisas bastante afeitas ao gosto dos homens. Em grande parte, a imensa liberdade da virtualidade e da internet vai esfumaçar-se em meio a alucinações. E a comparação com alucinógenos parece ser muito adequada, ou seja, a comparação com uma "substância" que nos conduz à decadência.

Com o computador, produzimos o "homem de vidro", um homem frio, e adentramos uma prisão, uma jaula, uma caverna platônica em que as pessoas tomam sombras por realidade e na qual a solidão, o isolamento e o medo apenas crescem. O medo é um produto do solipsismo, da perda de realidade, identidade e solidariedade. Como já se comprovou por experiências empíricas, a atividade muito intensa ao computador diminui a percepção do mundo circundante, a referência à realidade, a integração social. O consumo exagerado dos meios de comunicação — segundo comprovam os pedagogos — leva ao empobrecimento lingüístico. Muitos recursos são investidos na pesquisa e no progresso da inteligência artificial. Com isso, crescem sua influência e seu poder. Muitas vezes, são os desejos masculinos de poder que levam à opressão e ao abuso sexual, sobretudo de crianças. Além disso, cresce também a sociedade dividida em duas classes, a ruptura social e cultural entre "ricos em informação" e "desprovidos de informação". Por enquanto, a "aldeia global" é um lugar para os ricos. No futuro, é possível que algo entre um quarto e um quinto da humanidade dê conta do ônus acarretado pelas necessidades do trabalho, do ponto de vista econômico. Vai-se ter um avanço crescente do desemprego e uma destruição contínua das famílias. A interdependência na economia, nas finanças, na internet, na cultura, na moda, cresce no panorama internacional. Os globalizadores ganharão a grande fortuna, mas com isso perderão não apenas sua alma — caso ainda a tenham —, mas também colocarão em risco a humanidade, o mundo e o futuro. "Que proveito terá o homem em ganhar o mundo inteiro, se o paga com a própria vida?" (Mt 16,26; Mc 8,36; muito semelhante em Lc 9,25). Realidade, verdade e valor, democracia, responsabilidade, solidariedade, amor ao próximo e cultura decrescem, as barreiras diminuem ou desaparecem, aumentam as abreviações ou reduções da realidade, os chavões, as reportagens sensacionalistas, a desintegração, as relações conturbadas, a insensibilidade, a polarização, assim como o analfabetismo. Há hoje, em todo o mundo, cerca de 885 milhões de analfabetos. Com o computador, surge uma nova forma de analfabetismo.

Com o ciberespaço não surge nenhuma democracia perfeita, tal como a prenunciou o vice-presidente norte-americano Al Gore, anos atrás, nem tampouco uma democracia de base; surgem, sim, novos perigos para a democracia, analogamente ao que ocorre com a globalização e a economia. Como uma internet que age sobretudo de forma anárquica e que contém porções maciças de pornografia e incitações ao terror, à criminalidade, ao uso de violência, ao tráfico de drogas, ao racismo e ao radicalismo de direita pode ter efeitos benéficos para a democracia? Segundo o modelo radical do construtivismo e do virtualismo, o ser humano não pode aí viver ou sobreviver — por mais que essas teses radicais (apesar de caracterizadas por incoerência, incompatibilidade e absurdidade) sejam vistas por alguns como interessantes, novas, perspicazes, prudentes e sábias, e por mais que, justamente por isso, sejam claramente aceitas. Essas teorias abdicam de plausibilidade, contradizem e refutam a si mesmas, levam-se, elas próprias, *ad absurdum*, sepultam os fundamentos de nosso pensar, de nossa vida e de nossa cognição. "Desaparece a diferenciação entre verdadeiro e falso, autêntico e inautêntico, bom e mau, real e irreal — tudo torna-se possível, e tudo o que é possível torna-se vivenciável."[36] Pelo fato de muitos programas de computador trabalharem com dois dígitos para a designação do ano, teria sido possível chegar a um caos de informações na entrada do ano 2000, caso não tivessem sido feitas correções caras, trabalhosas, que não foram levadas tão a sério na Europa.

4. *Que fazer?*

Em princípio, não se deve duvidar dos seguintes fatos, no que diz respeito à internet: o número de computadores cresce enormemente, pelo mundo todo; mais e mais, eles vêm sendo interligados; há um crescimento da pornografia (o conceito de "pornografia", a propósito, precisaria ser redefinido), da criminalidade, de seitas, do tráfico de drogas, da anonimidade, da falta de responsabilidade, das dificuldades de se constatar a propriedade intelectual; há um déficit no número de pessoas informadas, competentes e eficientes, assim como em determinações ou medidas do direito (penal) de combate a desenvolvimentos negativos e perigosos, em âmbito nacional, europeu e internacional; não se trata aqui de mecanismos de mercado, ou de desdobramentos necessários e inevitáveis, não se trata de "leis da natureza" (em analogia ao que se afirma sobre a globalização da economia); há um reconhecimento da relevância da internet para a discussão ética. Porém, quando se trata de responder à pergunta "o que podemos ou devemos fazer?", as posições divergem. Alguns manifestam-se favoráveis à plena liberdade dos provedores e usuários, à plena liberdade de informação e expressão; outros são favoráveis a impor restrições não apenas ao acesso à

36. M. Gottschlich, da Introdução a S. Steurer, *Schöne neue Wirklichkeiten. Die Herausforderung der virtuellen Realität*, Wien, 1997.

informação, mas também à oferta de fornecedores, dos provedores *on-line*. Posiciono-me a favor do último grupo, com base nos seguintes argumentos:

4.1. Não basta o direito ou o princípio de uma liberdade unilateral de informação. Não se trata apenas da liberdade dos criminosos, mas também da liberdade das vítimas. A liberdade é íntegra e indivisível. Muitas vezes, a liberdade das vítimas fica em desvantagem ou é simplesmente desconsiderada; é o que ocorre, por exemplo, na Áustria, em que a posição legal dos réus é sempre melhor que a das vítimas. Para os réus, estão previstos (ou são prescritos) tratamentos terapêuticos pagos pelo Estado. O mesmo quase nunca se dá em benefício das vítimas. As vítimas teriam direito a reparações, mas sempre privam-nas disso. Não há apenas a liberdade, mas também a solidariedade e a igualdade. Relacionadas justamente à internet, também há no mundo todo conseqüências decorrentes de ações criminosas e catastróficas para o corpo e para a alma, para a saúde física e psíquica, sobretudo de crianças e adolescentes. Especialmente perniciosa é a associação entre sexo e violência, que atinge especialmente crianças. D. Drewes compilou uma lista de dados no mercado internacional, com um número crescente de criminosos, mas sobretudo de vítimas, em especial crianças. Ele aponta para o fato de que muitos adultos se calam, preferem não ver esses fatos ou não crer neles, agem como se o problema não existisse ou recalcam-no. Ele afirma haver um déficit na jurisdição e na fiscalização das redes informatizadas. A legislação seria incapaz de agir em face da integração dos criminosos em âmbito internacional, e não teria a quem recorrer. Drewes busca saídas, receitas, procura oferecer conselhos e auxílio[37]. Assim, deveria haver muito maior preocupação com a defesa das vítimas do que com liberdades unilaterais. Primeiro caberia fortalecer sensivelmente os esforços de diminuição do número de vítimas, e então oferecer ajuda, sobretudo às próprias vítimas. As conseqüências de uma liberdade exagerada e parcial assemelham-se às de uma educação antiautoritária. É preciso impor limites à total ausência de barreiras e à liberdade irrestrita. Até hoje tratou-se sobretudo dos direitos. No futuro, precisamos acentuar as obrigações com

37. Cf. o recomendável e interessante livro de D. Drewes, *Kinder im Datennetz. Pornographie und Prostitution in den modernen Medien*, Frankfurt/M., 1995; cf. tb. B. Besten, *Sexueller Missbrauch und wie man Kinder davor schützt*. München, [3]1995; M. Gegenfurtner, B. Bartsch, (orgs.), *Sexueller Missbrauch von Kindern und Jugendlichen. Hilfe für Kind und Täter*, Hohenwarsleben, 1994; M. Smith, *Gewalt und sexueller Missbrauch in Sekten. Wo es geschieht, wie es geschieht und wie man den Opfern helfen kann*, Zurich, 1994; T. Hestermann, *Verbrechensofper – Leben nach der Tat*, Hamburg, 1997; G. de Becker, *The Gift of Fear. Listening to the Intuition That Protects Us from Danger*, Nova York, 1997; R. Wipplinger (org.), *Sexueller Missbrauch. Überblick zu Forschung, Beratung und Therapie. Ein Handbuch*, Tübingen, 1997. H. Graupner, *Sexualität, Jugendschutz und Menschenrechte. Über das Recht von Kindern und Jugendlichen auf sexuelle Selbstbestimmung*, 2 vols., Frankfurt/M., 1997.

muito mais ênfase, e procurar resgatá-las. Liberdade não quer dizer "passe livre", mas responsabilidade[38].

4.2. É preciso avaliar os bens. Em democracias, o direito fundamental à liberdade de informação está garantido constitucionalmente. Por isso, pode-se argumentar sobre nosso tema com mais facilidade e precisão, do ponto de vista jurídico. Nos Estados Unidos, por exemplo, em 26 de junho de 1997, a Suprema Corte decidiu que o direito à liberdade de expressão aplica-se também à internet. Nesse caso, como em outros casos e outros países, prejudicam-se os princípios, direitos e deveres de todas as pessoas no que diz respeito à justiça, à solidariedade, à humanidade e ao bem comum, ou ao menos se lançam esses princípios, direitos e deveres sob as rodas brutais da máquina que move negociantes, detentores e cultores do lucro e das vantagens econômicas. O *lobby* em favor dos computadores é muito poderoso nos Estados Unidos — e não apenas naquele país. O neoliberalismo na internet ultrapassa em muito o que se instala na economia em geral[39]. *É preciso que os demais direitos humanos, em geral, recebam a mesma importância que se confere à liberdade, e que deles decorram conseqüências jurídicas na mesma proporção em que isso ocorre com a liberdade.* O conceito de liberdade no Ocidente, cujo cultivo exagerado levou a desproporções, ainda vai nos causar dificuldades e pode nos levar até mesmo ao fracasso. Afinal, de maneira inconsciente e involuntária, ele acaba conduzindo ao totalitarismo no Ocidente, assim como se dá em outras partes do mundo. Também se deve pensar nisso em vista de discursos do presidente norte-americano Bill Clinton, em que ele declara o acesso universal à internet como questão educacional para o século XXI. Após a conclusão da Suprema Corte em 26 de junho de 1997, Clinton, em conjunto com as empresas do ramo, declarou guerra aos abusos, apoiado, porém, no voluntarismo. A potencialização do que é negativo fomenta o anseio de uma condição absoluta, o totalitarismo, a que nós todos nos opomos[40]. Ditadores reportam-se freqüentemente aos efeitos nocivos da liberdade excessiva, para justificar com isso seu próprio fundamen-

38. Cf. H. Jonas, *Das Prinzip Verantwortung. Versuche einer Ethik für die technologische Zivilisation*, Frankfurt/M., [12]1995.

39. Diante da possibilidade de compra de medicamentos via internet, a indústria farmacêutica, farmacêuticos e médicos alemães demonstraram-se preocupados com a saúde da população e exigiram, no outono de 1997, medidas de controle por parte do governo federal daquele país e da União Européia. Como se não houvesse também uma saúde da alma, e a necessidade de outras medidas de controle. Segundo informação de 3 de outubro de 1997 da Austria Presse Agentur (APA), as empresas de gravação pretendem utilizar "impressões digitais eletrônicas" e "marcas d'água digitais" para proteger peças musicais contra violações aos direitos autorais.

40. Cf. A. Kolb, "Aufgaben und Ziele von Philosophie und Theologie. Dialog zwischen einem Philosophen und einem Theologen", in A. Schramm (org.), *Philosophie in Österreich*

talismo e totalitarismo, tal como fizeram, por exemplo, os antigos Estados comunistas do Bloco Oriental. No âmbito da internet, há muitos pseudocontentamentos e atividades apenas aparentes; ela funciona freqüentemente como *refugium peccatorum*. Não convém enganar-se: a internet não vai ocasionar menos dependências que liberdades. As duas concepções, a acentuação (exagerada) da liberdade de informação, nos Estados Unidos, e a proteção de dados pessoais, na Europa, diferem *de facto* muito menos do que *de jure* pode parecer: de ambos os lados, cultiva-se e engorda-se a liberdade de uma maneira desproporcionada.

4.3. *É preciso haver com urgência, em âmbito europeu e internacional, critérios éticos o mais objetivos possível, bem como valores, idéias, códigos de comportamento, máximas sobre a comunicação, linhas mestras, princípios, parâmetros, regras, normas e leis* que superem a atual situação legal na internet (já que o atual panorama normativo, sua interpretação e as prescrições jurídicas de cada um dos Estados nacionais são insuficientes); e é preciso, ainda, haver a elaboração e a concretização de metas específicas nesse campo, que possibilitem a distinção fundamental entre o que é *humano, justo, solidário, ético, moral, bom* e *positivo*, de um lado, e *desumano, injusto, não-solidário, antiético, imoral, mau* e *negativo*, de outro. *Uma nova ética da informação e uma ética da internet são prementes.* Tal como no caso mencionado acima, nos Estados Unidos, a mera indicação de que os limites entre *decente* e *indecente*, entre *decoroso* e *indecoroso* são muito imprecisos, perigosos e difusos no "Communications Decency Act" mostra-se cada vez mais insuficiente, e deve-se vê-la cada vez mais como desculpa, como álibi, como pseudo-atividade. Certamente é muito difícil que o mundo todo chegue a consensos sobre o que seja justo, em termos sociais e morais. Nesse contexto, é preciso apontar para os direitos humanos universais. As leis aplicadas ao mundo real precisam valer também para o mundo virtual, e vice-versa. Leis estabelecidas para o mundo virtual também precisam ser realmente cumpridas. Um abuso virtual também pode ser real, como abuso. Como em todo tipo de recalcamento, não é incomum que se constituam "cenários de guerra secundários", que se façam "arranjos", que se iniciem ações e agitações para fugir à tarefa de levar a cabo as discussões urgentes sobre critérios e valores, e para garantir as vantagens já asseguradas. "Face a face com o desejo de liberdade de opinião encontra-se a necessidade de sua regulamentação pelo Estado. Os conteúdos de informações e da comunicação forçam a uma discussão internacional sobre o que seja 'bom' e

1996. Vorträge des IV. Kongresses der Österreichischen Gesellschaft für Philosophie, Graz 28.2.-2.3.1996, Wien, 1996, pp. 412-431. O mesmo artigo foi publicado em Katholisch-Theologische Fakultät der Karl-Franzens-Universität Graz (org.), *Theologie Interaktiv*, Graz, 1997 (= CD-ROM).

'mau'."[41] Precisamos com urgência do estabelecimento de limites éticos, de critérios de qualidade e diferenciação, providências, programas, projetos piloto, orientações normativas e culturais. "Enquanto, apesar do livre comércio, muitos bens de consumo estão submetidos a diversas normas legais, não existe sequer o esboço mental de uma 'defesa do consumidor' no que tange aos produtos veiculados pela mídia."[42] Carecemos de maiores determinações sobre a defesa da criança e do adolescente. As companhias de telecomunicações (a Telekom austríaca, por exemplo) teriam possibilidades de intervir, de evitar muitos erros, mas o que as move é sobretudo o interesse financeiro. Nesse ponto, a política precisaria entrar em ação.

4.4. *É preciso exercer controle, censura, supervisão, punição e sanções sobre as pessoas que ofereçam ou utilizem material de conteúdos prejudiciais ou penalizáveis na internet.* As respectivas possibilidades técnicas, éticas, jurídicas, políticas e práticas para isso precisam ser investigadas, fortalecidas e aplicadas. Há uma responsabilidade própria dos produtores de *hardware* e *software*, dos provedores da internet; deveria haver algum autocontrole dos responsáveis pela oferta e uma responsabilidade assumida pelos consumidores. Os usuários precisam intervir de forma crítica. A comunicação envolve ao menos duas partes, emissor e receptor. Trata-se tanto da responsabilidade plena (e penal) do emissor como da responsabilidade do receptor. Não se deve depositar a responsabilidade apenas sobre o receptor, tal como ainda vem ocorrendo de fato e de direito. O acesso do receptor, do usuário — sobretudo quando se trata da defesa de crianças e adolescentes — a material criminoso nos meios de comunicação, e em especial na internet, deve ser claramente dificultado, impedido e, se houver condições técnicas, vedado; por exemplo, por meio de um "filtro", de *firewalls*, de uma "babá" destinada a isso, de um *chip* contra a violência e a pornografia (esse *chip* antiviolência foi inventado no Canadá), por meio de "PICS" (Plataform for Internet Content Selection), de um "bloqueador de pornografia"[43] ou de outros sistemas para *screening*.

Não se deve deixar que a sensatez e a necessidade desses equipamentos, desses *chips* e dessa demarcação sejam postas em questão pelos seguintes apontamentos: eles serviriam, dizem alguns, apenas para tranqüilizar a

41. V. Mayer-Schönberger, *Das Recht am Info-Highway*, Wien, 1997, p. 183.

42. B. Rathmayr, *Die Rückkehr der Gewalt. Faszination und Wirkung medialer Gewaltdarstellung*, Wiesbaden, 1996, p. 16.

43. O pesquisador de Harvard J. Ze Wang, segundo informação da APA de 11 de setembro de 1997, apresentou nessa mesma data, em um congresso sobre multimídia na cidade alemã de Darmstadt, do qual participavam outros 120 especialistas de todo o mundo, um sistema como esse, capaz de privar sobretudo crianças do acesso a dados com figuras obscenas. Esse *blocker* deverá ser comercializado mundialmente, e precisa mesmo, com a maior rapidez, tornar-se disponível ao uso geral.

má consciência dos adultos, e tanto Platão como Goethe já teriam tido dificuldades semelhantes[44]; que fazer quando há na família crianças de diferentes idades, e quando há apenas um país que importa *chips* como esse?[45] Outros dizem, ainda, que por trás desses *chips* haveria interesses de mercado, e que os *chips* impediriam uma discussão pública sobre essas questões, cujo início só traria ainda mais violência[46]. Ora, com argumentos como esses pode-se impedir qualquer coisa, e então não seria preciso fazer mais nada. Como se não fosse possível ordenar os *chips* segundo a idade da criança, como se planejava fazer nos Estados Unidos em 1998; ou então marcá-los com cores diferentes, tal como já se faz, em parte, na Itália. Uma introdução desses *chips* na Áustria e em outros países atingidos, para todos os casos, tal como a considero necessária, deve mesmo conduzir a discussões públicas sobre esse assunto, e certamente o fará. Por fim, o argumento de que sempre houve violência e pornografia na história da humanidade, que se ouve com muita freqüência, é insuficiente. Ingressamos agora em um estágio novo, muito mais duro e brutal, em que a criminalidade e o comportamento agressivo aumentam qualitativa e quantitativamente, como vem sendo o caso não apenas nos Estados Unidos, mas também na Alemanha e na França[47]. A não-violência, um princípio cristão para o qual só há muito poucas exceções, precisa tornar-se um princípio central de todo o convívio humano.

É preciso pôr em ação investigadores disfarçados, tomar providências operativas camufladas, contratar órgãos supervisores e muni-los do aparato necessário. Deve-se disponibilizar o pessoal necessário e os recursos técnicos melhores e mais avançados para que as autoridades disponham ao menos das mesmas chances que os criminosos. É preciso haver possibilidades concretas de defesa diante de informações e documentações criminosas e

---

44. É o que afirma W. Hussmann, representante do episcopado de Hildesheim para os meios de comunicação e presidente da Comissão Cinematográfica Católica na Alemanha, segundo informação do serviço de imprensa do Partido Popular Austríaco de 1°/7/1997, e segundo a KATHWEB em 7/7/1997, em uma pesquisa de opinião do Partido Popular sobre o tema "Violência nos meios de comunicação", de 1°/7/1997, em Viena. Naquela cidade, a bancada parlamentar do Partido Popular Austríaco deu iniciativa a uma ação em favor do *chip* antiviolência.

45. É o que afirma I. Schödl, representante das famílias no Comitê de Espectadores e Ouvintes da ORF, a televisão estatal austríaca.

46. É o que diz P. Virtouch, pesquisador dos meios de comunicação, segundo entrevista no periódico *Furche*, de 7/8/1997.

47. Segundo informação da APA de 5/11/1997, o governo francês de esquerda, sob o comando do primeiro-ministro F. Jospin, pretende dar início a um plano de ações contra a crescente violência em escolas daquele país. Segundo outra informação da APA, de 26/11/1997, e segundo ampla experiência acumulada, a situação em escolas austríacas não é diferente.

pornográficas. Trata-se aqui de medidas preventivas de ordem política, possibilidades de defesa e controle. Conteúdos ilegais precisam submeter-se a (novas) normas coativas penais e de outras naturezas. O direito da informação e sobretudo o direito penal devem ser fortalecidos. Serviços *on-line* devem ser obrigados a tornar inacessíveis a crianças seus conteúdos negativos. Muitas vezes os recursos técnicos de proteção não são utilizados, ou porque o abuso, os riscos, a espionagem e outros perigos são muito pouco conhecidos, ou porque não se reconhece seu potencial negativo, ou mesmo porque se ignoram tais perigos, de forma deliberada. Assassinato, suicídio, pornografia e atos criminosos — sobretudo na internet — levam muitas vezes à imitação por parte de delinqüentes, embora isso seja freqüentemente contestado. E não se trata apenas de erotismo verbal ou de faltas leves, isso são apenas desculpas. Os criminosos precisam perder sua face privada, precisam expor-se publicamente (embora se deva observar o respeito à proteção de dados pessoais), e precisam ser chamados à reparação pública — ao menos por meio de recursos financeiros. A integração mundial dos sistemas computacionais é fomentada e aproveitada por criminosos, munidos das tecnologias mais modernas, e possibilita assim atos de perfeita delinqüência; e isso tudo cria um espaço injurídico, no qual as prescrições jurídicas nacionais praticamente não podem impor-se, e no qual são insuficientes, com certeza. É uma pergunta e uma incógnita da maior revelância saber se no futuro daremos conta dessas organizações criminosas e desses bandos, que representam um grande perigo para a humanidade, a sociedade, a economia e a cultura.

Sanções ou censura não são primeira ou exclusivamente uma questão para a teologia e a Igreja, mas sim para a justiça e um consenso ético fundamental, para o bem comum, os direitos humanos e nossos deveres. Desdobramentos negativos devem ser minimizados (não podem ser eliminados de todo), para que os desdobramentos positivos possam ser mais efetivos ainda. Há leis, prescrições e sanções em muitas áreas; por que não na internet? Da mesma forma, seria preciso proibir também a clonagem humana no mundo todo. As regras de trânsito têm seu sentido, mesmo que com elas não se possam evitar todos os acidentes. "Dize claramente o que queres dizer e não censures jamais." Esse mandamento reporta-se à liberdade de expressão como "a liberdade mais prezada e mais importante na rede"[48]. Uma proibição da censura é um passe livre para tudo e para todos. A ausência de leis significaria o próprio caos. Igualmente, há perigos ocasionados por influências irracionais. Justamente os que de fato exercem cen-

---

48. T. Mandel, G. van der Leun, *Die zwölf Gebote des Cyberspace. Der kleine Netz-Knigge*, Mannheim, 1997, p. 57. Para os autores, é essa a primeira oferta.

suras prévias, emitem preconceitos e fazem pré-seleções são também os que se posicionam contra a censura. Eles não desejam qualquer controle externo, mas sim poder controlar, eles mesmos, tudo que está à sua volta. O anonimato é muito atrativo, há grandes roubos cometidos contra a propriedade intelectual e financeira, e o risco de colapsos pelo acesso indevido a dados confidenciais.

O mercado e a internet parecem alcançar uma espécie de "dimensão religiosa", representam um sucedâneo para a religião, são "santificados" por muitos. Na verdade, porém, ambos nos impelem à alienação, a um gueto, a uma situação de ausência global de direito, e acabam submetidos a uma dinâmica suicida, a longo prazo. É espantoso e lamentável que as religiões, diferentes confissões e igrejas, tenham se ocupado pouco ou nada com esses desdobramentos e que, em caso positivo, o tenham feito de forma parcial. Muitas seitas, por sua vez, parecem estar bem integradas a esse universo. Menciono aqui a II Conferência Internacional Cristã sobre a Internet (ICIC), realizada entre 10 e 12 de julho de 1997, em Lancaster (Inglaterra). No texto preparatório da resolução resultante da primeira reunião, de novembro de 1996, tratou-se quase exclusivamente de direitos ("The Rights of Communication and Information"), de aspectos positivos, e praticamente não se tocou em deveres e perigos, não se falou das seitas que se fazem representar de forma maciça e ameaçadora na internet. No texto definitivo a que se chegou, a ICIC conclama "todo indivíduo, todo governo, organização ou comunidade de fé a utilizar tecnologias eletrônicas de informação e comunicação", e a reconhecer "o enorme potencial" dessas tecnologias; como se fosse essa a tarefa primeira da ICIC ou de organizações semelhantes a ela. A parcela eclesiástica é conclamada a "delinear e aceitar linhas mestras"; uma tarefa que a própria ICIC provavelmente deveria tomar para si. O texto de Lancaster é otimista demais, excessivamente parcial, quase sem conteúdo, sem pontos de crítica, sem critérios éticos, sem prevenções contra perigos. "Os meios de comunicações só podem ser meios da fé religiosa sob condições específicas. Entre o mundo dos meios de comunicação e o mundo da fé religiosa há apenas pontes estreitas. E elas permanecem inutilizadas."[49] As igrejas, religiões, confissões, e também a teologia, tiveram muito pouca percepção de sua missão pastoral objetiva[50].

49 .Tal é a quinta tese de M. Gottschlich em seu artigo "Informationsgesellschaft ohne Gott? Möglichkeiten und Grenzen kirchlichen Wirkens in und durch Medien", in Sekretariat der Österreichischen Bischofskonferenz (org.), *Kirche in der Gesellschaft. Wege in das 3. Jahrtausend*, St. Pölten, 1997, pp. 306-313, 311.

50. Felizmente, estão à disposição, em tempos mais recentes, as seguintes publicações: Kirchenamt der Evangelischen Kirche in Deutschland et Sekretariat der Deutschen Bischofskonferenz (orgs.), *Chancen und Risken der Mediengesellschaft. Gemeinsame Erklärung*

4.5. Em todo caso, é preciso estar atento às seguintes tarefas e perseguir os seguintes objetivos (a propósito, muitas pessoas e autores fazem valer apenas as tarefas e objetivos mencionados neste item — ou apenas uma parte deles — e negam as tarefas e objetivos do item 4.4, os quais, para elas, representariam uma abordagem errônea[51]; essa sua opinião, no entanto, tornaria supérfluo qualquer direito penal e significaria o adiamento de toda e qualquer reforma para o dia de São Nunca): informação, esclarecimento, educação formal e formação humana, da criança pequena ao adulto, tanto nas famílias como em organizações para a infância e a juventude, em casas de formação, do maternal à universidade, bem como na escola fundamental e média; formação eficiente, adequada e interdisciplinar dos estudantes (que ultrapasse, evidentemente, o estudo do direito penal), sobretudo em face dos recentes e perigosos avanços; no campo da ciência, concepção e realização de estudos, projetos de pesquisa, projetos-piloto, programas e estabelecimento de pontos prioritários concebidos da forma mais interdisciplinar possível, regulados ou controlados em âmbito nacional e setorial, em nível europeu e internacional, considerados e avaliados aí seus efeitos sociais e culturais de longo prazo, quanto à respectiva adequação; deve-se proceder a avaliações de natureza técnica e ética; os resultados dessas avaliações devem ser publicados e postos à disposição de políticos, meios de comunicação social e da sociedade em geral, para que sejam utilizados e aplicados; por parte das universidades e de forma geral, mais empenho na divulgação pública e na influência sobre os meios de comunicação (sem

der Deutschen Bischofskonferenz und des Rates der Evangelischen Kirche in Deutschland, Bonn, 1997 (= Gemeinsame Texte 10); ver tb.: *Die neuen Medien – Herausforderung für uns Christen. Symposium des Deutschen Ordens vom 2.-5. November 1995 in Wien. Die Vorträge des Symposiums*, Wien 1996. Ver ainda a palestra de C. Schönborn intitulada "Menschenbild in einer digitalisierten Gesellschaft" ("A imagem do ser humano em uma sociedade digital"), proferida em Alpbach, no âmbito dos Colóquios de Tecnologia, em 26/11/1996. O Vaticano também já se integrou à rede (http://www.vaticano.va), com diversos documentos e imagens dos magníficos museus vaticanos. Segundo informação da APA de 26/11/1997, o Vaticano apresentou novos CD-ROMs. Roma também deveria estar criticamente interessada em saber que material negativo e imoral vem se difundindo mundo afora, em CD-ROM e na internet, para fazer algo contra isso. Segundo o KATHWEB de 23/10/1997, a Rede (eclesiástica) de Bibliotecas da Áustria possui desde há pouco tempo a seguinte *homepage*: http://www.biblio.at. Segundo o KATHWEB de 5/12/1997, ocorreu em Viena, em 1°/12/1997, o encontro de 25 instituições católicas, para coordenar e firmar sua participação na internet, o que infelizmente não teve resultados satisfatórios.

51. Foi o que disseram, por exemplo, W. Hoffmann, no programa "Zur Sache", da televisão austríaca ORF1, em 29/6/1997, e B. Rathmayr, na edição de 11/5/1997 do mesmo programa. Nesse programa, em sua edição de 5/10/1997, o psiquiatra S. Rudas manifestou opinião de que a violência e a agressividade sempre existiram, e portanto não haveria por que crescerem depois de cinqüenta anos de paz. A meu ver, uma argumentação como essa fica muito aquém de qualquer aprofundamento no problema.

esquecer que não é raro encontrar material criminoso em servidores das próprias universidades); maior diálogo entre pais, educadores, professores e as crianças; no que diz respeito à mídia (impressa), deve-se começar desde já a estabelecer uma ética da informação; as competências cabíveis aos meios de comunicação e sobretudo à internet, a consciência ética e a consciência das responsabilidades de todos devem ser criadas, fortalecidas ou fomentadas; incremento das responsabilidades e co-responsabilidades de todos, incentivo do processamento de dados responsável por si mesmo e de conclusões intelectuais autônomas, da competência de se chegar a essas conclusões, do entendimento criativo, da aquisição dos conhecimentos necessários ao trato profissional e científico com os novos meios de comunicação[52]; campanhas publicitárias e informativas, difusão de informação específica à opinião pública em geral, também aos que ainda não dispõem de computador ou acesso à internet; elaboração de programas de informação, formação e atuação social; exposições; mais discussões públicas; maior pressão por parte da opinião pública, em especial por parte das pessoas diretamente atingidas; fortalecimento e aprimoramento da formação profissional e humana específica de professores e alunos, de cientistas, pesquisadores, pais, educadores, pessoas de referência, profissionais ligados à educação infantil, de agentes de órgãos governamentais para a infância e a juventude, conselheiros, assistentes sociais, médicos, advogados, da Justiça, do Poder Executivo, autoridades, provedores e usuários de computador, sob um enfoque ético, psicológico, legal, social e religioso; formação profissional (aprimorada) para os policiais e demais servidores públicos envolvidos com as novas tecnologias; cooperação melhor e mais eficiente entre todos os envolvidos, também entre clínicos (gerais), hospitais, órgãos governamentais para a infância e a juventude, juizados, advogados, polícia, demais servidores públicos, provedores e usuários; observância das leis de proteção a crianças e adolescentes e das leis destinadas à proteção de informações privadas, que na Áustria, por exemplo, precisam ser adaptadas e, ambas, aprimoradas em âmbito europeu e internacional; o silêncio, o desinteresse, o fazer vista grossa ao problema, a falta de responsabilidade, a prática social (amplamente difundida nos dias de hoje) de aceitação passiva diante do abuso de crianças e da criminalidade, tudo isso precisa ser evitado; muitas vezes, políticos, secretários e ministros, servidores públicos e autoridades ligadas à segurança pública desconhecem a dimensão desses problemas ou a negam, mostram-se desinteressados, desinformados, passivos e não tomam quaisquer medidas em favor da segurança e da defesa pública nas *highways* de dados informatizados, as "infovias";

52. Ver U. Riehm, B. Wingert, *Multimedia. Mythen, Chancen und Herausforderungen*, Mannheim, ^{2}1996.

na verdade, fecham os olhos e ouvidos em face de práticas criminosas e pornográficas, o que resulta na decepção e no desencorajamento das pessoas diretamente atingidas. Essa situação precisa ser alterada com urgência; nesse sentido, investigações policiais exercem pressão, revelam fatos importantes e — segundo mostra a experiência — dão resultado; da mesma forma, também traz resultados a instituição de grupos, agremiações e organizações preocupados com o autocontrole e a ajuda voluntária; o engajamento de gente competente para representar a sociedade junto aos meios de comunicação, bem como a criação de ouvidorias; a incrementação dos bons canais de tevê; a renúncia à violência, à brutalidade e à criminalidade na televisão e na internet, restrição voluntária à oferta dos meios de comunicação; proibição de programas "pesados"; mais iniciativas em favor da defesa de meninos e meninas; as vítimas (e não só os criminosos), especialmente as crianças, devem ter direito a acompanhamento médico, psicológico e psicoterapêutico, seja à custa dos próprios criminosos, seja à custa do Estado; os danos para o espírito e a alma, que só podem ser comprovados com grande dificuldade, precisam receber a mesma atenção que os danos físicos ou sociais; em todo caso, promover a reconciliação entre criminosos e vítimas; sob certas condições, deve-se permitir a divulgação pública de nomes e endereços de quem cometeu abusos contra crianças, a partir do momento da condenação, tal como já acontece desde 1º de setembro de 1997 na Inglaterra, e tal como se costuma fazer nos Estados Unidos; apoio às vítimas; respeito à esfera privada.

4.6. Apenas a cooperação global na internet pode trazer resultados positivos eficientes e duradouros. Problemas globais exigem soluções globais. Providências tomadas por países em âmbito nacional, ou por diferentes nações em âmbito europeu ou em âmbito global, devem ser harmonizadas entre si[53]. As infovias e os valores acionários são internacionais. Portanto, precisamos de trabalho conjunto em nível internacional e de um trabalho interdisciplinar competente e eficiente (não se trata de uma tarefa exclusiva das ciências da informação), desenvolvido em conjunto pela ciência, pelos meios de comunicação, pelo direito, pela economia e pela política; precisamos de um agir correto e comunal, de um *ethos*, de comissões e convenções de ética em âmbito nacional, continental e mundial. Convenções efetivas da ONU e a da União Européia quanto a esse assunto ainda estão por ser tomadas e se mostram cada vez mais prementes. A capacidade e as possibilidades de negociação dos Estados nacionais diminuem, enquanto aumentam os deve-

53. A. Kolb, "Zur Wissenschafts-, Forschungs- und Bildungspolitik", in id., *Wissenschaft - Bildung - Kultur*, op. cit., pp. 84-98. A Conferência sobre o Clima, em 1997, em Kyoto (Japão), trouxe apenas resultados relativamente vagos. Em sua execução, os compromissos, por si só bastante lacunares, tornam-se ainda mais vazios.

res, responsabilidades e tarefas das organizações internacionais, da cooperação internacional; é o que vem ocorrendo também com o combate às drogas e à criminalidade em geral. A União Européia, as religiões e confissões, a ONU, todas ainda estão aquém de suas possibilidades e deveres nesse campo. Os encontros de cúpula dos chefes de Estado da União Européia não apontam para qualquer resultado. Em 21 de novembro de 1997, por exemplo, em Luxemburgo, decidiu-se deixar a cargo de cada um dos Estados nacionais o combate ao desemprego, pois não se chegou a nenhum acordo nos debates. A justificativa para isso é a alegada vantagem de se preservar as responsabilidades nacionais. A globalização da economia não torna a União Européia supérflua; no entanto, relativiza-a, por um lado, já que ela passa a representar apenas uma parte da economia mundial em crescimento, e torna-a ainda mais necessária, de outro, já que os blocos econômicos são mais capazes de se impor do que os Estados nacionais, isoladamente. Quase não há instâncias e organizações em condições de zelar pela ordem, em âmbito global. *Eis por que não se vislumbram cenários propícios para o futuro, a curto prazo, e por que são poucas as chances de chegar a bom êxito.* Precisamos de comparações em âmbito internacional e intercultural, de uma base estável para a cultura, de normas e acordos internacionais (que por si mesmos, vale enfatizar, não são suficientes).

A União Européia recuperou-se de um longo período de incoesão e ineficiência e está desenvolvendo algumas atividades muito relevantes. Em 24 de outubro de 1997, por exemplo, o Parlamento Europeu decidiu-se por uma Resolução sobre o Livro Verde da Comissão para a Proteção da Juventude e da Dignidade Humana nos Meios Audiovisuais e Informatizados (KOM[96]0483-C4-0621/96), constituído de trinta itens, antecedidos, como de costume, por uma longa introdução[54]. O Parlamento "conclama os Estados membros a elaborar até 31 de dezembro de 1998, sob o uso de procedimentos jurídicos eficientes, limites legais que evidenciem normas mínimas sobre o conteúdo ilegal em meios audiovisuais e informatizados..." (n. 11). O Parlamento "alerta os Estados membros para o fato de que cabe a eles atentar aos efeitos culturais coletivos e comportamentais dos serviços oferecidos, mesmo que o teste de sobrevivência para a maioria desses novos serviços venha a ser sua própria rentabilidade econômica" (n. 29). Mesmo em face desse esforço positivo e alentador, não se vai além de "normas

54. O assim chamado "Livro Verde" foi promulgado por uma comissão em 16/10/1996, saudado pelo Conselho de Ministros da União Européia; a mesma comissão recebeu de imediato o encargo de desenvolver também sugestões para possíveis iniciativas. Com base nisso, chegou-se então, em 24/10/1997, à "Resolução". Segundo o seu n. 30, o presidente do Parlamento está incumbido de "dar a conhecer a Resolução à Comissão e ao Conselho, bem como aos governos e parlamentos dos Estados membros".

mínimas" nos Estados membros da União Européia; ela permanece fiel às prioridades econômicas; não se fala em momento algum das universidades e da pesquisa, e menciona-se apenas uma vez a ciência ("disponibilidade de informações científicas", n. 19); a cultura praticamente não aparece, nem do ponto de vista objetivo, nem do ponto de vista do conteúdo, e isso parece ser típico da União Européia.

Para implementar validamente a Resolução mencionada acima, seria preciso tomar as seguintes medidas: aproximação, equalização, adaptação, harmonização, imbricação e coordenação das matérias jurídicas relevantes, no âmbito da administração dos Estados nacionais, e destas em nível europeu e internacional, para obter coerência e suprimir, ou ao menos abrandar, as incoerências existentes, para evitar duplicações, intensificar a eficiência, aprimorar os procedimentos jurídicos, incrementar a cooperação e fazer jus ao caráter de superação de fronteiras e de internacionalização das formas de comunicação aí envolvidas. Seria preciso, ainda, proceder a investigações, buscas e apreensões para além dos limites de fronteiras nacionais. E, finalmente, promover o intercâmbio de dados, experiências e informações.

Medidas fortes contra a expansão da pornografia (infantil) na internet já foram objeto de reivindicação, por exemplo, de 223 representantes de instituições de polícia, reunidos em um evento na cidade norueguesa de Stavager: seria preciso aniquilar redes de violação de crianças e refrear o abuso de menores, principalmente no Terceiro Mundo; infiltrar policiais nas redes de violadores; uma convenção da ONU deveria proibir todo e qualquer material de pornografia infantil; as leis de defesa da criança ainda seriam insuficientes; segundo estimativas da UNICEF, ainda haveria cerca de 100 milhões de crianças coagidas à prostituição. Não devemos, no entanto, legar o combate ao abuso de crianças apenas à polícia.

O Inter Action Council, integrado por 25 pessoas, sobretudo ex-chefes de governo e de Estado, propôs às Nações Unidas e à opinião pública internacional a discussão da Declaração Universal dos Deveres Humanos[55]. É extremamente desejável que essa declaração dos *deveres* — e não apenas dos direitos (humanos) —, altamente louvável e de grande atualidade e necessidade, seja discutida e acatada pelas Nações Unidas.

Seria preciso haver, mundialmente, a integração de todos os grupos, organizações, religiões, confissões, personalidades e pessoas de boa vontade favoráveis ao sentimento de humanidade e à justiça social, pois só assim

55. É o que se lê no jornal *Die Zeit*, n. 41, de 3/10/1997. No mesmo dia, publicou-se também nesse periódico o texto de H. Schmidt, presidente de honra do Inter Action Council, sob o título "Tempo de falar dos deveres!" Infundadas, exageradamente críticas e negativas continuam sendo as réplicas que o texto recebeu, tanto de C. Stelzenmüller (*Die Zeit*, n. 42, 10/10/1997) como de T. Kleine-Brockhoff (*Die Zeit*, n. 43, 17/10/1997).

seus objetivos poderiam ser alcançados. A Igreja católica, em especial, com sua organização internacional e com o papa à frente, como autoridade moral e social, poderia desempenhar um papel significativo nesse processo. O ano 2000 presta-se não apenas à palavra do papa sobre isso, mas principalmente à concepção de um plano atual, eficiente e capaz de indicar perspectivas futuras para o problema. Talvez se possa chegar, nesse contexto, a um trabalho conjunto com o Inter Action Council e com a ONU, no que concerne à Declaração dos Deveres Humanos. Seria desejável, ainda, a cooperação com representantes da Ética Mundial e da Declaração do Parlamento das Religiões Mundiais[56]. Também são numerosas as conferências episcopais que, por ocasião do ano 2000, deverão manifestar-se sobre o assunto.

Deve-se dar prioridade às tarefas e aos objetivos mencionados nos itens 4.1 a 4.6, acima, e para isso devem-se disponibilizar recursos financeiros suficientes. Seriam muito significativas certas medidas de caráter *positivo*, tais como a transmissão de conteúdos qualitativamente elevados, em especial às crianças e aos adolescentes, o desenvolvimento e o uso de forças potenciais construtivas, uma melhor formação humana. De qualquer maneira, é preciso conceber e implementar formas de controle de eficiência.

5. *Conclusão*

Precisamos entender que os aspectos culturais, religiosos, éticos e estéticos são tão importantes quanto os aspectos econômicos, políticos, científicos, técnicos e organizacionais. Nossa tarefa consiste em integrar essas dimensões a uma nova unidade, caso queiramos que a sociedade funcione bem. Do contrário, infiltram-se sempre mais os males, recalques e perversões, contaminando as profundezas da alma e envenenando a fonte da vida. Talvez tenhamos ganho em altura, mas perdemos em profundidade. Do ponto de vista ideal ou dos recursos financeiros, cabe-nos fazer muito mais pelo bem comum, pela comunidade, pelo meio social e pelo cultivo do que seja duradouro, unitivo e obrigatório. Trata-se da globalização da solidariedade. Individualistas e egoístas negam o que há de comum. Sem admitir algo que vincule as pessoas, nega-se tanto mais o que as pode unir e criar obrigações mútuas entre elas. Não basta que alguns milionários — como vem ocorrendo recentemente — façam doações tiradas das muitas sobras de

56. H. Küng, K.-J. Kuschel (orgs.), *Erklärung zum Weltethos. Die Deklaration des Parlamentes der Weltreligionen*, München, [2]1996; H. Küng, *Projekt Weltethos*, München, 1996 [Ed. bras.: *Projeto de ética mundial*, São Paulo, Paulinas, [2]1998.]; id., *Ja zum Weltethos. Perspektiven für die Suche nach Orientierung*, München, [2]1996.

suas fortunas, apenas para aquietar a própria consciência. Nosso pensamento e nossa ação já precisam estar engajados muito antes, de um modo mais fundamental e abrangente. Os recursos não devem ser investidos apenas, e nem mesmo prioritariamente, no desenvolvimento da inteligência artificial ou nas possibilidades de simulação da vida humana; cabe, sim, investi-los muito mais no bem comum[57]. Os representantes dos projetos ou tendências mencionados há pouco, de defesa da humanidade, não devem ser tachados de mais fracos, mais tolos ou mais conservadores que os outros, nem difamados por isso. Nesse contexto, é preciso apontar — de maneira especial e favorável — para o comunitarismo.

Em minha opinião, a despedida da "galáxia Gutenberg", da cultura da escrita e do papel, não vai se dar tão rapidamente quanto preconizam alguns, e talvez se consume apenas de forma parcial, se é que vai consumar-se. Certamente haverá mudanças. Uma equipe de trabalho do Massachusetts Institute of Technology (MIT), um dos centros da pesquisa sobre meios digitais de comunicação, trabalha desde 1996 sob a coordenação do físico J. Jacobson no desenvolvimento de um "papel digital", ou seja, em formas eletrônicas de papel, livros e tintas[58]. A "escrita" poderá ter e terá uma aparência muito diversa. Textos, imagens e formas de representação próprios ao computador já são impressos em papel e assim serão também no futuro. O "papel" conhece muitas formas e vantagens: pode ser tocado, tomado pelas mãos, é de fácil manuseio, barato e profundamente enraizado na cultura. Portanto, durante muito tempo ainda não haverá o escritório sem papel, nem tampouco a era da inexistência do papel; e espera-se que também não vá haver jamais uma cultura sem livros. Poderia perder-se muito em termos de identidade.

Aproximo-me do fim e gostaria de me remeter ao começo: segundo os otimistas, tudo vai bem, não é preciso tomar iniciativa alguma contra quaisquer desdobramentos negativos. Muitos exultam com as infovias. Os cibernautas navegariam conosco até o paraíso. O otimismo dos que adoram e seguem a ladainha em prol da Internet e dos multimeios, em face da inteligência artificial, que se mostra muito mais artificial que inteligente, con-

57. Nesse contexto, ver especialmente: P. Berger (org.), *Die Grenzen der Gemeinschaft. Konflikt und Vermittlung in pluralistischen Gesellschaften. Ein Bericht der Bertelsmann Stiftung an den Club of Rome*, Gütersloh, 1997. No Prefácio, W. Weidenfeld caracteriza "a questão central da coesão social em nossa sociedade como o principal desafio" de nosso futuro (p. 11). A coesão social, a consciência responsável pela comunidade precisariam ser fortalecidas. Ver ainda W. Lütterfeld, T. Mohr (orgs.), *Eine Welt – eine Moral? Eine kontroverse Debatte*, Darmstadt, 1997; N. Brieskorn (org.), *Globale Solidarität. Die verschiedenen Kulturen und die Eine Welt*, Stuttgart, 1997.

58. Cf. Die Presse, SPECTRUM de 24-25/5/1997, de J. Steuerer.

trasta de modo assustador com o medo real (diante do futuro), com as crescentes inquietação e insegurança da sociedade contemporânea e da juventude, em especial. Muitos vêem nas possibilidades do computador, no que é virtual e irreal, uma fuga da realidade, quando fogem, eles mesmos, para um mundo admirável e novo, porque não suportam o mundo antigo, e o vêem como sem sentido, sem esperança, mau e amedrontador; como se na internet a liberdade fosse ilimitada. Comportamentos motivados por fuga e vício, caos, frustrações, tédio, monotonia e medo, tudo isso serve para explicar muitas coisas, mas pouco ajuda na solução efetiva de problemas. A fuga para o computador, o futuro, a desrazão, a ânsia de se criar a si mesmo, o ativismo, nada disso nos salvará. No que se refere à política e aos meios de comunicação, alguns crêem que já se atingiu o grau de saciedade, ou mesmo de fastio. A face inversa do crescimento do poder do homem sobre o homem (revolução digital, globalização, clonagem) está na diminuição da responsabilidade, da ética, da justiça social, na perda da razão. Está ausente a responsabilidade pelo que está a distância, tanto no espaço como no tempo, a responsabilidade pelo futuro. E o futuro não tem nenhum *lobby* a seu favor. Mesmo no que diz respeito à responsabilidade imediata, diante do que está próximo, porém, a situação não é muito mais favorável. É cada vez maior o abismo entre pobres e ricos, entre o saber disponível no computador e o saber das pessoas desprivilegiadas, da população pobre dos países em desenvolvimento, por exemplo. A técnica em geral, a técnica computacional ou a tecnologia da informação, em especial, desenvolvem-se em ritmo aceleradíssimo[59]. A evolução genética natural, a evolução psíquica e física do ser humano — se é que ocorre — avança muito vagarosamente. *O abismo entre essas evoluções e desenvolvimentos díspares cresce vertiginosamente, assim como os problemas daí decorrentes.* Segundo os pessimistas, tudo vai tão mal, que não há mais nada a fazer, e não se deve fazer mais nada, a não ser abandonar o ser humano e o mundo, eximir-se deles. O colapso seria inevitável, e a era dos *bits* e *bytes* estaria entoando um cântico de sereia, emitindo luzes e sons enganosos. Declaro-me favorável a uma solução intermediária pautada pela razão, favorável a valores e ações *corretos*. De fato, oscilamos entre cotas e regras. E no mundo real as cotas é que acabam por se impor. Informação e comunicação são coisas diferentes. A primeira, por si só, ainda não constitui a segunda; e perde cada vez mais sua dimensão pessoal e seu próprio conteúdo. Ao dilúvio de informações é preciso contrapor a preservação do sentido. Ainda se subestimam os peri-

59. Indico, por exemplo, do guru da mídia, H. M. McLuhan, sobretudo duas de suas obras: McLuhan, H. M., *Die Gutenberg-Galaxis. Das Ende des Buchzeitalters*, Bonn, 1995; M. Baltes, F. Böhler, R. Höltschl, J. Reuss (orgs.), *Medien verstehen. Der McLuhan-Reader*, Mannheim, 1997.

gos da usurpação de dados e do caos que isso pode ocasionar. Junto com a realidade, também escaparam de nossas mãos a causalidade, as relações entre causa e efeito. A proteção aos menores, às crianças, aos jovens e adolescentes, a proteção à dignidade humana estão em jogo, e com isso o futuro de toda a humanidade.

Por enquanto, nada está decidido[60]. No que diz respeito à internet, já é hora de fazer alguma coisa. Podemos e devemos intervir. A filosofia deveria tornar-se novamente *sophia*. Há uma tendência a uma filosofia como essa. Temos responsabilidade por ela. Trata-se da dignidade da pessoa humana e não do ser humano como mercadoria. É preciso, na world wide web, preservar sobretudo a realidade, a verdade e o valor. A veracidade precisa voltar a ser um valor na sociedade humana. "*Principiis obsta, sero medicina paratur.*"[61] Para mim, também reside uma esperança no fato de que uma parte considerável da sociedade não está preocupada com as posições extremas, tal como expostas acima; essa parte da sociedade continua a viver de maneira mais racional. Infelizmente, nem sempre é possível pensar de forma positiva, mas sempre se deveria agir de forma positiva. Cabe-nos desenvolver nossas habilidades positivas. O anseio por uma vida feliz, o abandono da arbitrariedade, a necessidade de orientação e de valores firmes motivam um número cada vez maior de pessoas. O melhor caminho é a vivência exemplar de virtudes e valores[62], tal como os preconiza o cristianismo e com os quais nos tornamos capazes de superar o apocalipse temido por muitos, para a virada do século e do milênio. A contagem regressiva para o fim do ano 2000 já começou.

---

60. No outono de 1997, em especial nos Estados Unidos, desenvolveu-se um debate acalorado sobre a utilização dos computadores em empresas. Renomados economistas e cientistas norte-americanos são de opinião de que os ganhos com as novas tecnologias da informação são reduzidos, se é que podem ser considerados como tais. Segundo o jornal *Die Zeit*, n. 48, de 21/11/1997, a movimentação de dinheiro no campo do "cibersexo" ou da "ciberpornografia" alcançou cifras da ordem de 50 milhões de dólares, o que corresponde a cerca de um décimo do dinheiro movimentado com o comércio de produtos *on line*. Ao final do ano 2000, já poderão ser 250 milhões de dólares. Portanto, um tipo de "negócio" parece ser especialmente viável nessa área. Segundo um informe da APA de 14/10/1997, U. Scheiblauer, diretor da Siemens, em evento da área específica de informação, emitiu a opinião de que as tecnologias multimídia não permitem contar, a curto prazo, com grandes lucros.

61. Ovídio, *Remedia amoris*, 91.

62. Um livro recomendável, nesse sentido, é: A. Comte-Sponville, *Pequeno tratado das grandes virtudes*, São Paulo, Martins Fontes, 2001.

Ética da informação

O problema sob a ótica da ciência da informação*

WOLF RAUCH

1. *Consideração preliminar*

O que constitui objeto da ciência da informação é o tratamento de problemas e processos de informação em ciência, na sociedade, na economia e na administração. A ciência da informação, portanto, além da solução técnica e organizacional de problemas ligados à informação, busca propor questões relativas ao emprego sensato, útil e socialmente desejável das técnicas de informação. Nesse horizonte, a ciência da informação choca-se sempre mais com determinados limites, impostos pela possibilidade de realização técnica, pela aceitação organizacional, pela rentabilidade de projetos, e também com limites impostos pela questão da legalidade do emprego das tecnologias da informação. Via de regra, a tecnologia da informação sempre está à frente dos juízes e legisladores. O usuário, de sua parte, está acostumado a mover-se em um espaço isento de leis. E o mais difícil é quando também faltam, nesse espaço sem lei, quaisquer indicadores de valores morais ou normas sociais. Nesse âmbito, o cientista da informação tem tão pouca especialidade quanto o especialista em informática ou o usuário. Nesse ponto é necessário promover uma ampla interlocução de todos os envolvidos, um discurso específico, em que também os filósofos e teólogos sejam conclamados, como especialistas, a articular-se em torno dessas questões ligadas à ética.

Um pressuposto importante para um diálogo pleno de sentido está em certa familiaridade com a linguagem e a forma de pensar do interlocutor, nesse processo de comunicação. Este artigo pretende propor a questão central sobre uma ética da informação a partir do ponto de vista da ciência da informação: O que é, afinal, a sociedade da informação? Por que essa sociedade da

* Tradução: Paulo Astor Soethe.

informação precisa de uma ética da informação? O que diferencia esse questionamento da já conhecida problemática de uma avaliação das conseqüências do desenvolvimento tecnológico? Quero deixar claro que, para a ciência da informação, a questão de uma ética da informação não suscita meros problemas teóricos de base, mas assume um significado prático importantíssimo.

2. *A sociedade da informação*

A ciência da informação tem como pressuposto que nós, neste final do século XX, estamos diante de um desenvolvimento na história da humanidade cuja importância é decisiva para a configuração do convívio humano, no futuro: trata-se aqui da mudança de uma cultura da escrita para uma cultura da multimídia.

Uma mudança semelhante aconteceu por volta de 500 a.C., na Grécia antiga. Até então, predominava na região do mar Mediterrâneo uma cultura da língua falada. "*In principio erat verbum*", tal como se lê em João. A partir de então, foram necessárias apenas duas gerações, cerca de cinqüenta a sessenta anos, para que uma cultura eminentemente oral alcançasse a difusão ampla de uma cultura escrita.

Tem-se pleno conhecimento de que a escrita como tal é bem mais antiga[1]: os primeiros sinais de uma escrita iconográfica situam-se no quarto milênio antes de Cristo; a escrita por caracteres foi introduzida por volta da metade do segundo milênio, e em torno do ano 1000 a.C. os gregos difundiram o alfabeto clássico, corrente entre nós. Mas naqueles tempos o uso da escrita estava restrito a um pequeno círculo de sacerdotes e altos funcionários das organizações administrativas. Entre a população, prevalecia uma cultura puramente oral, que tinha seus fundamentos na extraordinária memória do ser humano: mal podemos imaginar, hoje em dia, que naquele tempo longos poemas épicos eram recitados de cor, palavra por palavra. É de presumir que essa imensa capacidade de decorar ainda esteja latente em nós, fragilizada apenas pela falta de exercício.

Na Grécia Clássica dos séculos V e IV, a cultura oral foi sobrepujada pela ampla difusão da escrita. Essa primeira "informatização da sociedade" ocorreu de modo totalmente consciente, e sabia-se de suas múltiplas conseqüências, muitas delas também negativas. A "informatização", naquela época, também foi discutida com vivacidade e não pôde ser detida.

---

1. Quanto a isso, ver, por exemplo, W. Schmidt, *Vom Buch – Entwicklung und Erfüllung*, Berlin, 1989, p. 34.

Na época, muitas figuras proeminentes testemunharam esse processo, e suas palavras deixam claro que já havia entre os contemporâneos uma grande consciência do caráter revolucionário do que tinham diante de si:

— Sócrates (469-399) ainda estava muito enraizado na cultura oral. Ao que sabemos, ele não escreveu uma só linha. Platão (427-347), seu aluno, já escreve, mas privilegia os diálogos; ainda preserva o procedimento dialogal de Sócrates, seu mestre.
— Aristóteles, afinal, já se utiliza da escrita e do livro de maneira muito óbvia, quase como hoje. Também pagou somas imensas para adquirir seus próprios livros.

Foram necessárias, portanto, apenas duas gerações para que se alterassem os fundamentos da cultura. Hoje, provavelmente, não será preciso mais do que isso.

Esse desdobramento, ontem como hoje, foi acompanhado de muitos comentários críticos. Sócrates, no *Fedro*, defende a opinião de que a escrita nos levaria a negligenciar o cultivo da memória; saberíamos muitas coisas, mas não as relações essenciais entre elas: nós nos tornaríamos *doxosophoi*, eruditos de aparência, mas não *sophoi*, sábios[2]. Platão argumenta que com a linguagem escrita é muito maior o risco de interpretações equivocadas do que com a linguagem falada, já que quando se escreve não se conhece nem o leitor futuro nem a situação concreta de quem lê.

As conseqüências temidas na época devem ser tomadas a sério. Os pontos de crítica levantados por Sócrates e Platão mostraram ser muito procedentes. A perda do saber oral da tradição ocorreu muito mais rápida e drasticamente do que se temia. Apenas alguns fragmentos desse tesouro da humanidade foram registrados e preservados do esquecimento. Perdeu-se uma tradição rica e viva, destruíram-se bens culturais infindáveis.

O lugar da cultura oral foi ocupado pela cultura escrita, cujas maiores conquistas são o livro e a ciência. Ambos criaram um mundo que muitos consideram, hoje em dia, a quintessência da comunicação cultural.

No espaço cultural da Europa Central, essa mudança da cultura oral para a cultura escrita veio realizar-se só muito mais tarde. O ideal de formação dos cavaleiros medievais não contemplava as habilidades de ler e escrever. O cavaleiro devia ser hábil com as palavras, em especial no trato com as damas e no cumprimento de missões políticas. Mas não precisava saber ler e escrever. A mudança para uma cultura escrita só se consolidou nessa região no século XIII, e então de forma irreversível.

Na época, assim como 1.500 anos antes, a mudança da fala para a escrita, como meio mais importante para a transmissão de nossa cultura,

2. Platão, *Fedro. Teeteto* (ed. alemã: Frankfurt/M., 1991, pp. 136 s.).

foi acompanhada de muitos comentários críticos. Imputava-se à cultura escrita a suposição de que ela faria morrer os pensamentos vivos e de que palavras secas sobre um pergaminho morto teriam necessariamente de ocasionar corações ressecados — e de modo especial na língua alemã (é o que pensa o dominicano Heinrich von Seuse [1300-1366]).

De qualquer maneira, e para resumir, podemos chegar a quatro conclusões com base nesses exemplos que a tradição nos legou:

1) A mudança de uma cultura de comunicação para outra pode ocorrer de maneira muita rápida. Em uma ou duas gerações a ruptura já está completa.
2) O desenvolvimento acontece de maneira consciente e é percebido como tal por contemporâneos que testemunham criticamente seu desenvolvimento.
3) Conseqüências temíveis devem ser levadas a sério. Os pontos críticos expressos por Platão e Sócrates acabaram por se tornar realidade.
4) O desenvolvimento em questão não é meramente "técnico", mas intervém de maneira decisiva em todos os campos sociais e políticos.

Deve-se identificar a razão para essas conseqüências amplas no fato de o sistema social e o sistema comunicativo em uma sociedade estarem intimamente ligados um ao outro: a grandeza do Império romano não se tornou possível nem encontrou seus limites tanto pela força das legiões militares, mas sim pelas linhas de comunicação percorridas pelos mensageiros, pelas vias de acesso romanas, famosas por sua excelente qualidade. Não é casual o fato de que o livro e a burguesia se desenvolveram de forma paralela na era moderna. As democracias tais como as concebemos hoje seriam inconcebíveis sem o jornal, o rádio e a televisão.

E hoje estamos diante de uma ruptura cultural semelhante: a supressão de uma cultura da escrita por uma cultura multimídia.

Em que consistem as inovações decisivas da cultura multimídia, se comparada com a cultura da escrita, tal como a conhecemos hoje?

Uma diferença marcante é a deslinearização da comunicação. A linguagem escrita obriga-nos a colocar os sinais e as palavras em uma ordem seqüencial e, com isso, também os pensamentos. É tão difícil conceber remissões regressivas quanto conduzir pensamentos diversos a um ponto comum. Embora a linguagem humana tenha um caráter por si só linear, dadas as características do aparelho fonador humano, a linguagem falada está fortemente amparada por gestos e mímica, o que lhe possibilita assumir outras dimensões. Também na linguagem falada é comum haver a retomada de coisas ditas anteriormente, repetições e reforços. A linguagem escrita, por outro lado, é construída de forma estritamente linear.

Novos meios, tais como redes de computadores, linguagens de consulta a bancos de dados, comunicação móvel etc., tornam possível saltar de um pensamento a outro, estabelecer conexões por associação e, com isso, mover-se em um texto tal como em uma rede multidimensional.

Ao lado dessa diferença de conteúdo, os novos meios de comunicação ocasionam também uma separação entre as técnicas culturais da escrita e da leitura. Enquanto em uma cultura da linguagem escrita ler e escrever são ensinados em conjunto e vistos como duas faces de um mesmo fenômeno, na técnica comunicacional moderna é a leitura que assume o primeiro plano, de modo que a capacidade de escrever perde em importância.

Como meio para o fornecimento de informações utilizam-se cada vez mais as funções demonstrativas (placas luminosas, por exemplo), aparelhos gráficos de *input* (como o *mouse*) ou acústicos (o microfone). O teclado alfanumérico clássico só é usado ocasionalmente. Com isso, o fornecimento de dados torna-se mais rápido e presume no usuário uma capacidade de escrita limitada.

Ao contrário, a capacidade de leitura exigida é cada vez maior. Há muito tempo, a grafia já não está limitada ao alfabeto clássico. Uma grande quantidade de ícones tem aceitação geral e enriquece a escrita, assim como novos sinais.

As placas de orientação em aeroportos e estações de trem já abandonaram há muito tempo esse plano da grafia alfabética, assim como as indicações de função nas teclas de aparelhos eletrônicos. Com muita criatividade, alguns programas de computador interativos desenvolvem uma nova grafia que se reporta a metáforas provenientes de diversos âmbitos da vida. Pressupõe-se que sua compreensão seja óbvia. E, quanto mais jovem o usuário, tanto mais essa pressuposição se confirma.

No plano da estruturação de pensamentos, consolida-se e universaliza-se cada vez mais uma cultura da procura objetiva de informações. Se antes era preciso folhear um livro cuidadosamente do começo ao fim, quando se queria encontrar determinado trecho, hoje é evidente que, sem grande formação específica nesse campo, qualquer um pode consultar sistemas de procura de informações, mediante o fornecimento de palavras-chave e a indicação de ligações lógicas entre elas. O recurso de "truncar" (suprimir letras no início ou no fim de uma palavra), operadores booleanos (a ligação das palavras por "e", "ou" e "não"), bem como a ampliação ou restrição do número de resultados da busca integram hoje o comportamento óbvio em uma procura de informações.

A esses novos instrumentos de junção de informações vem somar-se uma mobilidade da comunicação jamais vista, possibilitada pela telefonia celular e pela comunicação via satélite. Ainda não se tem em vista o fim desse desenvolvimento, nem no que diz respeito à configuração técnica, nem no que toca à representação dos conteúdos transmitidos. Pode-se supor, no entanto, que os exemplos já contemplem a lista dos elementos essenciais da cultura multimídia que está por vir.

3. *Ética da informação*

Como a ciência da informação já está convencida de que nos encontramos em meio a uma fase de mudança que passa da cultura escrita a uma cultura multimídia, e como ela parte de que isso levará a imensas reviravoltas sociais e políticas, é necessário e sensato que reflitamos sobre como controlar esse terremoto cultural. E como controlá-lo de tal maneira que a estrutura social daí decorrente permaneça em sintonia com o sistema de valores vigente até aqui.

Em algumas das invenções técnicas fundamentais, pôde-se chegar a isso — ao menos em tese. Também o automóvel colocou-nos diante de novas possibilidades técnicas muito abrangentes, que alteraram drasticamente nossa maneira de viver: a estrutura de nossas cidades sofreu degradação semelhante à que ocorreu em alguns âmbitos do lazer, do trabalho e da vida como tal. Os automóveis exerceram influência sobre a estrutura familiar, como fator decisivo para a constituição de famílias pouco numerosas, isso sem mencionar os efeitos marcantes sobre o meio ambiente.

Apesar de todas essas mudanças, nosso sistema de valores vigente até então pôde manter-se no trato com os automóveis: "Não matarás" vale hoje para as leis de trânsito, assim como já valia no tempo dos cavalos e carroças. É certo que foi necessário refletir sobre como reagir diante da violação desse mandamento no caso de restrição da imputabilidade criminal (por exemplo, quando há embriaguez do motorista), e sobre como esclarecer os integrantes do sistema de trânsito, por meio da educação formal, sobre as conseqüências da alta velocidade e sobre a dinâmica das massas em deslocamento acelerado; e é certo que se evidenciaram novas perguntas em torno das conseqüências da tecnologia a longo prazo (preservação ambiental). Contudo, os valores fundamentais de nossa cultura ainda puderam ser aplicados nesse campo e continuaram a ser vistos como dotados de sentido.

No caso da sociedade da informação isso é diferente. Nela, estamos diante de "conflitos de valores" totalmente novos. Em nossa cultura, há pelo menos duas posições básicas conflitantes diante da informação, e cada uma delas justifica-se plenamente, se vista de forma isolada.

Nos Estados Unidos, em primeiro lugar, é amplamente aceito tomar como ponto de partida a liberdade de informação (*freedom of information*):

por princípio, a informação é livre e só pode ser restringida caso haja para isso uma justificação expressa. Informação e comunicação integram os direitos à liberdade, que constituem peças básicas do consenso social básico em nossa sociedade desde a Declaração de Independência dos Estados Unidos e a Revolução Francesa. A liberdade de informação equipara-se à liberdade de desejar a felicidade, de estabelecer moradia onde quer que seja, de praticar a religião, e é vista como sacrossanta.

De modo crasso, essa concepção entra em choque com a defesa dos dados pessoais, consolidada em vários países da Europa sob a forma de lei. A defesa de dados pessoais, em uma formulação extrema, deixa-se resumir pelo mandamento: "Não cobiçarás os dados pessoais de teu próximo!". A defesa de dados tem como ponto de partida a noção de que toda pessoa tem um interesse justificado em manter a privacidade dos dados pessoais que lhe dizem respeito. Toda transmissão, processamento ou armazenamento de dados pessoais carece da autorização expressa da pessoa envolvida. Aqui, o que está em primeiro plano é a defesa diante da informação e de sua divulgação.

As duas concepções vão de encontro uma à outra, e não apenas em teoria. Em muitos casos práticos, já houve conflitos entre os respectivos sistemas jurídicos. Como a opinião pública deve proceder diante de conteúdos pornográficos ou politicamente extremistas? Diante de dados pessoais incorretos? Da vinculação de dados no âmbito do combate à criminalidade? Europa e Estados Unidos estão em meio a discussões acaloradas sobre essas questões, mas também dentro de cada país envolvido questiona-se a respectiva posição oficial.

Ainda não sabemos que concepção se mostrará mais produtiva em uma sociedade informática desenvolvida. Nesse ponto, a ciência da informação depende da ajuda profissional da filosofia e da teologia.

4. Information assessment

Para a ciência da informação, o questionamento proposto pela ética da informação difere claramente do questionamento clássico de uma ponderação das conseqüências da técnica (*technology assessment*). Essa ponderação das conseqüências da técnica questiona-se sobre os efeitos indesejados e de longo prazo, ocasionados pela tecnologia. No âmbito da ciência da informação, também se fala nesse contexto de *information assessment*. O *information assessment* concentra-se na identificação, na ponderação e na quantificação das conseqüências involuntárias indiretas e de longo prazo ocasionadas pela tecnologia da informação. Além disso, toma como ponto de partida a necessidade de se partilhar, em um consenso de valores, a resposta à pergunta sobre essas conseqüências serem desejáveis ou não.

A pergunta sobre uma ética da informação, ao contrário, é mais complicada: não sabemos se determinadas conseqüências da técnica devem ser valoradas como boas ou más, desejáveis ou recrimináveis. Isso torna mais difícil e mais insegura a valoração dos desenvolvimentos futuros, em comparação ao que já ocorreu com outras inovações técnicas.

Igualmente, o *technology assessment* parte de uma relação de causa e efeito claramente direcionada: a técnica leva a modificações no entorno real e social. Suas conseqüências devem ser discutidas. No âmbito da ética da informação, a ligação é de retroalimentação: precisamos estar conscientes de que desdobramentos técnicos trazem conseqüências para o meio ambiente, e também de que subsiste o efeito contrário, ou seja, de que mudanças sociais, na técnica da informação, também influenciam fortemente o desenvolvimento técnico futuro.

É notável não haver outro campo da técnica em que seja tão difícil fazer prognósticos como no campo das novas técnicas de informação e comunicação: anteviu-se tão pouco o computador pessoal quanto a difusão do telefax ou da telefonia celular. Por outro lado, tecnologias como o telex e o teletexto, das quais se esperava uma difusão rápida, simplesmente não prosperaram.

Portanto, a ciência da informação não espera, por um lado, que a filosofia lhe ofereça "receitas patenteadas" para uma ética da informação, de acordo com as quais se devem orientar os desenvolvimentos técnicos no futuro. Por outro lado, tampouco a técnica, com seus desdobramentos, deve impor-se e ditar caminhos à sociedade.

É necessário, portanto, haver um intenso intercâmbio e um diálogo permanente entre a evolução técnica, suas aplicações práticas e as disciplinas filosóficas e ciências sociais, ou seja, um processo contínuo de formação de opiniões. E a esse processo é preciso integrar os cidadãos, pois a eles, como usuários da tecnologia e interessados diretos, é que deve caber o poder decisório último quanto a essas questões.

Ética para provedores e usuários da informação*

Rafael Capurro

Introdução

No âmbito de uma reforma curricular ocorrida no semestre de inverno de 1995/96 na Escola Superior de Biblioteconomia e Informação (Hochschule für Bibliotheks- und Informationswesen, HBI), da Escola Superior Especializada de Stuttgart (Fachhochschule Stuttgart), introduziu-se a disciplina de "Ética da informação", sob a forma de preleções semanais com uma hora de duração, obrigatória para todos os cursos (Bibliotecas Públicas, Bibliotecas Científicas, Gerenciamento da Informação). A disciplina passou a ser oferecida no segundo semestre de 1997. Além disso, no início do terceiro semestre do curso, há a possibilidade de participar de uma disciplina optativa semestral, na forma de um seminário de estudos de oito horas semanais, sobre os temas "ética da informação, avaliação e estimativas das conseqüências do desenvolvimento tecnológico". O curso todo na HBI compreende sete semestres, inclusive um semestre de estágio.

A seguir, oferecerei uma visão de conjunto dos conteúdos da disciplina obrigatória. Eles integram também um projeto europeu de multimídia. Na segunda parte, relatarei as experiências já acumuladas com a ética da informação enquanto conteúdo abordado na disciplina optativa, sob a forma de seminários. No âmbito dessa disciplina, estão incluídos de maneira especial dois seminários compactos, cada um com duração de dois dias, financiados pelo Programa de Fomento à Ética da Ciência e Tecnologia, aplicado a todas as escolas superiores especializadas do Estado confederado de Baden-Württemberg, Alemanha. Como complemento a essa programação básica, ocorrem ainda outros seminários opcionais sobre ética, também

* Tradução: Paulo Astor Soethe.

financiados pelo Programa de Fomento e oferecidos a todos os estudantes. O Programa de Fomento possibilita-nos ainda promover *workshops* sobre temas ligados à ética da informação, sobre os quais apresentarei um relato na terceira parte.

Na quarta parte, para finalizar, apresentarei a compilação de alguns recursos disponíveis na internet sobre ética da informação e dos meios de comunicação; esses recursos integram a oferta disponível na internet sobre "Ética da informação da HBI".

Last but not least, gostaria ainda de mencionar duas publicações. O livro publicado em cooperação com Klaus Wiegerling e Andreas Brellochs *Informationsethik* (*Ética da informação*, org. p. Capurro, Wiegerling, Brellochs, 1995) apresenta, na forma de um *reader*, um resumo da discussão ocorrida nos últimos anos no campo da ética da informação. Meu livro *Leben im Informationszeitalter* (*Viver na era da informação*, 1995) delineia o contexto mais amplo em que se situam as questões que ora abordo.

As sugestões básicas para compor a disciplina sobre ética da informação vieram de conversas freqüentes que mantive com colegas de Stuttgart, especialmente Wolfgang von Keitz, Andreas Brellochs, Klaus Wiegerling e Volker Friedrich. Rainer Kuhlen (Universidade de Konstanz) apoiou-nos decisivamente para a edição do manual didático *Ética da informação*. Também foram numerosos os encontros (e não apenas no ciberespaço) com Thomas J. Froehlich (Kent State University, Ohio, EUA) e Brend Frohmann (University of Western Ontario, Canadá), para a discussão de questões ligadas à ética da informação. Sou muito agradecido a Thomas J. Froehlich por suas publicações abrangentes e inovadoras nesse campo. Entre elas, menciono com especial atenção seu *Survey and Analysis of the Major Ethical and Legal Issues Facing Library and Information Services*, que ele compôs no âmbito de um contrato com o General Information Programme (GPI) da UNESCO. As abordagens de Daniel Bougnoux (Universidade Stendhal, Grenoble), Norbert Henrichs (Universidade de Düsseldorf) e Robert Hauptman (St. Cloud State University, EUA) ampliaram e enriqueceram em muito minha concepção de ética da informação. Quanto à institucionalização da discussão especializada, deve-se destacar a contribuição de Robert Hauptman como editor do *Journal of Information Ethics*.

1. *Ética da informação como disciplina obrigatória*

O termo "ética da informação" compreende em sentido amplo as questões éticas no âmbito dos meios de comunicação (ética do jornalismo, ética da mídia), da informática (ética computacional), assim como em toda a área social envolvida (economia, política, arte...), na medida em que a sociedade e mesmo a cultura de toda uma era estão envolvidas pelas tecnologias da informação. No sentido mais estrito que ora assumimos, "ética da informação" designa as questões éticas no âmbito do processamento e da transmissão de informações, especificamente em bibliotecas e no gerenciamento (empresarial) de informações. Assim, o conceito "especialistas em informação" refere-se aqui a bibliotecários e gestores da informação.

Uma disciplina introdutória e expositiva sobre a ética da informação em sentido estrito pretende sensibilizar os futuros especialistas em informação quanto às responsabilidades e aos problemas éticos decorrentes de sua atividade. Ela deve ocasionar o despertar e o desenvolvimento da consciência crítica em relação ao agir individual e institucional nesse campo. A reflexão ética no ensino, porém, não pode em hipótese alguma apresentar "receitas instantâneas" para um comportamento ético na práxis da informação. As conferências pretendem também transmitir conhecimentos básicos sobre teorias éticas e sua relevância para a prática profissional.

A disciplina está dividida em três partes. A primeira oferece uma visão de conjunto sobre a ética como disciplina do conhecimento. De início, ela remete à origem das palavras "ética" e "moral" e apresenta uma introdução ao desenvolvimento das teorias éticas. Nas considerações, acentua-se a diferenciação sistemática entre moral, ética e direito. É sobretudo a diferenciação entre moral, no sentido de regras ou máximas vigentes para um grupo, e ética, como *reflexão crítica sobre a moral*, que possibilita a transição para as reflexões seguintes, no campo específico da ética da informação. Além disso, enfatiza-se que a ética se ocupa de ações humanas contingentes. Essa é a razão para a existência de diversos valores e normas e para a *natureza aconselhadora da reflexão ética* daí decorrente.

A segunda parte da disciplina é dedicada à ética da informação. Ela é apresentada mais expressamente no sentido estrito proposto acima. São apresentados dois aspectos da ética da informação como reflexão crítica sobre a moral: ética da informação como teoria descritiva e como teoria emancipatória. Como teoria descritiva ela investiga as estruturas e relações de poder que determinam o comportamento da informação em diferentes épocas e culturas. Como teoria emancipatória, ocupa-se da crítica do comportamento moral. A reflexão no âmbito da ética da informação deve desmascarar mitos acerca da informação, bem como revelar as contradições ocultas da normatização lingüística vigente, teórica e prática.

Logo a seguir, o campo da ética da informação é tratado dos pontos de vista histórico e sistemático. Os aspectos históricos concernem exclusivamente à tradição ocidental. A liberdade de expressão oral e a liberdade da palavra escrita (liberdade de imprensa) são dois marcos centrais na história. Com o surgimento da informação eletrônica, é a liberdade de acesso que passa a ocupar o lugar central nas discussões. Os aspectos sistemáticos constituem o cerne da disciplina e estão divididos em dois tópicos. No primeiro, trata-se de questões da responsabilidade em planos micro, meso e macrodimensional. O fundamento dessa discussão é fornecido pelos Direitos Humanos, em especial sob os aspectos do respeito à dignidade humana (Art. 1º), da intimidade (Art. 1º, 2º, 3º e 6º), da igualdade de chances (Art. 2º e 7º), do direito à privacidade (Art. 3º e 12), do direito à liberdade de opinião (Art. 19), do direito à participação na vida cultural (Art. 27) e da defesa do trabalho material e intelectual (Art. 27).

Em um plano microdimensional, é discutida a responsabilidade dos especialistas em informação diante dos usuários. Tais especialistas também são responsáveis eticamente diante das instituições em que trabalham, no que diz respeito à lealdade e à confiança (plano mesodimensional). E ao inverso, no entanto, também é correto dizer que as instituições (como bibliotecas e centros de informação) têm responsabilidade social e ética diante dos usuários. Nesse contexto, inicia-se a discussão em plano macrodimensional sobre o papel singular dos códigos de ética e sobre a responsabilidade social dos especialistas em informação.

Possíveis disparidades entre ética, moral e direito assumem um papel central em todos esses planos. A tensão entre eles não pode ser superada com a primazia da moral sobre a ética e o direito (fundamentalismo), nem a do direito sobre a ética e a moral (legalismo), nem tampouco a da ética sobre o direito e a moral (rigorismo ético). Ponderações perspicazes, individuais e sociais são imprescindíveis, e sem isso poderia incorrer-se no erro de privar a ação humana de sua ambigüidade e sua contingência próprias.

Na segunda unidade, são considerados aspectos sistemáticos da produção, compilação, disponibilização e transmissão de informações. A questão jurídica do *copyright*, dos direitos autorais, é tratada sob pontos de vista éticos. Nesse contexto, indicam-se possíveis razões para a defesa da propriedade intelectual e comentam-se as diferenças entre as tradições européia e anglo-saxã. Vias de harmonização dessas tradições foram apontadas pela Convenção de Berna, pela Universal Copyright Convention e pelas Diretivas para o *Copyright* da União Européia. As novas tecnologias, sobretudo pela simplificação dos procedimentos de cópia e alteração das informações, bem como pela facilitação de sua transmissão para além das fronteiras nacionais, via internet, representam novos desafios quanto à defesa da propriedade intelectual.

Questões éticas relativas à compilação e à disponibilização da informação envolvem especialmente questões ligadas à censura. Inicialmente, esta pode ser entendida em sentido neutro, como exclusão conseqüente da informação, por determinadas razões. Nesse sentido, o conceito de censura mantém uma relação próxima de parentesco com a seleção, no sentido da exclusão de informações segundo os objetivos de uma biblioteca ou de um centro de informações. Censura, contudo, quer dizer exclusão *sistemática* de determinado tipo de informação e pode ser bem fundada ou apenas arbitrária. Assim, a pergunta fundamental é a seguinte: há limites para a liberdade intelectual? Campanhas e manifestações internacionais, tais como o UNESCO Public Library Manifesto, posicionam-se em favor da liberdade intelectual. Indica-se aí que os métodos de disponibilização, os sistemas de classificação e os glossários terminológicos não são neutros, já que *nolens volens* baseiam-se em preconceitos. A questão, no entanto, é saber até que ponto esses preconceitos são eticamente sustentáveis e até que ponto podem ser reconhecidos e corrigidos como tais. A multiplicidade de recursos e métodos de procura na rede mundial de computadores torna essa questão a um só tempo urgente e de difícil solução. Isso se confirma em especial pela discussão pública em torno da pornografia e do radicalismo de direita presentes na rede.

Os aspectos éticos da difusão da informação englobam questões éticas concernentes ao acesso e à mediação, que podem ser abordadas tanto do ponto de vista do indivíduo como do ponto de vista da sociedade. Aqui se abordam, por exemplo, questões referentes ao acesso gratuito à informação. A tensão entre *free* e *fee* manifesta-se de forma clara no já mencionado UNESCO Public Library Manifesto: "*The Public Library shall in principle be free of charge*". A pergunta fica aberta: que informação deve ser "em princípio" "gratuita", e para quem?

A liberdade de acesso (*freedom of access*) está vinculada ao princípio democrático da igualdade de chances. A informação, porém, não é um produto homogêneo. Como descobrir quem é capaz de lucrar com a informação? E o uso da mídia de informação também difere nas várias tradições culturais, de modo que as questões éticas e culturais não podem ser vistas separadamente.

A questão da mediação pode ser posta tanto em relação aos mediadores institucionais como em relação ao usuários finais. Em bibliotecas e postos de informação vale o princípio ético de que as informações não devem ser filtradas segundo parâmetros do mediador. E aqui surgem conflitos éticos, por exemplo entre a confiabilidade e os interesses das instituições. Os mediadores estão obrigados a prestar esclarecimentos sobre os limites das fontes de informação e dos métodos de procura. Enfim, integram esse contexto perguntas sobre a adequação das interfaces e mecanismos de busca para uma interação que seja agradável ao usuário, bem como perguntas sobre a responsabilidade pela formação do usuário e pela assistência a ele. Em todos esses problemas, a desinformação desempenha um papel de grande importância.

Como a criação de uma rede global de computadores impõe grandes desafios éticos e jurídicos à sociedade, aspectos éticos da internet recebem tratamento à parte. São discutidas questões específicas sobre como controlar a informação vinda de outro país (ou outra cultura) através das redes, ou sobre como leis limitadas geograficamente poderão corresponder aos desafios do ciberespaço. Já há algumas tentativas preliminares de solução: desde o autocontrole, ou *netiquette*, passando por sanções individuais (*flaming*, *mail bombs*) e campanhas como a "Blue Ribbon", até as medidas institucionais como os códigos de ética, leis e instalações técnicas (*filtering software*). Na ordenação global da informação, a questão do abismo entre ricos e pobres em informação (indivíduos, grupos ou nações inteiras) constitui outro problema importante.

Todas as questões aqui apresentadas podem ser discutidas de modo esclarecedor com base em *casos exemplares*. Uma compilação de casos como esses está em construção. Por meio da discussão desses casos, que ocorre principalmente no âmbito do seminário optativo previsto em nosso currículo, em Stuttgart, podem-se evidenciar o sentido e os limites dos códigos de ética. Na disciplina obrigatória e expositiva, por sua vez, também são apresentados em particular alguns códigos de ética profissional para especialistas em informação.

O comentário de casos em particular também deve deixar claro que a casuística no campo da ética tem um sentido diverso que o assumido por um experimento no contexto da confirmação ou refutação de uma lei natural. A segunda parte da disciplina encerra-se com a questão dos aspectos éticos do ensino e da pesquisa na área da informação.

Na *terceira parte* da disciplina, apresenta-se especificamente o campo da ética da informação no ensino e na pesquisa. O foco de atenção repousa na representação multimídia da ética da informação como área do saber, no âmbito de MURIEL (**Mu**ltimedia Education System for Librarians Introducing **R**emote **I**nteractive Processing of **El**etronic Documents). Tratase aí de um projeto da União Européia para a formação profissional de especialistas da informação no continente, com base em sistemas multimídia e ligados em rede. Informações sobre esse projeto (Project 3-3007) podem ser encontradas em http://www.teles.de/de/eu/muriel.html. Os participantes são: Teles AG (coordenador do projeto), The British Library, Consiglio Nationale delle Richerche (Roma), Euromédia Formation (Cannes), Hogeschool Maastricht e Escola Superior Especializada de Stuttgart (HBI).

2. *Ética da informação como disciplina optativa*

Em função do caráter introdutório das preleções da disciplina obrigatória, muitos temas e questões não são abordados com profundidade. O aprofundamento ocorre em uma disciplina optativa semestral de oito horas semanais. Nela, os estudantes podem usufruir uma oferta ampla de atividades de ensino, patrocinadas na maioria pelo Programa de Fomento à Ética Científica e Tecnológica, desenvolvido nas instituições de ensino superior do Estado alemão de Baden-Württemberg.

Os temas e tarefas dos seminários são diversificados e vão da leitura e interpretação de autores clássicos (McLuhan, Flusser, Baudrillard, Virilio...) à análise de códigos de ética em particular e à construção da compilação de casos exemplares. Em alguns seminários, convivem os direcionamentos teórico e prático das atividades. A oferta de recursos na internet sobre ética, por exemplo, foi investigada e avaliada, e o resultado disso foi apresentado sob a forma de um *site* sobre ética no âmbito de um projeto (http://www.uni-stuttgart.de/UNIuser/hbi/zentrein/ethik.htm). Em seminários posteriores, tais conteúdos são discutidos e ampliados.

Uma consideração especial é dedicada pelos estudantes aos seminários compactos financiados pelo Programa de Fomento. A tranqüilidade de uma casa de encontros evangélica na cidade de Pforzheim oferece bom ambiente e condições ideais de concentração para se pensar em questões éticas. O evento geralmente inclui uma atividade prática no campo da informação. Assim, no âmbito de um desses seminários compactos, os estudantes tiveram oportunidade de se dedicar à leitura de um caderno especial do renomado periódico semanal *Die Zeit* sobre o tema "O ser humano na rede", para então resumi-lo e apresentá-lo na forma de um *workshop*. Depois, apresentaram os resultados do evento em formato HTML.

3. *O Congresso e os* workshops *da HBI sobre ética da informação*

De 4 a 5 de dezembro de 1995, a HBI organizou um congresso sobre o tema "Especialistas da informação — entre a técnica e a responsabilidade social" (http://www.uni-stuttgart.de/UNIuser/hbi/publikat/hbipubl/guides/inhalt.htm). O congresso destacou-se não apenas pelo papel central atribuído à questão da responsabilidade social dos especialistas em informação, mas também pelo fato de ter sido organizado e conduzido por estudantes. O Reitor da HBI, Peter Vodosek, enfatizou em seu discurso de abertura: "Somos chamados não apenas a estar em plenas condições para a obtenção, o processamento e a transmissão de informações, mas também para cooperar ativamente na criação de uma cultura da informação que se apresenta como amargamente necessária e inevitável".

Sob o patrocínio do Programa de Fomento, Wolfgang von Keits e Rafael Capurro organizaram o I Workshop Internacional sobre Ética da Informação, em 19 e 20 de novembro de 1996, dedicado ao tema "Os pobres e os ricos em informação" ("Informationsarmut — Informationsreichtum", cf. http://www.uni-stuttgart.de/Workshop/tagesord.htm). Os temas centrais do *workshop* foram: o que são e como surgem a pobreza e a riqueza em informação; o mercado internacional de informações na tensão entre oferta e demanda de informações; políticas para a informação como ordem política internacional.

O II Workshop Internacional de Ética da HBI aconteceu exatamente um ano depois, nos dias 19 e 20 de novembro de 1997. Seu tema: "Bibliotecas digitais: questões éticas de uma nova cultura da informação". Com a globalização dos sistemas de informação torna-se sempre mais premente a pergunta: direcionamo-nos cada vez mais rápido a uma cultura da informação unificada, ou a formação da rede mundial dá oportunidade ao desenvolvimento de autocompreensões culturais diferenciadas? Isso vale em especial para a pergunta sobre os efeitos correlatos entre diferentes meios (oralidade, escrita, impressão, mídia eletrônica) utilizados com diferentes velocidades e de maneiras diversas, segundo fatores culturais presentes nas sociedades em particular. Contudo, diversos agentes e grupos de interesse participam desses desdobramentos, tais como produtores de informação, editoras, bibliotecas e institutos de informação, sistemas de ensino e pesquisa, economia, indústria cultural. Qual a importância das bibliotecas digitais no horizonte dessas tensões? Quem direciona tal importância, e com que fins? Quem são os beneficiários e quem os prejudicados nos âmbitos nacional e internacional?

4. *Recursos da internet para uma ética da informação e dos meios de comunicação*

A apresentação a seguir é parte de nossa oferta na internet sobre "Ética da informação na HBI" (http://www.uni-stuttgart.de/UNIuser/hbi/zentrein/ethik/eth-main-htm). Ela expressa claramente a importância da discussão sobre questões da ética da informação e dos meios de comunicação para além de uma oferta curricular.

4.1. Sociedades especializadas e comunidades de interesse em âmbito nacional

Embora algumas sociedades especializadas mantenham *web sites*, seus códigos de ética (ainda) não constam neles. Os códigos de ética da ASIS

(American Society for Information Science), ALA (American Library Association), GI (Gesellschaft für Informatik) e EUSEDIC (The European Association of Information Services) podem ser encontrados em nosso manual *Ética da informação*.

A Sociedade Alemã para Documentação (Deutsche Gesellschaft für Dokumentation — DGD, http://www.darmstadt.gmd.de/DGD/homepage.htm) assumiu para si o "Code of Practice" da EUSIDIC (http://www.vito.be/eusidic), da EIIA (European Information Industry Association) e da EIRENE (European Information Researches Network), que conta com o apoio da União Européia. Artus e Lossow (1994) puseram em questão o procedimento de uma "assunção" do código e criticaram também seus conteúdos. Uma restrição importante que fazem ao documento diz respeito à limitação da forma de considerar os fatos sob um ponto de vista estritamente econômico: "Com isso, no fundo, a ética da transmissão de informações transforma-se de maneira tácita na 'ética de determinado tipo de relações econômicas', na conformação de relações de negócios entre o cliente e o mediador de informações" (p. 329).

A Gesellschaft für Informatik (GI, Sociedade para a Informática) é uma organização tanto profissional como de especialidade. Ela congrega os profissionais em informática na Alemanha. Com suas "Linhas de orientação ética" (http://www.gi-ev/uebersicht/ethische_leitlinien.html), a GI pretende conseguir que "os conflitos ético-profissionais se tornem objeto de reflexão e ação conjuntas. (...) Tematizar alternativas de ação e seus efeitos previsíveis, em uma discussão interdisciplinar, é tarefa necessária em um mundo interligado pela rede; essa é tarefa grande demais para indivíduos em particular. Por isso, a GI considera imprescindível esclarecer as relações entre as responsabilidades individual e coletiva, e desenvolver procedimentos para que se chegue a isso". Por meio dessas "Linhas de orientação", a GI motiva seus integrantes à coragem civil e assume ao mesmo tempo as funções de mediadora, sempre que as partes envolvidas em uma situação de conflito procuram-na para tanto. Interlocuções interdisciplinares e uma compilação de casos assomam no horizonte de perspectivas da instituição.

A American Society for Information Science (ASIS), em suas *Guidelines* éticas, professa-se favorável à pluralidade e à responsabilidade na práxis da informação e acentua: "*ASIS urges its members to be ever aware of the social, economic, cultural, and political impacts of their actions or inaction*". As *Guidelines* dividem-se em: "Responsabilities to Employers/Clients/System Users", "Responsabilities to the Profession" e "Responsability to Society" (http://www.asis.org/AboutASIS/professional-guidelines.html).

A National Federation of Abstracting and Indexing Societies (NFAIS) defende, como associação, os interesses dos grandes produtores de bancos de dados norte-americanos, entre os quais cabe mencionar: American Psychological Association, American Institute of Physics, OCLC, BIOSIS, Chemical Abstracts Service, Engineering Information, Elsevier Science e National Library of Medicine. Seu "Code of Practice Gateways" fixa direitos e deveres de provedores e usuários de bancos de dados (http://www.cni.org/doc/infopols/www/NFAIS.html).

A Association of Independent Information Professionals (AIIP) promulgou o "Code of Ethical Business Practice", que em muito se apóia no código da ASIS (http://www.asis.org/Bulletin/Feb-95/bjorner.html). Comparável a ele seria o "Code of Ethics" da Society of Competitive Intelligence (SCIP, cf. http://www.scip.org/ethics.html).

A American Library Association (ALA, cf. http://www.ala.org/index.html) acentua em seu "Code of Ethics" os aspectos da liberdade de acesso, da fidedignidade e do *copyright*.

Em seu "Library Manifesto", a The Library Association (LA) da Inglaterra representa a responsabilidade do Estado pela garantia de uma rede de bibliotecas de livre acesso como fundamento de uma sociedade democrática, culta e capaz de competir (cf. http://www.la-hq.org.uk/man2.htm). Uma importante exigência desse manifesto diz respeito ao livre acesso à internet em bibliotecas públicas. A LA, além disso, publicou outro documento abrangente sobre o assunto, intitulado "Code of Professional Conduct".

A Eletronic Frontier Foundation (EFF) foi fundada em 1990. Trata-se de uma "*non-profit civil liberties organization working in the public interest to protect privacy, free expression, and access to public resources and information online, as well as to promote responsibility in new media*" (cf. http://www.eff.org). A EFF atua, entre outras coisas, por meio de campanhas eletrônicas tais como a "Blue Ribbon Campaign", que defendeu a liberdade de expressão na rede.

Fins semelhantes orientam a Electronic Frontier Canada (EFC, cf. http://insight.mcmaster.ca:80/org/efc/efc.html).

O Center for Democracy and Technology (CDT), por sua vez, caracteriza-se como "*a non-profit public interest organization based in Washington, DC. CDT's mission is to develop and advocate public policies that advance constitutional civil liberties and democratic values in new computer and communications technologies*" (http://www.cdt.org).

Por fim, a Society of Professional Journalists (SPJ), fundada em 1909, "*is the nation's largest and most broad-based journalism organization. SPJ is a not-for-profit organization of 13,500 journalists dedicated to encouraging the free practice of journalism; stimulating high standards of ethical behavior; and perpetuating a free press*". A última versão do "Code of Ethics" da SPJ foi promulgada em 1996 (versões anteriores em 1923, 1973, 1984, 1987; cf. http://spj.org/ethics/index.htm).

4.2. Organizações e associações de interesses em âmbito internacional

A UNESCO organizou em Mônaco, de 10 a 12 de março de 1997, o INFOETHICS, primeiro congresso internacional sobre aspectos éticos, jurídicos e sociais da informação digital (http://www.unesco.org/webworld/ethicala/progeng.htm). Os temas centrais desse congresso foram os seguintes:

a) "*Accessing Digital Information, Preserving Digital Information and Records*", com os seguintes pontos centrais: "1. *Universal access to information highways*, 2. *Copyright, intellectual property rights and fair use*, 3. *Multilingualism and cultural diversity*, 4. *Security, privacy and freedom of information*".
b) "*Preserving Digital Information and Records*", com os seguintes itens: "*Archiving of digital information*, 2. *Reliability and accountability of information through time*, 3. *Legal requirements and practices for long-term preservation*".
c) "*Preparing our societies for multimedia environment*", com os tópicos a seguir: "1. *Digital literacy* ('*mediacy*'), 2. '*Mediacy*' *partnership: cultural and academic, public and private sectors*, 3. *Responsibilities in the Global Information Infrastructure*".

A UNESCO dispõe de um *web site* intitulado *ethics at UNESCO*, com uma subdivisão "Ethics of scientific knowledge and technology" (http://www.unesco.org/ethics/uk/plan). Está previsto o surgimento de uma World Comission on the Ethics of Scientific Knowledge and Technology, com as participações do Council of Philosophy and Human Sciences (ICPHS), do International Council of Social Sciences (ICSS) e do International Council of Scientific Unions (ICSU), bem como dos cinco programas científicos da UNESCO.

Cabe destacar aqui ainda o "UNESCO Public Library Manifesto" de 1994 (http://www.alia.org.au/~actbran/proact/153/doc1.html).

O *web site* da União Européia dedicado ao campo da informação intitula-se *The Union's policies — Information society, telecommunications* e presta informações sobre princípios (éticos) e planos da Comunidade Européia quanto à construção da sociedade de informação. Os Diretórios Gerais de número XIII ("Telecomunicação, mercado da informação, pesquisa aplicada", cf. http://europa.eu.int/en/comm/dg13/dg13.html) e III ("Indústria", cf. http://europa.eu.int/pol/infso/en/info.htm) assumem aí papéis centrais. Especial atenção merecem ainda o programa "info 2000" da Comunidade

Européia, cuja ênfase aponta aos conteúdos de multimídia e à publicação eletrônica (http://www2.echo.lu/info2000/de/mitteilung.html) e o Information Society Project (ISPO, cf. http://www.ispo.cec.be/Welcome.html).

No âmbito do já mencionado Projeto MURIEL, que integra os programas "EC-Telematics-LIBRARIES" (http://www2.echo.lu/libraries/en/projects/html), a HBI, de Stuttgart, elaborou conteúdos sobre ética da informação em formato multimídia (http://www.teles.de/de/eu.muriel.html).

A European Association of Information Services (EUSIDIC, cf. http://www.vito.be/eusidic) e a The European Information Researches Network (EIRENE) editaram em 1994 as *Collected Guidelines and Codes of Practice*, com o apoio da Comunidade Européia. A publicação abrange os campos a seguir: bancos de dados e produtores de bancos de dados, serviços de *host*, telecomunicação, correio eletrônico, *brokers* de informação, *downloading*, expedição de contas para serviços *on-line*, *gateways*, CD-ROM, *updating* e correção de bancos de dados.

A International Federation for Information Processing (IFIP) é uma "*non-governmental, non-profit umbrella organization for national societies working in the field of information processing*". Foi fundada em 1960, com apoio da UNESCO. Em seu "Mission Statement" aponta-se a necessidade de cooperação internacional, sobretudo diante das carências dos países em desenvolvimento. Um objetivo adicional da instituição é formulado como a seguir: "*To promote professionalism, incorporating high standards of ethics and conduct, among all IT practitioners*". A IFIP entende-se como um fórum de aconselhamento sobre perguntas acerca dos efeitos decorrentes das tecnologias da informação para a sociedade (http://www.ifip.or.at/mission.htm).

A International Federation of Library Associations and Institutions (IFLA, cf. http://www.nlc-bnc.ca/ifla) "*is a worldwide, independent organization created to provide librarians around the world with a forum for exchanging ideas, promoting international cooperation, research and development in all fields of library activity. IFLA's objectives are: to represent librarianship in matters of international interest, to promote the continuing education of library personnel, and to develop, maintain and promote guidelines for library service*".

Por fim, a Global Information Alliance (GIA, cf. http://fid.conicyt.cl:8000/giaopen.htm) é uma liga estratégica de organizações não-estatais e associações de especialidade no setor da informação, abrigadas sob a Fédération Internationale de Documentation (FID). Seus objetivos são "*to strengthen collaboration, strengthen the possibilities to influence policy of national and international agencies, work out joint efforts between information oriented NOGs and associations*". Na "Tokyo Resolution", subscrita por 35 organizações por ocasião da XLVII Conferência do FID em outubro de 1994, declara-se que "*the proper use of information for decision-making at all levels of society will help solve humanity's problems as the world enters an age of greater awareness of the importance of information. To this end, it is critical to ensure continuity in access by documenting and preserving high quality records of the actions of society, through time*".

4.3. *Ética da informação e dos meios de comunicação social em universidades e institutos de pesquisa*

4.3.1. Em língua alemã

Escola Superior Especializada de Stuttgart, Escola Superior de Biblioteconomia e Informação (Hochschule für Bibliotheks- und Informationswesen, HBI) (http:www.uni-stuttgart.de/UNIuser/hbi/zentrein/ethik/ethik-main.htm).

Universidade de Leipzig, Instituto de Ciências da Comunicação e Mídia (http:www.uni-leipzig.de/ ~ debatin/home): atividades de ensino sobre ética da informação e ética da mídia (Bernhard Debatin).

Universidade de Konstanz, Área de Ciências da Informação (Prof. Dr. Rainer Kuhlen) (http:www.inf-wiss.uni-konstanz.de).

Universidade de Düsseldorf, Ciências da Informação (Prof. Dr. Norbert Henrichs) (http:www.phil-fak.uni-duesseldorf.de/infowiss/studinfo/Studienord.html).

Universidade Otto von Guericke de Madgeburg, Instituto de Filosofia (http:www.uni-magdeburg.de/~iphi/seminare/ethik/dates.html): atividades de ensino e textos inéditos sobre ética da informação e da mídia (Mike Sandbothe).

O Conselho de Ética da Ciência e Tecnologia das Escolas Superiores do Estado de Baden-Wurttemberg (Referat fur Technik- und Wissenschaftsethik an den Fachhochschulen Baden-Württembergs, RTWE) (http:www.fh-karlsruhe.de/rtwe/rtwe.html) oferece, em seu *site*, grupos de discussão e ainda uma seleção de textos sobre ética da ciência e tecnologia.

Fundada em 1997, a Rede Ética da Mídia (Netzwerk Medienethik) (http:www.gep.de/medienethik/netzeth1.html), coordenada pelo Prof. Dr. R. Funiok, do Instituto de Pesquisas da Comunicação e Atividades da Mídia da Universidade de Munique, define seu objetivo como a seguir: "A Rede deve coordenar projetos de pesquisa na área de ética da mídia, suscitar a aplicação da teoria dessa reflexão ética na formação e na atividade profissional jornalísticas, bem como integrar pontos de vista da ética da mídia às discussões, ora em curso, sobre políticas para os meios de comunicação".

A Sociedade para a Pedagogia da Mídia e Cultura da Comunicação na República Federal da Alemanha (GMK) (http:// www.erzwiss.uni-hamburg.de/ Medien/gmk1100.htm) foi fundada em 1984 "como liga de especialistas nos campos da educação, cultura e mídia, em âmbito nacional. Como maior associação alemã na área de pedagogia dos meios de comunicação, a GMK congrega tanto associações regionais como pessoas vinculadas a essa área, e constitui um fórum de discussão, cooperação e iniciativas". O principal objetivo da GMK é o "apoio a uma competência de comunicação com a mídia, crítica e vinculada à prática, tanto no âmbito escolar como no extra-escolar". O presidente da GMK é o Prof. Dr. Dieter Baacke.

Grupo de Trabalho sobre Novas Tecnologias da Comunicação e da Informação (nikt), ligado ao Instituto de Ciências da Comunicação e Jornalismo da Universidade de Salzburg (http://komdat.sbg.ac.at).

Centro de Ética nas Ciências (ZEW), constituído por diferentes Faculdades da Universidade de Tübingen (http://www.uni-tuebingen.de/zew/ deutsch/intro.html).

Academia para Avaliação dos Efeitos da Técnica em Baden-Württemberg (afta) (http://www.afta-bw.de).

Instituto para Avaliação dos Efeitos da Técnica da Academia de Ciências da Áustria (ITA), em Viena (http://www.oeaw.ac.at/~ita/).

4.3.2. Em língua inglesa

De Montfort University, Centre for Computing and Social Responsibility (CCSR) (http://www.ccsr.cms.dmu.ac.uk), Simon Rogerson (*director*): organiza regularmente conferências e jornadas internacionais sobre questões éticas ligadas à tecnologia da informação.

Kent State University, School of Library & Information Science (http:/ /web.slis.kent.edu/home.html): atividades de ensino sobre "Ethical Concerns of Library and Information Professionals".

University of Sheffield, The Department of Information Studies (http:/ /www.shef.ac.uk/uni/academic/I-M/is/courses/om.html): atividades de ensino sobre "Ethics in Managerial Decision Marking".

Loughborough University, Department of Information and Library Studies (http://info.lboro.ac.uk/departments/dils/index.html): atividades de ensino sobre "Legal & Professional Issues".

The Institute of Information Scientists (ISI), Londres (Reino Unido) (http://carduus.imi.gla.ac.uk/default.html).

Dartmouth College, The Institute for the Study of Applied and Professional Ethics (http://www.dartmouth.edu/artsci.ethics-inst).

DePaul University, Institute for Business & Professional Ethics (http://www.depaul.edu/ethics). No *web site* tem-se a oferta, entre outras coisas, de um "Ethics Calendar" e do "The On-Line Journal of Ethics".

Computer Ethics Institute (CEI), Washington D.C. (http://snyside.sunnyside.com/dox/cei.html).

Principia Cybernetica Web de F. Heylighen e V. Turchin (http://pespmc1.vub.ac.be/ethics.html).

4.4. *Listas de discussão sobre ética da informação e dos meios de comunicação*

Desde 1997, a UNESCO oferece um "Virtual Forum-INFOethics" (VF-INFOethics) (http://www.de3.emb.net/infoethics) sob coordenação do Instituto de Ciências da Informação da Universidade de Konstanz (Prof. Dr. Rainer Kuhlen).

São oferecidos os seguintes grupos de discussão:

— Intellectual property rights
— Information as a public and/or private good
— Public domain in cyberspace
— Privacy, confidentiality, security
— Information-rich and information-poor countries
— Information-rich and information-poor people
— Information competence: the right to read and the right to right information
— Violence, pornography in the media, particular in the Internet
— Freedom of the media
— Ethical control of artificial intelligence
— Truth value of information
— World order of information ethics
— Virtualization of knowledge products and information and communication processes
— Labor and automatization
— Central vs. decentralized means of organizing information processes and systems
— Utopian aspects of information society
— Education, training of information ethics

O jornal de língua francesa *Le Monde diplomatique* (http://www.monde-diplomatique.fr/md/Forum/infoethique/index.en.html) oferece em conjunto com a UNESCO um fórum de discussão "INFO éthique", bem como os seguintes artigos em versão integral:

— Victor Montviloff (Division of Information and Informatics, UNESCO): "Real or Virtual Access to Eletronic Information?"
— Do mesmo autor: "Enjeux politiques et sociétaux à l'ère de l'életronique"
— Ignacio Ramonet (*Le Monde diplomatique*): "Changer d'ère"
— Philippe Quéau: "La tragédie du bien commun"

Artigos com conteúdos relativos à ética da informação são publicados regularmente na revista *Telepolis* (a "Revista da cultura em rede", pela Editora Bollmann). A Editora Heise oferece essa mesma publicação como *Telepolis Online-Magazin* (que tem como redatores Armin Medosch e Florian Rötzer) (http://www.heise.de.tp).

O International Council on Archives (ICA), em colaboração com a UNESCO, oferece uma "Info-Ethics Discussion" (http://www.archives.ca/ica/infoethics/index.html).

4.5. Listas de links *sobre a ética da informação e dos meios de comunicação*

Recursos na Internet sobre a Ética da Informação da Escola Superior de Biblioteconomia e Informação da Universidade de Stuttgart (http://www.uni-stuttgart.de/UNIuser/hbi/zentrein/ethik/int.ress.htm).

Computer Ethics Resources (http://www.seas.upenn.edu/~mengwong/comp.ethics.html): compilação de Meng Wen Wong da Universidade de Pennsylvania.

Computer Ethics — Cyberethics (http://www.siu.edu/departments/coba/mgmt/iswenet/isethics/index.html), um *web site* organizado por David Vance e Arun Rai do Department of Management da Illinois University, e que contém, entre outros:

Bibliographies, Libraries and Videos
Internet-based Resources on Cyberethics, entre os quais:
Organizations and Conferences
Forums
Case Studies and Papers

Arlene Rinaldi, da Florida Atlantic University, compilou em sua *web site* os *links* mais importantes sobre *netiquette* (em várias línguas) e ainda sobre questões éticas da internet (http://www.edu/~rinaldi/netiquette.html).

Outro *site* que cabe mencionar, coordenado por T. Matthew Ciolek, é *Ethics and Ethiquette of Internet Resources* (http://www.ciolek.com/WWWVLPages/QltyPages/QltyEtiq.html).

No *web site Ethics on the World Wide Web* da School of Communications da California State University (http://www5.fullerton.edu/les/ethics_list.html) podem ser encontrados *links* sobre "Codes of Ethics", "Media Ethics", "Movie and TV Ethics", "Computer Ethics" e "Science Ethics".

Outro *site* abrangente na área da ética da informação, da cultura dos meios de comunicação e da ética computacional é a compilação *Ethics and the Internet* (http://www.duke.edu/~wgrobin/ethics/surfmisc.html).

Por fim, mencione-se o *web site Ethics Resources on the Net*, da DePaul University (http://condor.depaul.edu/ethics/ethb1.html), como fonte para o campo da ética em geral. O DePaul's Institute for Business & Professional Ethics, além disso, compilou códigos de ética em diferentes áreas da economia e da indústria.

Conclusão

A discussão pública e acadêmica de temas ligados à ética da informação cresceu muito nos últimos anos, sobretudo desde a difusão da internet. Essa discussão começou há cerca de 20 anos, no contexto do surgimento dos primeiros serviços *on-line* de alcance mundial. Paralelamente, transcorreram discussões sobre os efeitos sociais do computador (ética computacional) e dos meios de comunicação de massa, em especial a televisão. Os problemas nesses campos sempre têm crescido conjuntamente, de tal maneira que superposições curriculares se fazem necessárias.

Quando comparado às dimensões dos problemas a que se dedica, o estabelecimento da ética da informação na formação profissional de especialistas em informação ainda é incipiente. As associações de classe profissional já deram os primeiros passos nesse sentido, que devem agora ser acompanhados por uma ética no sentido de um discurso crítico acerca da moral. Para tanto, passam a constituir pressupostos importantes o conhecimento das teorias éticas e a tematização geral dos conflitos ligados à ética da informação, já durante o período de formação dos futuros profissionais. Embora essa interlocução não venha substituir a ação concreta de se fazer o bem, e embora a ética da informação não possa oferecer receitas prontas para todas as situações vitais que isso envolve, ela deve ao menos sensibilizar a ação individual e institucional em relação à complexidade social do trabalho com a informação; e também deve, além disso, contribuir no processo de determinação do grau de qualidade dos serviços de informação na prática, para além do elemento meramente econômico e legal. Um "para além" como esse revela-se sempre mais como a alma de uma empresa. Vista dessa forma, a ética da informação não é apenas uma especialidade exótica e concernente a um grupo restrito de pessoas, mas sim o verdadeiro cerne da formação profissional e humana dos especialistas da informação.

Bibliografia

ARTUS, H. M., LOSSOW, W. v., "Ethik und Information: Brauchen wir einen Verhaltenskodex für Informationsvermittler?", *Nachrichten für Dokumentation* 45 (1994): 325-334.

CAPURRO, R., WIEGERLING, K., BRELLOCHS, A. (orgs.), *Informationsethik*. Konstanz, 1995.

____, *Leben im Informationszeitalter*, Berlin, 1995.

Homo ludens na infovia: o jogo das realidades imaginárias*

Hans-Walter Ruckenbauer

a masmorra eletrônica
(...)
sem peso algum
entregue à fantasia
(...)
e sempre
na solidão tilintante do éter
Marion Fugléwicz[1]

1. Sobre a abertura lúdica de uma nova imagem ideal

Ao longo da história do pensamento, foram muitas as tentativas de destacar traços significativos do homem por meio da associação ao nome do gênero humano de um termo que designasse esses mesmos traços: o *homo sapiens* desmembrou-se, por assim dizer, em *homo politicus*, ou *intellectualis*, ou *socialis*, ou *religiosus*, ou *faber*, ou *aestheticus*, ou em que quer que fosse, sempre de acordo com o que parecia adequado destacar. Nessa série de honoráveis títulos antropológicos, a caracterização como "jogador" chegou mesmo a destoar[2]. E, de saída, qualquer discurso sobre jogos e brincadeiras corre o risco de não ser levado a sério. Contudo, nenhum outro fator marca tão decisivamente a cultura cotidiana — ao menos no hemisfério ocidental — quanto seu elemento lúdico. Com o crescimento tanto do desemprego como do tempo livre, é sempre maior o número de pessoas que dispõem de um tempo sempre maior para o entretenimento. De outra parte, no entanto, o entretenimento tornou-se também um fator cen-

* Tradução: Paulo Astor Soethe.

1. Fugléwicz, 1996, p. 9.

2. Em uma livre adaptação de Roland Gitler e com uma piscadela algo atrevida seria possível ampliar o conceito para *homo ludens ambitiosus*, para adequá-lo mais à realidade.

tral para a economia. Os negócios com os centros de lazer perfeitamente equipados demonstram taxas de crescimento constante, e *game-designers* profissionais precisam lançar novos produtos no mercado a intervalos cada vez menores. Para quem (ainda) suporta os encargos do trabalho, há como compensação ideal uma grande oferta de mundos recreativos cheios de "fortes emoções"; e mesmo para os participantes que têm uma ocupação de menor importância na sociedade do consumo das vivências ela consegue transmitir, até a eles, uma experiência subjetiva de sentido.

O propulsor de tal desenvolvimento, em sentido técnico, é justamente a geração mais potente de microprocessadores, utilizados tanto em computadores de uso pessoal como em robôs de brinquedo ou em aparelhos militares de precisão[3]. Ora, a ambivalência funcional das ferramentas não é novidade alguma, e também pode ser constatada e discutida no âmbito de outras tecnologias. Em princípio, parece evidente que se devam associar o menino que joga *video game* e o caça-bombardeiro a campos distintos da vida. A indústria de computadores, no entanto, especializada em tornar-se compatível com os usuários, fez desaparecer os limites entre os campos do trabalho e do lazer. O mesmo PC que serve para localizar e advertir clientes inadimplentes transforma-se em poucos segundos em uma tela de tevê; e basta apenas um clique no *mouse* para que ele se torne o parceiro em um novíssimo jogo eletrônico, ou para que convide a uma conversa despreocupada com amigos, via *e-mail*; ele pode, ainda, elaborar a lista atual de publicações sobre determinada questão científica, por meio de inúmeros serviços de bibliotecas *on-line*, ou procurar, da mesma forma, imagens animadas de cunho erótico. E tudo isso pode acontecer sem a mínima mudança de lugar por parte do usuário desses programas. Para a pessoa diante da tela, as operações que se estruturam de maneira muito complexa na rede de processadores escondem-se por trás de uma superfície funcional e de fácil manuseio. O mundo digital, difícil de entender, apresenta-se sob a máscara de imagenzinhas análogas e o mais coloridas possível. Elas mantêm a aparência de compreensibilidade, visibilidade do conjunto e confiabilidade, para a qual a indústria de computadores cunhou a simpática expressão "fácil e agradável de usar". "Com isso não se tem em mente que o usuário deva entender o que faz, mas tão-somente que ele seja poupado de qualquer irritação. Um computador é agradável ao usuário quando o faz esquecer que está interagindo com um aparelho eletrônico; o *design* de sua interface protege-o da tecnologia digital pós-humana."[4] O que acontece dentro do computador entre o comando e o resultado — isso

3. Esses conjuntos de precisão fizeram a história da tecnologia, tal como documentou amplamente o trabalho de Malone, 1996.

4. Bolz, 1997, p. 30.

escapa ao conhecimento já bastante vago do usuário médio: e eis o computador como "caixa preta", como sistema que, de tão complexo, só pode ser explicado por meio das relações de *input* e *output*, mas não por intermédio da explicação de seu funcionamento.

Quando se pensa no uso econômico do emprego de computadores, a facilidade de seu manuseio parece mesmo ser muito bem-vinda. No entanto, há justificativas suficientes para se duvidar das benesses econômicas vislumbradas nesse campo, tal como mostra o recente e acalorado debate norte-americano sobre o "paradoxo da produtividade" das tecnologias da informação[5]. (Naturalmente, isso também alimenta o ceticismo diante dos prenúncios de um milagre da proliferação de vagas de trabalho, propiciado pelos computadores; muitos pregadores dominicais potencializam apaixonadamente esses vaticínios, sem contudo se tornarem mais plausíveis por isso.) É conseqüente, portanto, a posição de Norbert Bolz, que parte do modelo de descrição de uma "caixa preta", conforme mencionado acima, para então defender a tese de que "para se entender melhor esses novos meios de comunicação é preciso vê-los não como ferramentas, mas sim como brinquedos". A experimentação lúdica prepara terreno para o acesso à "cultura do computador", que, apesar de seu domínio progressivo sobre o mundo do trabalho, volta-se "muito mais para o *homo ludens* e sua gana de comunicação do que para o *homo oeconomicus* e seus *tools*"[6]. Para que a imagem do homem lúdico como ícone da era do computador não se restrinja a uma palavra de ordem meramente retórica, cabe apresentar a respectiva fundamentação antropológica. Na parte da palestra relativa a esse tópico, e com base nessa perspectiva, procurarei revelar o multifacetado conceito de jogo ou brincadeira. Sobre esse pano de fundo, problematizarei, além disso, alguns dos desdobramentos — essenciais, a meu ver — dos assim chamados novos meios e de seus potenciais de risco.

Antes, porém, uma palavra a mais sobre o conceito de *information highway*. Logo depois da germanização do termo como *Datenautobahn** e logo depois da consolidação de termos como esses no vocabulário socialmente em moda, um grupo de trabalho do Centro Econômico de Pesquisa Social de Berlim, intitulado "A internet como espaço cultural", publicou no fim de 1994 um estudo sobre o sentido e o contra-senso dessa metáfora, que havia se popularizado em muito poucos meses. Inovações tecnológicas cujas possibilidades de aplicação ainda se mostram tão indefinidas ocasionam perguntas sobre sua associação a determinados modelos de orientação já existentes.

---

5. Cf. Siegele, 1997.
6. Bolz, 1997, p. 205; ver também p. 163.
* Literalmente: "auto-estrada de dados", que corresponde ao aportuguesamento "infovia" [N. do T.].

Novas tecnologias suscitam esperanças, "dão asas à imaginação e carecem, ao mesmo tempo, de um campo coletivo de projeção"[7] — isto é, desenvolvem-se independentemente de quaisquer imagens ideais[8]: a proposição de uma analogia mais ou menos bem-sucedida auxilia a criação do conceito e indica, em meio a um campo de associações, a direção para desdobramentos futuros. Se essa imagem ideal automotiva pode estar associada a uma série de conotações negativas — monotonia do trânsito, congestionamentos, problemas de poluição do meio ambiente —, isso não deve obstruir a visão de quem pretende testar a conformidade de uma comparação como essa. Em primeira linha, as auto-estradas e as *information highways* têm em comum seu caráter de rede (pois elas seriam inúteis se não fossem suas respectivas conexões), bem como o culto à velocidade, latente em ambas. Há muito tempo, contudo, a "automobilidade" tornou-se um conceito desencaminhador; pois a almejada liberdade do indivíduo acaba por se transformar em imobilidade quando todos resolvem locomover-se ao mesmo tempo[9] — e os engarrafamentos no trânsito encontram bons termos de comparação com os congestionamentos de dados no *world wide waiting*. As semelhanças, porém, parecem chegar ao fim o mais tardar quando entra em questão a forma de transporte: o princípio do envio de dados "como encomenda postal", vigente na internet, tem muito pouco em comum com a locomoção concreta de um motorista em trânsito no sistema viário; na internet, trata-se muito mais de um "princípio de transposição" que se desenvolve nos bastidores, fora do alcance do plano dos usuários. Por isso, a "percepção do espaço dos usuários", fundamentalmente diversa, sugeriu muito mais "metáforas espaciais como alternativas à 'infovia'"[10]: os *netizens* (cidadãos da rede) *deslocam*-se para o ciberespaço, *habitam* sua aldeia digital, *agem* em seu mundo virtual; não dirigem a toda velocidade por suas *information highways*, como se fossem caminhoneiros embrutecidos. Achim Bühl privilegia a definição do conceito de *cyberspace* segundo uma orientação espacial, porque quer demarcar assim, por oposição à imagem da infovia — ligada sobretudo ao deslocamento —, um dos principais fenômenos da sociedade de informação: "a virtualização das relações sociais, a duplicação da realidade em uma realidade real e outra, virtual, bem como as várias conseqüências sociais, culturais e vinculadas ao sujeito. Diversamente do que se dá com a metáfora eufórica da infovia (uma 'auto-estrada de dados'), a metáfora do ciberespaço — vinculada aos cenários negativos traçados pelo escritor *cyberpunk* William Gibson —

7. Canzler et al., par. 3.

8. Sobre a influência de imagens ideais na formação de tecnologias futuras, cf. Dierkes et al., 1992.

9. Cf. o ensaio de Lohmeyer, 1997, pp. Is.

10. Canzler, op. cit., par. 4.

vem revelar também os perigos do desenvolvimento tecnológico"[11]. Indiferentes a essas minudências conceituais, foram abertas em 2 de janeiro de 1995 as cancelas da primeira Infovia Federal alemã. Ela é resultado da integração de diversas infovias regionais a uma aliança federativa e tem por objetivo facilitar, em âmbito nacional, o acesso às ofertas da rede, por meio de uma infra-estrutura ainda melhor.

Sem cair de joelhos ante a força dos fatos, entendo ser legítimo falar metaforicamente de "infovias" e considero o uso desse termo uma espécie de abreviação incisiva dos atuais desdobramentos no campo da mídia eletrônica. A meu ver, falar de infovias situa o referido fenômeno em sua relação com premissas econômicas e sugere padrões de comportamento já familiares, ligados ao mundo dos negócios (infra-estrutura, disponibilidade, mobilidade, mentalidade competitiva, consumo etc.). Com a grande "seletividade da imagem de uma auto-estrada", as tendências de expansão das técnicas de informação vêem-se marcadas pelo signo das tecnologias do trânsito; "a comunicação de dados é posta ao nível do mero 'trânsito de informações'; e preferencialmente elas devem fluir dos produtores para os consumidores: tudo se transforma em carga comercial"[12]. Esse cenário de comercialização contempla a tendência ora dominante de um reducionismo técnico no mercado da mídia; tem-se aí uma imagem ideal cuja designação é, no mínimo, infeliz: *self-fulfilling prophecy*. Os autores do projeto "A internet como espaço cultural", de sua parte, criticam com razão o predomínio dessa "visão de empresa transportadora" no setor da informação, já que ela funcionaria como um "filtro perceptivo diante das formas da comunicação em rede, cuja quintessência não são a transferência e a distribuição, mas sim o caráter dialogal e a sociabilidade"[13]. Como estes últimos ainda não passam de desejos, o que vem determinando o mundo vital do *homo ludens* à beira do novo milênio é justamente a imagem ideal da infovia, da "auto-estrada" em que os dados trafegam como cargas comerciais em alta velocidade.

2. *Antropologia do* homo ludens

2.1. *Rastreamento etológico*

Se o ludismo é propriedade relevante do ser humano, cabe de imediato perguntar se seria adequado falar em jogos e brincadeiras quando se trata de

11. Bühl, 1996, p. 21.
12. Canzler, op. cit., par. 5.
13. Id., ibid.

animais, e em que medida. Do ponto de vista puramente conceitual, a definição é clara: o ser humano não é visto como *animal ludens*; o ludismo acrescenta-se à sua humanidade e portanto não necessita, como tal, de outra delimitação. Quanto a isso há consenso; e os jogos e brincadeiras observáveis em animais superiores, sobretudo mamíferos, são rapidamente descartados como comportamentos ainda imaturos. Certamente não é tão fácil encontrar um conceito operacional de ludismo para homens e animais. O que nos parece mais fácil, nesse sentido, é classificar determinados comportamentos lúdicos de forma comum — e isso fica evidente, em geral, quando cachorros brincam, ou quando se percebe que termos lúdicos pouco se prestam a descrever o comportamento em colônias de insetos. Nesses casos, evidencia-se que "nossa percepção figural compreende um tipo comportamental autônomo"[14].

O biólogo e antropólogo Adolf Portmann chegou, quanto a isso, a uma interpretação interessante; ele procura considerar "o divertimento animal como fenômeno da conformação do tempo". Como todas as formas de vida, desde as mais simples, apresentam seqüências rítmicas marcadas por uma espécie de cronômetro interior, a plenitude da própria vida inclui também a "lida com o tempo", a "figuração do tempo" e também a "atribuição de sentido ao tempo cronológico vazio"[15]. Para Portmann, é essencial a "conformação" expressa no anseio lúdico, que consiste em uma carência típica de todas as formas de vida superiores. Segundo ele, o nascimento do jogo no reino animal está ligado a três condições: um pressuposto fundamental seria o "relacionamento rico com o meio ambiente, proporcionado pela organização do animal como um todo (órgãos do corpo e psique)"; além disso, o animal careceria de uma relativa "liberdade diante da preocupação imediata com a autopreservação"; e seria decisiva, por fim, uma sensação de aconchego, um "estado de fusão com o meio ambiente, e em especial com o grupo"[16]. Um exemplo especialmente elucidativo pode tornar isso mais claro[17]: um casal de pombos vivendo em Zurique — pois ambos, como seguidores da civilização, obtiveram do espaço vital urbano proteção e aconchego — tomou gosto por levar longos pregos de aço de uma construção para o alto de um telhado nas imediações e, de lá, deixá-los cair propositadamente sobre uma escada de cimento. Ao fazer isso, os pombos esperavam ansiosos pelo som do prego ao atingir o chão, para logo a seguir buscar outro prego. Com uma série de exemplos como esse, nos quais o fenômeno do jogo animal revela-se como atividade almejada mas isenta de fins, Portmann opõe-se a uma supervalorização das assim chamadas "teorias da exercitação", segundo as quais se atri-

14. Eibl-Eibesfeldt, 1995, p. 793.
15. Portmann, 1975, p. 832.
16. Id., ibid., p. 839.
17. Id., ibid., p. 835.

bui ao jogo apenas a função do treinamento para formas futuras de comportamento (luta, caça etc.). Contudo, se também pontos de vista evolutivos forem levados em consideração, o jogo só poderá se afirmar a longo prazo como instrumento de exercitação, conforme acentua o biólogo comportamental Bernhard Hassenstein. A seu ver, o jogo dos animais não passa da oportuna acumulação de experiência: "Todos os elementos comportamentais concernentes à sondagem e ao jogo colaboram mediata ou imediatamente para que os seres vivos *obtenham informações ativamente* e as acumulem"[18]. Apenas o efeito de aprendizado transformaria o impulso lúdico em uma estratégia evolutiva estável. Ao contrário, a definição de Portmann do jogo como "tempo prazeroso, isento de cuidados com a preservação, livre, portanto, de fins, mas pleno de sentido"[19] soa como estranhamento antropomórfico, ou então como um excedente suntuoso no processo evolutivo.

Também o renomado etólogo Irenäus Eibl-Eibesfeldt vê no valor de exercitação a razão fundamental para o desenvolvimento do comportamento lúdico. Necessariamente, deveria surgir uma "motivação lúdica" que se mostrasse "capaz de ativar as diferentes formas de comportamento dos níveis de integração baixos, independentemente das instâncias que as precedem em condições normais"[20]. A separação entre luta lúdica e luta séria, por exemplo, só poderá funcionar se ambas se basearem sobre fundamentos emocionais distintos. Inibições sociais e sinais complementares (balançar o rabo, no caso dos cachorros, por exemplo) possibilitam a mescla de formas comportamentais diversas e asseguram o desenrolar apenas parcial de programações instintivas. É nessa capacidade de desacoplamento de uma ação em relação aos impulsos inicialmente orientados pelo instinto que Eibl-Eibesfeldt situa a "raiz remota do que vivenciamos subjetivamente como liberdade, ou seja, da capacidade de nos distanciar por via emocional, de planejar e refletir em um espaço livre alcançado dessa maneira"[21]. Caso se suponha que o início da liberdade reside de fato na experimentação lúdica de formas comportamentais diversas, torna-se inevitável fazer referência à teoria da cultura de Huizinga: a liberdade que nasce do jogo inaugura a evolução cultural.

2.2. O jogo como fator cultural

"O jogo é mais velho que a cultura": são essas as primeiras palavras de Johan Huizinga em seu abrangente estudo cultural *sub specie ludi*, já que

18. Hassenstein, 1983, p. 25.
19. Portmann, op. cit., p. 840.
20. Eibl-Eibesfeldt, op. cit., 795.
21. Id., ibid.

"os animais não esperaram dos homens que estes lhes ensinassem a brincar"[22]. O tema já fora proposto pelo historiador holandês sob um ângulo sociológico em 1933, em seu discurso de posse como reitor da Universidade de Leiden, intitulado "Sobre os limites da brincadeira e da seriedade na cultura". Antes disso, o comportamento lúdico do ser humano, dos jovens, em especial, só havia sido abordado por um viés psicológico[23], e o interesse dos pesquisadores se havia centrado no sujeito dos jogos e brincadeiras. Huizinga veio tornar mais abrangente essa visão, voltando-a também às interações socialmente significativas entre participantes de jogos e brincadeiras socialmente estruturados, e para o significado das respectivas distribuições de papéis nessas atividades. Seu ensaio filosófico-cultural e antropológico "*Homo ludens*. Sobre a origem da cultura no jogo", publicado em 1938, ainda hoje é reconhecido como "a tentativa mais ampla e convincente de conceber o jogo em seu significado para o desenvolvimento da civilização, e de destacar reflexivamente o caráter lúdico de toda cultura"[24]. Huizinga pretende demonstrar que é justamente onde nasce a cultura, ou seja, onde o homem desenvolve suas possibilidades mais humanas e refinadas, que ele tanto mais se revela um jogador. Uma grande quantidade de material histórico-cultural, lingüístico-comparativo e etnológico, proveniente sobretudo dos estágios iniciais das culturas superiores grega, indiana, chinesa e germânica, pretende exemplificar a tese central do livro: "A cultura em suas fases originais é um jogo. Ela não brota *do* jogo, tal como um fruto vivo se desprende do corpo que o gera, mas desenvolve-se *em meio* ao jogo e *como* jogo"[25].

Para submeter à prova sua visão do jogo como *a* força formativa da cultura, Huizinga trata primeiro de reunir suas marcas formais. Para tanto, opta por uma abordagem fenomenológica e considera o "jogo" uma grandeza previamente dada sob a forma de uma atividade praticada por pessoas adultas, socialmente estruturada e sensata em si mesma. Ele se restringe explicitamente "a jogos de tipo social", porque estes correspondem em certo sentido "a formas superiores do jogo"[26]. Nesse contexto, é significativo o momento da voluntariedade, até mesmo para que possa surgir uma atmosfera lúdica. Jogos e brincadeiras não podem decorrer de um comando externo, a não ser como reedição estereotipada de um jogo qualquer; por essa razão eles constituem "antes e sobretudo *uma ação livre*"[27]. Em tal medida, o jogo está

22. Huizinga, 1994, p. 9.
23. Da mesma forma, por exemplo, em Buytendijk, 1934.
24. Strube, 1995, p. 184.
25. Huizinga, op. cit., p. 189.
26. Id., ibid., p. 15.
27. Id., ibid., p. 16.

amplamente eximido das exigências imediatas de cumprimentos vitais cotidianos, que se apresentam como usuais. Mas sua constituição supositiva, de "como se", não lhe permite afastar-se do âmbito das circunstâncias normais do mundo, e chega mesmo a pôr fora de ação a consciência do mero jogar. O caráter envolvente de alguns jogos e a imersão no universo do jogo evidenciam que a esfera do jogo situa-se "*fora do âmbito de um interesse material ou da satisfação individual das necessidades vitais*". O acontecimento lúdico, por sua vez, cumpre-se na maioria das vezes dentro de limites muito bem definidos de tempo e espaço. A qualidade da "*repetitividade*" mantém a mais íntima relação com os critérios "*circunscrição e delimitação*"[28]. E só assim o jogo pode assumir uma forma fixa e então tornar-se um bem cultural. As regras de um jogo — por mais que não passem do constructo de convenções sociais — são necessariamente vinculativas e não admitem dúvidas; quem ultrapassa os limites do jogo põe-no a perder[29].

Portanto, o jogo está ligado a um forte conceito de ordem; ele propicia o espírito de comunidade, já que logra estruturar o mundo e as relações sociais de forma inovadora — ou, segundo a formulação breve e pregnante de Huizinga: "Ele gera ordem, é ordem, afinal"[30]. Por fim, o elemento do desfecho incerto — seja em razão de uma decisão do acaso (sorte), seja pela provação de diversas habilidades do jogador — garante a tensão e a motivação necessárias para o jogo.

Obviamente, o conceito de jogo de Huizinga não ficou isento de críticas. Mencionarei a seguir apenas três pontos fortes na discussão que se seguiu à sua morte. (Huizinga morreu pouco antes do fim da Segunda Guerra Mundial, depois de ter sido confinado durante vários meses em um campo de concentração nazista, por causa de suas manifestações críticas em relação à cultura, e de ficar em prisão domiciliar, após sua libertação do campo.) O primeiro desses momentos marcantes de crítica póstuma ao pensamento de Huizinga deu-se quando o sociólogo francês Roger Caillois dedicou interesse ao estudo da linha tênue que separa a observância de regras e a inexistência de regras nos jogos, para destacar justamente a função relaxante cumprida pelo jogo, em uma espécie de contraproposta à noção do jogo em sua força social ordenadora, tal como formulada por Huizinga. Na trilha do comportamento lúdico infantil, o psicólogo do desenvolvimento Brian Sutton-Smith orienta-se pelo potencial transformador

28. Id., ibid., p. 18.

29. O destruidor do jogo (ou seja, o intrigante, o revolucionário, o inovador, o apóstata) desvela a relatividade do mundo lúdico; ele retira do jogo a ilusão e ameaça com isso a comunidade de jogadores. Quem rouba no jogo, ao contrário, aparenta reconhecer o encantamento do jogo, e suas violações da regra devem permanecer incógnitas.

30. Huizinga, op. cit., p. 57.

que subjaz ao jogo, em que seria decisivo o incentivo à capacidade criadora de combinar elementos conhecidos em alternativas sempre novas. Donald W. Winnicott, psicanalista e terapeuta infantil, transfere para o campo da psique um significado semelhante ao que Huizinga atribui ao conceito de jogo para uma teoria da cultura. Isso se dá, de forma muito resumida e breve, da seguinte maneira: o enfoque de Winnicott procura proporcionar ao paciente adulto uma aceitação sem medo da realidade, à medida que o leva a reconquistar, sob uma nova forma, a confiança no mundo que havia começado a se desenvolver na primeira infância[31].

Apesar de todos os questionamentos que se possam fazer a seu conceito de jogo, e a despeito da impropriedade de algumas de suas conclusões históricas aos olhos de hoje, Huizinga desencadeou com seu livro uma discussão ampla sobre as razões da capacitação cultural do ser humano. Sua contribuição heurística, quando atribuiu ao jogo um primado sem limites, conduziu à interpretação provocante "de que algo pautado pelo lúdico é próprio à cultura em suas fases iniciais, e de que ela é até mesmo encenada sob as formas do jogo e sob uma disposição semelhante à dele. Na unidade a dois composta por cultura e jogo, o jogo constitui o fato primário, objetivamente perceptível e concretamente determinado; a cultura, por sua vez, é apenas a designação que nosso juízo histórico afixou a esse caso dado"[32]. Segundo esse raciocínio, por exemplo, seria no âmbito do jogo que a luta brutal pelos recursos para a sobrevivência deveria ter sido apaziguada e transformada em uma concorrência submetida a regras severas. Como precursora da civilização, a concorrência regrada segundo parâmetros lúdicos não se apresenta como algo muito plausível, em uma visão retrospectiva. Provavelmente isso se deve ao claro adiamento da determinação do que seja ou não seja jogo, na marcha da evolução cultural. No período arcaico, no início do processo de crescimento de uma cultura, impõe-se mais fortemente o princípio agônico, bélico; mais tarde, esse "terreno da cultura é coberto paulatinamente por uma camada de idéias, sistemas, conceitos, doutrinas e normas, conhecimentos e hábitos, que parecem ter abandonado por completo seu contato com o jogo. Aos poucos a cultura vai se tornando séria e acaba por conceder ao jogo um papel meramente secundário"[33]. Há muito o sentido lúdico quase infantil de uma condição primordial cristalizou-se sob a forma de saber, literatura, religião, regulação jurídica, divisão de poderes e vida estatal. Em suas raízes, no entanto, Huizinga descobre uma peleja ludicamente conflituosa por honra, superioridade e fama. Como elemento humano constitutivo, o *ágon* é para ele

31. Cf. Caillois, 1982; Sutton-Smith, 1978; Winnicott, 1995. Para uma primeira visão de conjunto da questão também bastaria recorrer a Strube, op. cit.

32. Huizinga, op. cit., p. 57.

33. Id., ibid., p. 88.

uma contenda abençoada, e não primeiramente a guerra; da mesma forma, o puro anseio destruidor que advém da paixão pela rivalidade não passa, para Huizinga, de perversão. Em sua opinião, o princípio agônico gerou a cultura, no sentido de uma convivência regrada e correta entre os seres humanos. "*Homo ludens*" foi escrito sob o espírito de uma imagem humanista do homem e está marcado pela "convicção de que é muito pequena a distância entre o desrespeito à regra básica de ver no parceiro do jogo um semelhante e o atentado aos direitos e à dignidade humana"[34].

2.3. *O jogo como metáfora do ser*

Já está garantida a visão do jogo como fenômeno antropológico, talvez até mesmo como agente central do desenvolvimento humano. Podemos aprofundar essa questão, porém, e perguntar se o jogo tem morada apenas no mundo finito dos seres vivos, ou se também está presente no todo do universo. Ou o discurso sobre o significado cósmico do jogo não passará de reflexão especulativa, metáfora inadmissível, tradução poética ou mero antropomorfismo? E tanto mais em uma época em que o *homo faber* moderno, cada vez mais adamítico, parece ter se decidido "pela relação direta com o mundo, pelo querer ter, pelo conceito e contra o metaforismo, pelo deixar-ser que se limita a contemplar"[35]. Apesar de toda a oposição justificada contra o consumo sôfrego de imagens, ao se apossar delas o ser humano deixa de perceber — com certa leviandade, como bem advertiu Dietmar Kamper — "que a vida humana carece do metaforismo para ser efetiva"[36]. Mais surpreendente ainda é que a noção de jogo universal exerça um fascínio muito grande justamente sobre alguns cientistas naturais. Assim, Manfred Eigen, bioquímico e detentor do prêmio Nobel, e sua co-autora Ruthild Winkler vêem o evento do mundo como um grande jogo dos elementos "acaso" e "lei natural". Trata-se aí de um "fenômeno natural que desde o princípio regeu o percurso do mundo: a formação da matéria, sua organização em estruturas vitais e ainda o comportamento social das pessoas"[37]. Fica evidente aqui que se utiliza o jogo como metáfora universal do ser. Já que o mundo em seu todo jamais se oferece a nós como um tipo de objeto de pesquisa isolado, ou seja, como coisa, e já que sempre estamos entretecidos nele, tampouco o jogo universal pode ser um fenômeno, em sentido próprio[38].

34. Strube, op. cit., p. 189.
35. Kamper, 1975, p. 822.
36. Id., ibid., p. 821.
37. Eigen, 1990, p. 17.
38. Cf. Fink, 1960, pp. 17 e 23 ss.

Na verdade, a transposição do conceito de jogo para a totalidade do mundo já tem uma longa tradição nos mitos antigos e nas reflexões remotas da filosofia. Heráclito, no Fragmento 52, compara o curso do universo com uma criança brincando — "αἰὼν παῖω ἐστι παίζων"[39] —: a comparação com a criança que move peças em um tabuleiro torna-se um símbolo para a maneira como o todo do ser dita seus desígnios. Isso certamente não corresponde a que se esteja aqui diante de um jogo de xadrez cósmico; tal jogo não possui um lugar intramundano, não se manifesta no campo das coordenadas de tempo e espaço. Eugen Fink interpreta profundamente o fragmento nesse sentido e afirma que "o jogo universal de Heráclito não ocorre em lugar algum nem em tempo algum como *dado*; ele é, em última instância, *o que dá*, a onipotência que plenifica todo o ente, e que lhe concede momento e lugar"[40]. A metáfora do jogo é sempre trôpega, já que provoca a associação com um jogador, no sentido de um poder pessoal. A estrutura do jogo como metáfora para a força de individuação universal evidente nos desígnios do mundo é uma imagem partida. E ainda assim ela já traz em si "uma remissão muito particular à totalidade do mundo"; o jogo humano tem uma "função representativa"[41], na medida em que "conhece um vigor infundado, que encerra em si todos os fundamentos, e uma ação despropositada, que guarda em si todos os propósitos"[42]. Da mesma forma, tal interpretação está atenta a outro pensador obscuro: Friedrich Nietzsche, que, próximo de Heráclito em tantos aspectos, almeja esse significado ao lançar sobre o famoso Fragmento 38 (12), do verão de 1885, o "seu" mundo dionisíaco da vontade de potência como "um jogo de forças e de ondas de força" em maré crescente[43]. E uma canção do príncipe Vogelfrei dedicada a Goethe desemboca na estrofe: "Jogo universal, o dominador,/ mescla ser e parecer: —/o doido-eterno/inclui-nos na mistura![44]"

3. A alienação virtual do nômade digital

3.1. Extra media nulla salus?

Essa pergunta, provocante não apenas do ponto de vista teológico, serviu de título a um artigo de Jósef Niewiadomski sobre o alcance da cultura

39. Diels, 1961, p. 162.
40. Fink, op. cit., p. 29.
41. Id., ibid.
42. Id., ibid., p. 241.
43. Nietzsche, *Nachgelassene Fragmente*, 1988, pp. 610 s.
44. Id., *Morgenröte*, 1988, p. 639.

da mídia[45]. No texto, ele discute semelhanças estruturais entre a forma de ação dos novos meios e os sistemas pagãos de fé que, a seu tempo, ofereciam refúgio às pessoas. Hoje, essa função fomentadora do espírito comunitário é exercida pela "televisão, como a primeira religião efetivamente universal", na medida em que "proporciona imagens constantes em prol da manutenção da identidade, a despeito de um conteúdo mutável, que é mutável justamente por ser secundário"[46]. Quando as pessoas estão reunidas no ritual noturno diante das chamas de sua fogueira eletrônica, o sentimento de pertencer à burguesia global bem informada certamente recalca o valor puramente informativo das notícias, prontamente esquecidas em sua maioria. Portanto, parece correto ressaltar o "caráter de entretenimento de grande parte de nosso consumo diário de notícias"[47]. No caso do cidadão médio, que em geral consome para além de quinze minutos de notícias radiofônicas, praticamente não se pode atribuir qualquer significado à recepção de informações, como fator relevante para o aumento de sua competência intelectual. Sem dúvida, a televisão não é um meio de comunicação *novo*, em sentido estrito; nem tampouco é nova a idéia de que a mensagem seja seu próprio meio (cf. a lição de Herbert Marshall McLuhan).

Do ponto de vista da teoria da mídia, a receita de sucesso dos meios de comunicação de massa baseia-se em uma estratégia muito simples: "Eles fazem desaparecer a impossibilidade de uma visão total do mundo, na medida em que atribuem acontecimentos emergentes a pessoas em particular"[48]. Os meios de comunicação herdaram sua técnica do mundo dos mitos: as personificações (Bill Gates como portador prometéico do fogo digital, por exemplo) devem transformar fatos intricados e difusos em coisas acessíveis e tratáveis. Ou, em outras palavras: a complexidade é reduzida a pessoas em particular. Todas as noites, uma trupe de proeminentes encena o teatro universal multifacetado e ordena o caos sob a forma de acontecimentos e pessoas. Assim, faz tempo que o setor dos meios de comunicação de massa, com a televisão e sua insuperável atualidade (do rebotalho que ela produz, vale lembrar, vive também a imprensa recreativa, com tiragens de milhões), tornou-se integrante benquisto e regulador imprescindível de nossa vida cotidiana. O forte caráter ordenador da televisão proporciona auxílio concreto na vida, quando se trata de subjugar a complexidade.

Ao lado dessa dimensão da confiabilidade, no entanto, a sociedade da mídia também oculta em si o perigo de uma perda de realidade nada irrisória. Com isso, no âmbito dos antigos meios de comunicação, entre os

45. Niewiadomski, 1995.
46. Id., ibid., p. 230.
47. Lübbe et al., 1995, p. 107.
48. Bolz, op. cit., p. 172.

quais já se pode incluir a televisão, deparamos com um fenômeno que só é mencionado a partir do recente aperfeiçoamento das tecnologias da *virtual reality*. A tendência da televisão como meio audiovisual de proporcionar refúgio não pode acompanhar o crescimento exponencial das quantidades disponíveis de informação, para muito além das possibilidades de qualquer visão totalizante. Apesar da redução de complexidade por meio do aparato ostensório e da personificação, a capacidade de orientação sofre uma atrofia psíquica e social. Com muita propriedade, esse processo foi descrito por Reginald Földy como "desrealização": em face da enorme afluência de estímulos, rompem-se os mecanismos pessoais de filtragem — essa "espécie de *sistema imunológico do psiquismo*" —, e perde-se progressivamente a referência concreta ao espaço individual da experiência[49]. "Esse 'desenvolvimento' é oposto a uma orientação de mundo psicossocial autônoma e reforça a dependência em relação a opiniões alheias, bem como a condução exterior das pessoas mediante 'sucedâneos de vivências'."[50] O esforço exigido sobretudo pelo afluxo excessivo de informação visual perturba o "equilíbrio entre o velho e o novo, entre a experiência e os conhecimentos novos, entre apagamento e inclusão de registros"[51], entre conteúdos positivos e negativos, entre realidade e ficção, entre a visão e as demais percepções sensitivas (em virtude da predominância de imagens). E isso ocorre porque a coação propriamente maníaca à aquisição de material mercantilizado, praticada na mídia visual e orientada pela vivência do agora, leva conscientemente à manipulação do receptor por notícias prontas para o consumo, à encenação de "pseudo-acontecimentos" voltados à conquista da "matéria-prima" de que vivem os campeões de audiência. Só a partir desse contexto torna-se possível compreender que Jean Baudrillard tenha posto em dúvida a ocorrência factual de algo tão marcado pelo sofrimento como a Guerra do Golfo[52]. Além disso, desenvolveu-se no público uma carência insaciável por novos estímulos, por produções ostensivas e revelações escandalosas. A luta pela audiência ocasiona o que Földy caracterizou como "*voyeurismo* habitual": a "avidez doentia por espetáculos, a qualquer preço"[53]. Soa paradoxal: na esteira da "desrealização", os espectadores compulsivos tornam-se sempre mais dependentes das simulações da realidade da mídia. Só conta, só existe, só tem valor o que está presente por meio da mídia — a visão de horror de uma "prisão coletiva de informações"[54], em que, de fato, os agentes da mídia tornam-se "redentores".

49. Földy, 1993, p. 148.
50. Id., ibid., p. 241.
51. Id., ibid., p. 148.
52. Cf. Woolley, 1994, pp. 201ss.
53. Földy, op. cit., p. 152.
54. Id., ibid., p. 242.

3.2. Ciberpintinhos, games *e opção pela* real life

"Tamagotchi" é o nome do animal de estimação digital no ovo de plástico que — mal saído da casca no Japão — submeteu a seu ritmo cerca de 20 milhões de pais adotivos no mundo inteiro (predominantemente as crianças, mas não apenas elas). Para muitos críticos, esse primeiro brinquedo eletrônico, que, com seus pios, exige dedicação sob a forma de um "apertãozinho de botão", é apenas o batedor que antecede um ataque multimídia maciço sobre as almas das pessoas jovens. Alguns temem que seres virtuais venham a ocupar os quartos de crianças, enquanto outros vêem em "Tamagotchi" apenas um utensílio inofensivo para treinar o senso de responsabilidade da próxima geração. Afinal, nenhum bicho de pelúcia ou boneca, nem qualquer outro habitante inanimado dos corações infantis, pode desenvolver exigências de integração e pertença na psique infantil como o frango virtual em miniatura. Ninguém pode livrar-se sem punição da presença dominante de suas carências (alimentação, doses de carícias, limpezas das fezes em *pixel*): se receber poucos cuidados, o "babytchi" degenera e se torna um "kuchipatchi" doentio, importuno e malformado, e pode até mesmo morrer precocemente — uma caveira aparece na pequena tela emoldurada com coraçõezinhos. Por sorte, os cuidadosos *game-designers* não esqueceram a tecla *reset*. Assim, a pessoa-serviçal também pode brincar de deus-criador sem forçar demais sua fantasia; como ninguém, a máquina faz isso por ele. Justamente porque a brincadeira com "Tamagotchis" põe fora de ação a situação supositiva típica do jogo (o "como se"), e justamente porque "fica confusa a diferença entre alucinação e realidade", o psicanalista Peter Kastner vê aí um "ataque à realidade da vida"[55]. Além disso, essa brincadeira oferece experiências existenciais básicas (como nascimento, cuidado e morte) em uma versão *ultralight*, mas sem qualquer traço humano. Pois na vida real a relação não se deixa substituir por funcionalidade, nem tampouco se reduzir "a símbolos violentamente simplificados, disponíveis com o aperto de um botão"[56].

O "Tamagotchi" deve ser visto aqui como um exemplo cabal e recente da genial estratégia de conquista, tão simples quanto pérfida, utilizada pelos produtos comerciais da realidade virtual. E o abismo entre o mundo real e o virtual não cresce apenas no quarto das crianças. Em um grande número de áreas de aplicação, a técnica das simulações computadorizadas do real já ultrapassa todas as tecnologias usadas até então. Um emprego quase ilimitado dessa técnica já se prenuncia, por exemplo, por meio de sua ligação a

55. Entrevista concedida à revista *Der Spiegel* (n. 43, 20 out. 1997, pp. 144-152), p. 148.
56. Id., ibid.

campos pré-virtuais da vida cotidiana (*teleshopping* e *telebanking*). No setor das ciências naturais, abrem-se novas dimensões da exeqüibilidade, no sentido mais verdadeiro da expressão, e especialistas prognosticam desenvolvimentos revolucionários (tais como a *mechanical engineering* para técnicas industriais de construção; *architectural engineering* para o planejamento urbano; e a palavra-chave "telemedicina" para uma infinidade de projetos que vão do diagnóstico em rede a formas precisas de executar operações neurocirúrgicas)[57]. Razões o bastante para a euforia, portanto? — Sim, mas apenas se, ao lado dessas bênçãos que sem dúvida se prefiguram, também forem considerados os riscos aí presentes, sem que eles sejam minimizados por uma credulidade ingênua diante do progresso. Além disso, não se devem subestimar os efeitos que vem tendo o emprego da tecnologia da realidade virtual nos campos da organização do tempo livre, da busca de novas vivências e do entretenimento em nossa sociedade.

De modo característico, o termo "realidade virtual" tornou-se realmente popular por intermédio da indústria de jogos para computador. A estranha fusão semântica entre facticidade e potencialidade presente nessa criação conceitual implica a diluição de uma compreensão da realidade intersubjetivamente válida, que tem sua origem clássica nas ciências naturais. A realidade transforma-se em um constructo ludicamente aleatório. Com freqüência, aponta-se nesse contexto para o grau de imprecisão, a falta de unidade e a subjetividade formal presentes também em nossa percepção sensorial da realidade. Isso quer dizer que se esfumaça toda a realidade que, em sentido original, independia da consciência? — Quero crer que não. Do ponto de vista gnosiológico, não há como apoiar os opositores de um realismo ao menos hipotético, que sustente o postulado de um mundo exterior objetivo sobre cujo caráter se possa almejar ao menos um acordo mútuo intersubjetivo[58]. Por certo, uma parte de nossa impressão sensorial da realidade física "dura" é determinada individualmente e depende portanto da subjetividade, quando se consideram nuanças e colorações emocionais em sua constituição. Contudo, essa imprecisão reside antes no detalhe da estrutura perceptiva do que na suposta construtividade.

Pessoa alguma dispõe de um órgão sensitivo para a radiatividade, mas — com exceção dos casos de distúrbios patológicos como o daltonismo — todos vêem o vermelho como vermelho (a menos que se trate de determinar o que seja "vermelho ticiano", quando se podem pôr em discussão os critérios para sua caracterização). Para se compreender com exatidão a duplicação da realidade presente no processo de virtualização, Christian Wessely

---

57. Um panorama sólido e relativamente atual da multiplicidade de aplicações da realidade virtual é oferecido por Bühl, 1996, pp. 115ss.

58. Cf. a justa crítica de A. Kolb aos anseios do construtivismo radical, neste volume.

sugere uma distinção elucidativa: no plano da "*realidade virtual* trata-se de uma impressão de realidade que passa a existir para uma pessoa mediante a estimulação orientada de seus sentidos, e que não é idêntica à realidade *física* que a cerca"[59]. Considera-se aqui, vale dizer, apenas a dimensão mecânico-sensorial, e não as interferências psíquicas.

De qualquer maneira, a "metáfora da realidade virtual" abarca o desenvolvimento da "virtualização computacional" na ambivalência própria a esta última, já que acentua dois aspectos em especial: "Por um lado, o fato de que realmente existe algo que podemos conhecer, já que isso tem efeitos sobre nossos sentidos e pode ser alterado por meio de nossas ações; por outro lado, a constatação de que uma parte dos efeitos sensoriais podem basear-se num engano ou numa suposição idealizada"[60]. De um ponto de vista puramente técnico, trata-se nesse caso de um desenho gráfico tridimensional, animado, mais ou menos próximo à realidade da vida, acompanhado da estimulação adicional de outros sentidos, por exemplo por meio do som ou de efetores táteis. Três elementos caracterizam esse mundo fabricado e artificial: "Ele é inclusivo, interativo, e nele todos os processos decorrem em tempo real"[61]. Quem está em contato com esse mundo torna-se como que parte dele, e sem limitar-se ao papel de mero observador; ao contrário, logra em pouco tempo tornar-se agente desse mundo, e suas ações, sem grande demora, logo começam a provocar mudanças. Um estabelecimento ainda mais exato das qualidades do entorno virtual em desenvolvimento e gerado por via computacional foi apresentado por Achim Bühl: segundo ele, *o* usuário — e a menção exclusiva da forma masculina desse substantivo parece adequada, já que reflete a predominância dos homens no uso dessa tecnologia — imerge em um espaço de várias dimensões situado atrás da tela do computador (as palavras-chave aqui são "imersão" e "multidimensionalidade"); diversos sentidos são estimulados simultaneamente ("multissensorialidade"), os "movimentos do usuário mantêm uma relação de concomitância com a imagem perspéctica ("tempo real"), e essa mesma imagem iguala-se aos movimentos do usuário ("conformidade"). O usuário pode intervir com uma ação formativa ("interação"), mover-se em todas as direções ("mobilidade") e interagir com outros usuários ("efeito *multiuser*"). Por fim, o espaço de vivência virtual é figurado para parecer ao máximo com a realidade efetiva ("efeito de realidade")[62].

A interatividade, no entanto, muito elogiada por se diferenciar da televisão no que diz respeito ao efeito entorpecedor que esta causa, está longe de

59. Wessely, 1995, p. 238.
60. Bühl, op. cit., p. 21.
61. Sherman et al., 1995, p. 12.
62. Bühl, op. cit., p. 54.

ser um estímulo para a criatividade. Assim, um critério importante para a diferenciação entre a virtualidade induzida por via eletrônica e por via tradicional — seja mediante os devaneios da fantasia à luz do dia ou por meio da leitura de um romance envolvente — reside ontem como hoje no grau da participação ativa de quem a vivencia: "Enquanto na simulação computadorizada surge a imagem pronta e multissensorial de um mundo circundante, sem que o usuário precise colaborar com isso (ele pode, mas não precisa fazê-lo), a internalização dos sinais pretos sobre a folha branca, por exemplo, demanda um esforço imenso, fruto de um grande empenho pessoal"[63]. A fantasia, a criatividade e a capacidade figurativa (todas elas muito aquém de suas possibilidades, portanto) ficam limitadas na maioria das vezes aos usuais programas de videojogos da classe AD&D (Advanced Dungeon & Dragons), que há tempo já fazem parte da vida de muitos jovens e adolescentes. Embora esses jogos permitam uma participação ativa nos acontecimentos (situações de combate, na maioria das vezes), tanto o fio condutor da ação (uma série de provações estereotipadas para a eliminação das forças do mal) como seu objetivo (salvação do bem, libertação da princesa etc.)[64] já estão fortemente predeterminados. Naturalmente, já foram desenvolvidos programas recreativos em condições de responder com credibilidade às principais acusações feitas à maioria dos *games* (estímulo à agressão e perda da criatividade). Há programas e programas, como bem sabem os produtores e comerciantes nessa área: videojogos com apelo à violência e efeitos sensacionais de realidade virtual têm uma procura extraordinária, ao passo que produtos pedagogicamente maduros não acenam com quaisquer possibilidades de lucro, dada sua participação marginal no mercado de informática.

No âmbito deste trabalho, podemos apenas restringir a atenção à maneira pela qual os jogos computadorizados da AD&D tratam de integrar o usuário à complexa estrutura de um ambiente virtual, pois seu propósito é manter tão pequena quanto possível a separação entre usuário e computador. Assim, o jogador não move uma figura na tela como quem está de fora; tenta-se burlar no jogador a consciência de que essa figura na tela difere dele próprio. Por intermédio da concentração do foco de atenção no mundo virtual de aventuras produzido pelo computador, "fundem-se o jogador e a identidade lúdica que ele cria para si mesmo. Ambos se tornam um só. As coisas que acontecem no jogo afetam o próprio jogador, e não apenas a figura fantasiosa que ele tem diante de si"[65]. Ele apreende o decor-

63. Wessely, op. cit., p. 238.

64. O fato de a montagem das programações ter como base estruturas mitológicas, sob diversos aspectos, é claramente demonstrado pelo estudo de Wessely, 1996, e pelo amplo material ilustrativo que apresenta.

65. Harrison, 1996, p. 305.

rer da ação exclusivamente do ponto de vista de seu "segundo eu", virtualmente em ação, que fora criado por ele, que o representa, e que ele muniu de diversas qualidades (segundo a assim chamada "adequação de identidade"); o jogador é o próprio herói do jogo. Por isso, não admira o fato de que o retorno abrupto ao mundo do dia-a-dia seja vivido muitas vezes como um choque. Pois — como afirma Roger Harrison, em uma síntese de diversos estudos sobre o potencial viciador dos *multi user dungeons* —, "assim como no mundo real não se podem simplesmente eliminar experiências feitas ou sentimentos vividos, também não podem ficar sem qualquer desdobramento as emoções vividas e sentidas pelo jogador"[66].

O que de início se parece apenas com o componente inofensivo de um programa recreativo para computador, acaba por tornar-se o princípio vigente no ciberespaço: a livre escolha da própria identidade. Acima do acesso ao mundo da mídia eletrônica ligada em rede, paira o anúncio fluorescente de que se teria eliminado, de um só golpe, o constrangimento vigente há milênios de se estar acorrentado, por toda a vida, a uma única e mesma identidade: paira a promessa de um mundo de infinitas "segundas chances" e de máscaras aleatórias. Como em um passe de mágica, a rede atrai pessoas com problemas de personalidade, "*existências partidas*" fracassadas em sua vida real imediata, "que, embora não disponham de uma identidade conquistada de modo ativo, nem legitimada pela práxis vital, dispõem na rede de uma quantia — multiplicável — de identidades eletrônicas passivas"[67]. Sob uma prática massificadora e ao mesmo tempo coercitiva, com a imposição de mecanismos do mercado de economia privada, o princípio sistêmico da "anonimidade", que domina vários campos da comunicação na internet, fomenta mais a alienação social e o individualismo do que a individuação bem-sucedida no contexto vital do estabelecimento de vínculos concretos. O cientista político e diretor de negócios da Sociedade para a Pesquisa em Comunicação e Tecnologia (KOMTECH), Jörg Becker, vê na falta de transparência da comunicação até mesmo um potencial destruidor que ameaça a sociedade livre e democrática: "Para ser humanitária, a comunicação precisa de visibilidade quanto a sexo, idade e etnicidade; e é um elemento essencial da humanidade que o contexto social modifique a qualidade da comunicação. A comunicação anônima, porém, em que o homem pode apresentar-se como mulher, o tailandês como suíço, a criança como idoso, está livre de qualquer contexto social; ela é altamente alienada, e trata muito mais de destruir a cultura (já que ignora as diferenças) que de promover mediações interculturais"[68].

66. Id., ibid., p. 306.
67. Guggenberger, 1997, p. 173.
68. Becker, 1997, p. VIII.

Igualmente isento da histeria *on-line* de intelectuais entusiastas da técnica, e com análises sociológicas precisas, também Bernd Guggenberger discute a enorme ameaça imposta aos "neonômades digitais", tal como ele os designa: se de um lado eles associam "sedentarismo e imobilidade psíquica a formas extremas de mobilidade cultural e de versatilidade para a identidade psicológica", de outro lado seus espaços sociais de experiência alienam-se de suas próprias circunstâncias psíquicas e de sua mediação corporal[69]. Esse tipo de desrealização é sobretudo uma dessocialização. Com a perda de seu lugar, uma existência também restringe a própria dimensão social, à qual pertence, de modo inapelável, a proximidade física. "O próximo desaparece em prol de um distante ausente. O elemento social, porém, é constituído de próximos; são os próximos, e não os entes de mundos distantes, que garantem sua coesão. O que é social desfaz-se quando se rompe o contato com o mundo fisicamente perceptível; as novas formas de vínculos à distância marcam o fim da *palpabilidade*, presente na origem do que é social."[70] Para o desenvolvimento de personalidades sadias, o balanço social de experiências precisa conter o estar face a face com outras pessoas, de carne e osso. Ao contrário, nos não-lugares do ciberespaço, anônimos e afastados do cotidiano, os desdobramentos patológicos da personalidade ameaçam ser insuficientes ou desajustados, pura e simplesmente porque lhes falta sob todas as formas a "pedra de polir" da realidade empírica. "Ao tornar pó os vínculos estáveis com lugares em particular, as redes pulverizam também a coação de sentido e a interpretação do mundo real e unitário. No *cibernirvana* coexistem realidades fluidas com personalidades múltiplas e um número inesgotável de verdades. A privação eletrônica de uma pátria arruína as obrigações que nos conclamam a pensar e agir de forma coerente."[71]

A grande atratividade da virtualidade induz seus relatores áulicos, autodesignados, a praticar cabriolas notáveis. Assim, Norbert Bolz sugere com toda a seriedade que, em favor da salvação dela mesma, se rebaixe a realidade "a uma realidade possível entre várias outras — como se ela fosse uma opção de *real life* no menu das realidades virtuais"[72]. Como se isso não

---

69. Guggenberger, op. cit., p. 34. Obviamente, Guggenberger não tem nada a recriminar no uso pacífico das novas possibilidades da mídia no âmbito de um enraizamento sadio no mundo real das pessoas que vemos como o próximo; ele acha necessário, porém, refrear uma euforia apressada e desdobramentos negativos e perigosos.

70. Id., ibid., 175.

71. Id., ibid., 181.

72. Bolz, op. cit, p. 180. Vinte páginas adiante, Bolz resume as vantagens de uma existência *off line* com a seguinte formulação contundente: "A *real life* como fruto da *virtual reality*. A vida real torna-se um bônus, uma recompensa inesperada no dia-a-dia da realidade virtual".

bastasse, o que sustenta tal sugestão é a noção abstrusa de que a formulação do desejável esgote-se tão-somente na descrição do *status quo* tecnicamente exeqüível, sem o mínimo de reflexão crítica sobre as conseqüências (possivelmente patológicas) que isso possa ter, ou sobre a sensatez de se desejar tal coisa. Justamente pelo fato de que os mundos virtuais ameaçam tornar-se refúgios para fugitivos do presente, deve haver uma diferenciação muito clara entre as projeções ilusórias e o mundo principal que se chama, e de fato é, a "realidade". Para as pessoas que vêem no desligamento de uma existência digital diante do monitor o retorno doloroso a um mundo secundário e desagradável — bom apenas para satisfazer as necessidades físicas absolutamente imprescindíveis —, ora, para pessoas assim certamente se dará cedo ou tarde um distúrbio de sua capacidade de acesso sensitivo ao mundo e um comprometimento das bases de uma existência socialmente capaz.

4. *Entrar no jogo ou combater?*

Somos contemporâneos de uma reviravolta global que se cumpre hoje: a despeito da virada do milênio, tão próxima, já estamos diante de uma alteração da ordem espacial e temporal, desencadeada pelas novas conquistas das tecnologias digitais ligadas à supressão de distâncias. Bernd Guggenberger descreve o cenário com precisão: "Despedimo-nos das realidades tateáveis do espaço e mergulhamos em uma metarrealidade das eqüidistâncias da mídia (...); surfistas do tempo virtuais, estamos todos reunidos em um oceano da simultaneidade planetária"[73]. E autores socialmente críticos como Arthur Kroker e Michael A. Weinstein também incluem nesse cenário, segundo convém, a teoria conspiratória da luta de classes. Uma "classe virtual" de motivação totalmente capitalista estaria se fortalecendo para chegar à "tecnutopia", a visão salvífica de um futuro desobrigado da corporalidade; a análise do "ciberautomatismo" crescente, porém, mostraria sua verdadeira face: "Essa classe, levada por uma cultura solitária e por seu rompimento social radical com a vida cotidiana, teria se fixado coercivamente na tecnologia digital como fonte da salvação da realidade, e se mostraria muito decidida a excluir do debate público toda perspectiva que não se mostrasse claramente favorável a uma sociedade tecnológica consolidada por completo e em pouco tempo"[74].

Ainda existe — precisamos perguntar diante das evidentes inevitabilidade e indisponibilidade das mudanças — a alternativa entre deixar-se

73. Guggenberger, op. cit., p. 18.
74. Kroker et Weinstein, 1997, pp. 15s.

levar e opor-se à corrente? E se ainda mencionássemos a disposição voluntária para participar de todo esse jogo, de maneira casual? Ou será que o gesto de combate é antes de mais nada um acessório inevitável da crítica aos meios de comunicação, à procura de manter em pé o mais novo fruto das inovações na mídia? Eli M. Noam já constatou esse tipo de reação diante de todas as novidades nesse campo desde a invenção da imprensa e recomenda, portanto, muita tranqüilidade[75]. Isso parece ser razoável em certas áreas, mas não pode levar ao abrandamento da gravidade de certos sinais preventivos muito claros. Veja-se um exemplo das notícias diárias, representativo para muitos outros: a partir da constatação de que nos Estados Unidos, no período de um ano, havia dobrado o número de *sites* na internet contendo incitações ao ódio contra integrantes de determinadas raças ou religiões, o diretor da Anti Defamation League, Abraham Foxman, denunciou o crescimento a olhos vistos de conteúdos racistas na world wide web[76]. Quando pessoas utilizam dessa maneira o potencial de divulgação da rede, o grito por intervenção estatal é quase irreprimível. Mas mesmo quando os motivos são tão patentes — impedimento de abusos extremos, ou da divulgação ilimitada de fotos de corpos esquartejados e crianças violadas —, e não surgem apenas como pretexto para o anseio por controles diversos, mesmo então fracassa toda e qualquer forma de censura, muito provavelmente por causa da estrutura anárquica desse meio universal de comunicação. Pois a rede interpreta qualquer limite como perturbação da qual é preciso desviar-se e logra eximir-se de todo tipo de intervenção legal empreendida pelo Estado. "A abrangência internacional da rede, seu caráter sem fronteiras, que ignora barreiras estatais, sua técnica digital fugidia, sua estrutura caótica, com milhões de máquinas acopladas em paralelo, e sua velocidade de transporte, tudo isso torna risível qualquer investida legal contra ela."[77] Nem mesmo um apelo bem-intencionado aos imprescindíveis códigos de comportamento e a declarações de empenho das áreas afetadas consegue acobertar a impotência generalizada diante dessa situação. A liberdade diante de qualquer ordem, obrigação legal ou observância de padrões mínimos de dignidade humana, que na internet parece ter se institucionalizado, e que nela se revela estruturalmente possível, acaba por conduzir esse meio, em sua forma atual, à marginalidade. De acordo com as reflexões de Hanno Kühnert, parece mesmo plausível que apenas uma "dissidência da internet" tenha chances efetivas de sobrevivência, o que depende, segundo ele, da cooperação entre os "interessados na criação de uma rede de alcance global séria e adequada às leis, pessoas que tomem a peito as experiências positivas

75. Noam, 1995, pp. 43ss.

76. Informe da APA de 22 de outubro de 1997.

77. Kühnert, 1997, pp. 962s.

acumuladas na internet e instalem uma rede com elevadas técnicas de defesa — cercas digitais de arame farpado"[78].

Resta portanto cruzar as pernas tranqüilamente e aguardar passivamente o ocaso da internet? — Sem considerar que prognósticos como esse trazem consigo um alto grau de imprecisão, mesmo no caso de estarem corretos nada se ganharia com seu cumprimento. Afinal, a internet é apenas *uma* concretização do fenômeno "ciberespaço"; não é mais possível simplesmente eximir-nos da discussão sobre os desdobramentos da tecnologia que lhe subjaz. Além do mais, a fuga em direção a um sucedâneo virtual para o mundo e a alienação diante da experiência vital efetiva começam sempre no próprio PC (multimídia), com ou sem o acesso a *multi user dungeons*. A tela só oferece "imitações fajutas", algo como uma "vida que acontece pela extensão eletrônica do sistema nervoso, que embota a maior parte dos sentimentos e intensifica alguns outros, em muito menor quantidade"[79]. Mesmo assim, para que se torne impreciso o limite entre ser e parecer, nem sempre é preciso haver simulações sofisticadas da realidade física, tais como as que mencionamos na discussão sobre realidade virtual. A reclusão em uma virtualidade branda, que desconhece frustrações reais e tem como recompensa não mais que um conforto enganoso, tende a acabar em um mundo oposto, psicodélico. O isolamento narcisista no não-lugar do ciberespaço, em que realidades aparentes produzem sentimentos verdadeiros, é apropriado para ocasionar "apatia e perda de realidade" que podem perfeitamente "levar a doenças psicóticas, em um futuro próximo"[80].

Nossos filhos crescem hoje em um mundo multimídia, "entre fraldas Pampers e internet", coisas que eles mesmos não escolheram, que procuram envolvê-los com avidez, coisas das quais ninguém poderá mantê-los longe por muito tempo, e com as quais, portanto, eles precisam aprender a lidar muito bem[81]. Se nós, adultos, não os queremos deixar totalmente indefesos diante dessa leva virtual que avança sobre seu destino, somos chamados, como co-participantes desse jogo, a fazer agir nossas forças figurativas sobre essa realidade. Com certeza, qualquer ímpeto aniquilador em relação às máquinas representa um erro: não bastasse ser evidente que não se pode reverter o processo de digitalização nos países industrializados, são também muito significativas as vantagens que ele trouxe consigo. Para que se possam tapar o quanto antes os buracos nas infovias, contudo, e evitar assim perigosos acidentes de percurso, é preciso que haja uma discussão muito bem fundada sobre os fenômenos de que tratamos aqui. Por si só, o conhecimento aplaca

78. Id., ibid., p. 966.
79. Stoll, 1996, p. 219.
80. Bühl, cf. *web site*.
81. Cf. Tügel, 1996.

medos velados e permite uma avaliação ponderada e isenta de preconceitos. Portanto, a capacidade de conduzir a vida com êxito sob as condições impostas pela multimídia, em sentido amplo, não será garantida por uma intensificação dos controles estatais; ela reside, sim, "em uma maior competência das pessoas para lidar com os novos meios de comunicação"[82].

Com certeza vale estar atento ao fato de que, "se as competências elementares de dar forma à vida e à convivência decaem, isso não se dá *apesar* de todas as competências comunicativas e informativas recém-adquiridas"[83]. Se a vivência virtual torna-se um sucedâneo do destino real, a estrutura social corre perigo. Na mesma medida em que a qualidade da comunicação virtual fica soterrada sob a sucata de dados e informações sem valor, também crescem a "poluição interior"[84] de nossa psique e as diversas somatizações daí resultantes. De início, é preciso que desenvolvamos uma desconfiança inamovível em relação a tudo o que a sociedade de informação lança dia após dia para cima de nós — e não apenas via internet. E não seria nada desaconselhável munir nossas crianças com doses de um ceticismo como esse, hoje necessário à autodefesa[85]. Talvez fosse possível evitar certas arestas se os pais reservassem algum tempo para levar seus filhos a vivenciar o valor da comunicação interpessoal, se lhes abrissem espaço para a experiência concreta e insubstituível do aqui e agora, ou se simplesmente brincassem com eles. Gostaria de encerrar com uma tese que Hanne Tügel formulou diante da geração dos *gameboys*: "Se alguém se deixa convencer de que um parque de diversões e de aventuras cabe no bolso da calça, está comprometida sua noção de parque, de diversão e de aventura"[86].

Bibliografia

BECKER, J., "Im Netz der Vernetzung", *Die Presse, Spectrum* VIII (6-8 dez. 1997).

BOLZ, N., *Die Sinngesellschaft*, Düsseldorf, 1997.

BÜHL, A., *CyberSociety. Mythos und Realität der Informationsgesellschaft*, Köln, 1996.

____, "Cyberspace und Virtual Reality. Sozialwissenschaftlicher Forschungsbedarf", in http://staff-www.uni-marburg.de/~buehlach/foru195.htm.

BUYTENDIJK, F. J., *Wesen und Sinn des Spiels. Das Spielen der Menschen und der Tiere als Erscheinungsform der Lebenstriebe*, Berlin, 1934.

CAILLOIS, R., *Die Spiele und die Menschen. Maske und Rausch*, Frankfurt/M., 1982.

82. Maass, 1996, p. 279.
83. Guggenberger, op. cit., p. 109.
84. Cf. Fölgy, op. cit., pp. 169ss.
85. Cf. Stoll, op. cit., pp. 202s.
86. Tügel, op. cit., p. 108.

CANZLER, W., HELMERS, S., HOFFMANN, U., "Die Datenautobahn — Sinn und Unsinn einer populären Metapher", in http://duplox.wz-berlin.de/docs/caheho/.

DIELS, H., *Die Fragmente der Vorsokratiker. Griechisch und deutsch*, 10ª ed., vol. 1, org. p. W. Kranz, Berlin, 1961.

DIERKES, M., HOFFMANN, U., MARZ, L., *Leitbild und Technik. Zur Entstehung und Steuerung technischer Innovationen*, Berlin, 1992.

EIBL-EIBESFELDT, I., *Die Biologie des menschlichen Verhaltens. Grundriß der Humanethologie*, 3ª ed., München, 1992.

EIGEN, M., WINKLER R., *Das Spiel. Naturgesetze steuern den Zufall*, 9ª ed., München, 1990.

FINK, E., *Spiel als Weltsymbol*, Stuttgart, 1960.

FÖLDY, R., "Bad News World. Die mediale Minus-Impfung", in FÖLDY, R., RINGEL, E., *Machen uns die Medien krank? Depression durch Überinformation*, München, 1993, pp. 145-243.

FUGLÉWICZ, M., "das elektronische verlies", in id. (org.), *Das Internet-Lesebuch. Hintergründe. Trends. Perspektiven*, Wien, 1996, p. 9.

GUGGENBERGER, B., *Das digitale Nirvana*, Hamburg, 1997.

HARRISON, R., "Multi User Dungeons. Versuch einer Definition und Standortbestimmung", in BOLLMANN, S., HEIBACH, C. (orgs.), *Kursbuch Internet. Anschlüsse an Wirtschaft und Politik, Wissenschaft und Kultur*, Mannheim, 1996, pp. 299-314.

HASSENSATEIN, B., "Das Spielen der Tiere", in KURZROCK, R. (org.) *Das Spiel*, Berlin, 1983 (= Forschung und Information 34), pp. 19-26.

HUIZINGA, J., *Homo ludens: o jogo como elemento da cultura*, São Paulo, Perspectiva, [4]1999.

KAMPER, D., "Das Spiel als Metapher", *Merkur*, n. 29 (1975): 821-831.

KROKER, A., WEINSTEIN, M. A., *Datenmüll. Die Theorie der virtuellen Klasse*. Wien, 1997 (= Passagen XMedia).

KÜHNERT, H., "Wenn das Internet sich nicht ändert, wird es zerfallen", *Merkur*, n. 51 (1997): 959-966.

LOHMEYER, M., "Wohin und warum?", *Die Presse, Spectrum* (5 e 6 jul. 1997): I s.

LÜBBE, H., "Information als Unterhaltung", in HERMANNI, F., STEENBLOCK, V. (orgs.), *Philosophische Orientierung. Festschrift zum 65. Geburtstag von Willi Oelmüller*, München, 1995, pp. 103-109.

MAASS, J., "Ethik und Multimedia. Neue Technologien — alte und neue ethische Fragen", *Ethica*, n. 4 (1996): 265-287.

MALONE, M. S., *Der Mikroprozessor. Eine ungewöhnliche Biographie*, Berlin, 1996.

NIETZSCHE, F., *Nachgelassene Fragmente 1884-1885*, org. G. Colli e M. Montinari, München, 1988.

________, *Morgenröte. Idyllen aus Messina. Die fröhliche Wissenschaft*, org. G. Colli e M. Montinari, München, 1988.

NIEWIADOMSKI, J., "Extra media nulla salus? Zum Anspruch der Medienkultur", *Theologisch-praktische Quartalschrift*, n. 143 (1995): 227-233.

NOAM, E. M., "Visionen des Medienzeitalters: Die Zähmung des Informationsmonsters", in Alfred Herrnhausen Gesellschaft für internationalen Dialog (org.), *Multimedia. Eine revolutionäre Herausforderung*, Stuttgart, 1995, pp. 35-62.

PORTMANN, A., "Das Spiel als gestaltete Zeit", *Merkur*, n. 29 (1975): 832-843.

SHERMAN, B., JUDKINS, P., *Virtual Reality. Cyberspace — Computer kreieren synthetische Welten*, München, 1995.

SIEGELE, L., "Der Computer als Zeitdieb", *Die Zeit*, n. 42 (10 out. 1997).

STOLL, C., *Die Wüste Internet. Geistesfahrten auf der Datenautobahn*. Frankfurt/M., 1996.

STRUBE, R., "'Homo ludens': Das Spiel als Kulturfaktor", in Weiland, R. (org.), *Philosophische Anthropologie der Moderne*, Weinheim, 1995, pp. 184-194.

SUTTON-SMITH, B., *Die Dialektik des Spiels. Eine Theorie des Spielens, der Spiele und des Sports*, Schorndorf, 1978.

TÜGEL, H., *Kult ums Kind. Großwerden in der Kaufrauschglitzercybergesellschaft*, München, 1996.

WESSELY, C., "Virtual Reality und christliche Theologie — Theotechnologie", *Theologisch-praktische Quartal*, n. 143 (1995): 235-245.

_______, *Mythologische Strukturen in der Unterhaltungsindustrie. Zur Relevanz mythologisch verschleierter Gewaltmechanismen im kommerziellen Film und Computerrollenspielen*, Graz, 1996 (= tese de doutorado da Fac. de Teologia Católica).

WINNICOTT, D. W., *Vom Spiel zur Kreativität*, 8ª ed., Stuttgart, 1995.

WOOLLEY, B., *Die Wirklichkeit der virtuellen Welten*, Basel, 1994.

Homo informaticus — O homem como subsistema do computador

Teses e resultados empíricos a partir dos efeitos psicológicos da interação homem-computador e da informatização da sociedade*

Michael Trimmel

— Rápido, um táxi!
Preciso ir ao veterinário,
meu Tamagotchi está passando mal!
(De um programa da Rádio ORF[1], com participação ao vivo dos ouvintes, agosto de 1997)

Ao ouvir um comunicado como este no rádio, no ano de 1997 (d.C.), uma parte dos ouvintes provavelmente saberá do que se trata e achará graça. A outra parte não entenderá, mas também é provável que não dê ao comunicado nenhuma atenção especial. Se nos transferíssemos para o ano de 1987, 1967 ou para 1947, é de supor que tal comunicado causasse não apenas grande estranheza, mas também — uma vez que se esclarecesse o significado do objeto em questão — que se suspeitasse do estado mental do jovem que fez a ligação. Hoje em dia, praticamente já "contamos" com essa visão de mundo "distorcida" (?) dos adolescentes. Surge aqui a questão: trata-se somente de uma anomalia mental, que em cada época se revela de alguma forma diferente, ou da expressão de uma transformação no modo de avaliar a realidade, ligada às mudanças cognitivas e sociais dos hábitos do pensamento? Se a última hipótese for verdadeira, ficará lançada a questão a respeito de suas causas. Para alguns, a raiz de muitas transformações se encontra principalmente no crescimento muito rápido da computação, e da informática em geral, e no uso cada vez mais amplo do computador, sobretudo por parte dos adolescentes.

* Tradução: Maurício Mendonça Cardozo.

1. ORF (Österreichischer Rundfunk), emissora austríaca de radiodifusão (N. do T.).

Assim, não admira a referência feita, em inúmeros artigos, a efeitos sociais e psicológicos da informatização. No entanto, é preciso considerar criticamente o fato de que, em grande parte desses artigos, não se trata de *hipóteses* nem da apresentação de *relações* do uso do computador e de seus efeitos. Raramente uma prova empírica permite postular tais *efeitos causais*. No artigo que aqui se apresenta também serão mostradas algumas teses sobre os efeitos sociais e psicológicos das atividades computacionais. Além disso, no entanto, serão apresentados dados empíricos que darão sustentação às teses. Em muitas análises, trata-se de resultados obtidos por via experimental que têm por mérito a possibilidade de ser interpretados de modo causal (sobre o método, ver Trimmel 1997a).

Em meio a uma problemática tão extensa como os possíveis efeitos sociais ou psicológicos da atividade computacional e da informatização, é muito difícil, se não impossível, fazer uma exposição abrangente. A escolha das áreas é, por um lado, subjetiva e exemplar e, por outro, baseada nas teses, hipóteses e nos fatos freqüentemente apresentados na literatura da área (Flusser 1991; Pflüger et al. 1989; Rammert 1990; Turkle 1984; Volpert 1985; Volpert 1988; Weizenbaum 1978).

1. *Mecanismos possíveis e exemplos dos efeitos da interação homem-computador sobre as estruturas psicológicas do pensamento*

Sem dúvida, a tecnologia da informação nos oferece (ao menos) uma ferramenta de pensamento (processamento de informação) e de ação. Com isso ela não somente amplia nossas possibilidades mas também exerce, ela mesma, uma reação sobre o pensamento e o modo de ação. Csikszentmihalyi e Rochberg-Halton (1989) denominam um processo como esse de "cultivação" e se referem, com isso, a um "processo de interpretação e de autodireção" baseado na capacidade humana de destinar atenção de modo seletivo e focalizado, tornando-a efetiva (p. 23). Como exemplos de transação entre seres humanos e coisas, Fuhrer e Kaiser (1992) mencionam a transformação dos hábitos de compra e de alimentação a partir da utilização de geladeiras, o aumento da mobilidade geográfica a partir do uso do automóvel e a transformação dos hábitos comportamentais no âmbito familiar por meio da televisão.

Quanto aos *mecanismos* do efeito, os mecanismos da psicologia do aprendizado apresentam-se como os mais significativos. Neste caso, é natural que os processos de condicionamento segundo o paradigma operante e o paradigma clássico (Pavlov 1927; Skinner 1973) ganhem significado, mas sobretudo o aprendizado por modelo (Bandura 1979; Bandura 1986). Segundo o que se sabe sobre a eficácia do aprendizado por modelo, os seres humanos são capazes de formular uma regra abstrata a partir da extração dos elementos relevantes de uma série de episódios observados. Com isso pode-se explicar, além da aquisição geral de conhecimento — por exemplo o uso da língua —, a aquisição de axiomas do comportamento (também no sentido de esquemas sociais) e de atitudes de valor. Já que na teoria de Bandura a organização cognitiva e a sua manipulação com base em *símbolos* é um mecanismo postulado do efeito, a chamada "teoria social do aprendizado" também surge, nesse contexto, como especialmente significativa. Neste caso, não haveria importância se a representação de um modelo não conferisse com o comportamento real. A concepção e a regularidade percebida do modelo são abstraídas e, em seguida, obtêm significado na estruturação da percepção, do pensamento, do planejamento e da ação, assim como descrito, por exemplo, na teoria do esquema (Barlett 1932) (ver sobre isso Trimmel 1996b).

Mas, uma vez que se observe o "outro lado" do objeto de análise, a saber, a tecnologia da informação, tendo o computador como elemento central, pode-se afirmar então, com base em Dijkstra (1989), que a capacidade de um computador se resume à manipulação de símbolos. Todavia, não se deve inferir disso que, na interação homem-computador, as pessoas em ação estão, a todo momento, conscientes de que interagem com um sistema de processamento de símbolos — em analogia às exposições relativas ao aprendizado por modelo, isto também não seria necessário — e assumem, simultaneamente, determinadas regularidades. Estas tanto poderiam ser características do sistema como mecanismos da própria interação homem-computador.

1.1. Relações da interação homem-computador com reforços de controle

Com o auxílio dos reforços de controle ou *atribuições* (Rotter, 1966), é possível descrever opiniões pessoais sobre relações causais. A dimensão "controle interior *versus* controle exterior" (*interno-externo*) reflete a opinião de uma pessoa sobre um fato: se ela mesma é a responsável pelo acontecido (interno) ou se o acontecido é produto do acaso, da sorte, do destino ou, ainda, se a responsabilidade é depositada sobre "a sociedade" (externo). A dimensão *estável-variável* descreve a estabilidade dos fatores causais subjetivos. Portanto, capacidades (no sentido de "saber fazer") são causas internas estáveis, enquanto disposição para a fadiga e o esforço (no sentido de "querer fazer") são causas internas variáveis. No que diz respeito às causas externas, a sorte e o acaso, por exemplo, são variáveis, enquanto a dificuldade de uma tarefa ou a complexidade de uma situação são estáveis. Como terceira dimensão, a atribuição se distingue em situações de *sucesso* e de *insucesso*, que, por sua vez, se encontram ligadas às possibilidades explicitamente diferenciadas de afirmação sobre a situação motivacional e sobre a imagem da condição emocional.

A influência da interação homem-computador sobre os reforços de controle foi investigada a partir de uma distribuição experimental (Ewald 1991; Trimmel 1992; Trimmel et al. 1993). Serviram como grupos experimentais 36 usuários de computador que não programam (N = 36) e 49 programadores (N = 49). Na seqüência, os reforços de controle obtidos pré-experimentalmente com IE-EV-F[2] (Dorrmann et al. 1983) (ver tabela) foram comparados também com um grupo de controle de pessoas que não eram usuários de computador (N = 24).

A comparação dos valores iniciais mostrou, em termos estatísticos, que não-usuários de computador "fazem atribuição" de modo significativamente mais interno e estável do que usuários e programadores, e isso sob condições tanto de sucesso como de insucesso (ver Tabela 1).

REFORÇOS DE CONTROLE			RESULTADOS-*ANOVA*		
I/E	E/V	S/I	Valor de *F*	*df*	*p*
INTERNO	ESTÁVEL	SUCESSO	3,44	2	0,036*
INTERNO	ESTÁVEL	INSUCESSO	3,30	2	0,041*
INTERNO	VARIÁVEL	SUCESSO	0,41	2	n.s.[3]
INTERNO	VARIÁVEL	INSUCESSO	0,08	2	n.s.
EXTERNO	ESTÁVEL	SUCESSO	1,74	2	n.s.
EXTERNO	ESTÁVEL	INSUCESSO	1,67	2	n.s.
EXTERNO	VARIÁVEL	SUCESSO	0,09	2	n.s.
EXTERNO	VARIÁVEL	INSUCESSO	1,02	2	n.s.

* para p < 0,05

Tabela 1. Resumo dos resultados da comparação dos valores médios da análise de variância dos reforços de controle nos três grupos experimentais no início do experimento.

Os resultados levam à seguinte interpretação: em situações de sucesso, os não-usuários de computador estão mais explicitamente convictos de que eles mesmos são responsáveis pelo êxito, enquanto esse sentimento se mostra menos marcante nas pessoas com vasta experiência em computação, como em programadores, mas também em simples usuários de computador. Em situações de insucesso, os programadores são os que menos vêem em suas capacidades a

2. *IE-SV-F*: I = *intern*; E = *extern*; S = *stabil*; V = *variabel* (N. do T.).

causa para o fracasso, enquanto usuários de computador tendem a atribuir a falta de sucesso à sua falta de capacidade. Nesta altura, deve-se chamar a atenção para o fato de que, no caso dos reforços de controle descritos acima, não se trata de convicções específicas para a computação ou para o trabalho, mas sim de atitudes gerais em relação a efeitos causais na vida cotidiana.

REFORÇO DE CONTROLE
DIFERENÇAS PRÉ-EXPERIMENTAIS ENTRE OS GRUPOS
INTERNO ESTÁVEL *versus* SUCESSO E INSUCESSO

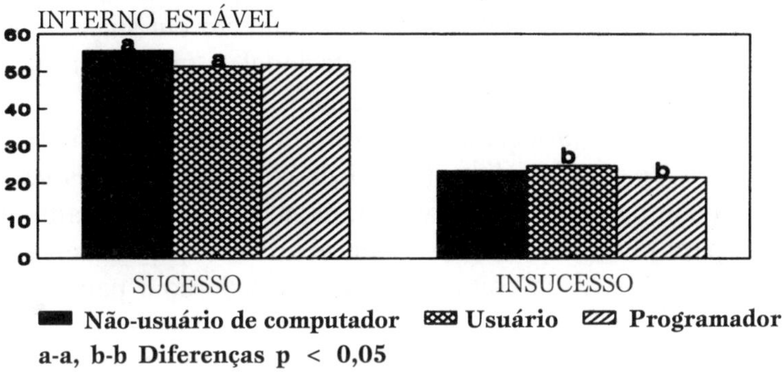

Figura 1. Comparação dos valores médios (pré-experimentais) dos reforços de controle interno estável para situações de sucesso e insucesso no grupo de controle (não-usuários de computador) e nos dois grupos experimentais de usuários e de programadores (TRIMMEL, 1992).

Depois de cerca de 45 a 60 minutos de atividades com papel e lápis e de interações homem-computador (a opção por uma dessas atividades ocorreu segundo o princípio do acaso), foram constatados os seguintes reforços de controle: internalidade, externalidade socialmente condicionada e externalidade fatalística — segundo Krampen (1981). Esse instrumento permite fazer um levantamento isolado da atribuição em âmbitos diferentes da vida: no âmbito do trabalho, no âmbito das relações humanas, no âmbito intelectual e pessoal, bem como no âmbito da atividade computacional — como extensão do *instrumentarium* existente. As pessoas do experimento, em grande parte estudantes, tinham como tarefa, no caso da atividade com papel e lápis, descrever um algoritmo de classificação e a apresentação gráfica dos dados. No caso da atividade com computador, os programadores tinham de fazer o mesmo, mas sob a forma de um programa, enquanto os usuários, para resolver a mesma tarefa, agiam segundo seus costumes de utilização do computador: calculando estatísticas ou editando textos.

Os resultados da análise de variância do pós-teste mostraram, no grupo dos programadores, um reforço de controle interno significativamente mais alto nos âmbitos do trabalho e da atividade computacional, e um reforço de controle externo bem significativamente mais baixo ($p < 0,0001$) que no grupo dos usuários. Com isso, a atividade experimental — independentemente de ser a atividade com papel e lápis ou a interação homem-computador — leva a uma atribuição acentuada internamente (causalidade atribuída) no âmbito do trabalho e no âmbito computacional. Confrontam-se com estes os resultados no âmbito das relações humanas. Aqui os programadores mostram um reforço de controle externo (sorte) significativamente mais alto que os usuários. Esses resultados permitem concluir que os programadores, após uma carga intensa de trabalho, vêem um aumento em sua competência no âmbito do trabalho e no âmbito computacional, e uma diminuição em sua competência no âmbito das relações humanas.

Ao se observar, paralelamente às diferenças entre os grupos, os efeitos experimentais do fator *medium* (atividade com papel e lápis *versus* interação homem-computador) — que valem, na mesma medida, tanto para usuários como para programadores —, pode-se afirmar que a interação homem-computador provoca, em comparação à atividade com papel e lápis, uma manifestação, em termos estatísticos, significativamente mais baixa do reforço de controle interno no âmbito do pensamento e uma convicção acentuada de que, no âmbito das relações humanas, as relações dependem do acaso (sorte) (ver Figura 2).

REFORÇO DE CONTROLE PÓS-EXPERIMENTAL
PAPEL/LÁPIS *versus* EFEITOS DA INTERAÇÃO HOMEM-COMPUTADOR (IHC)

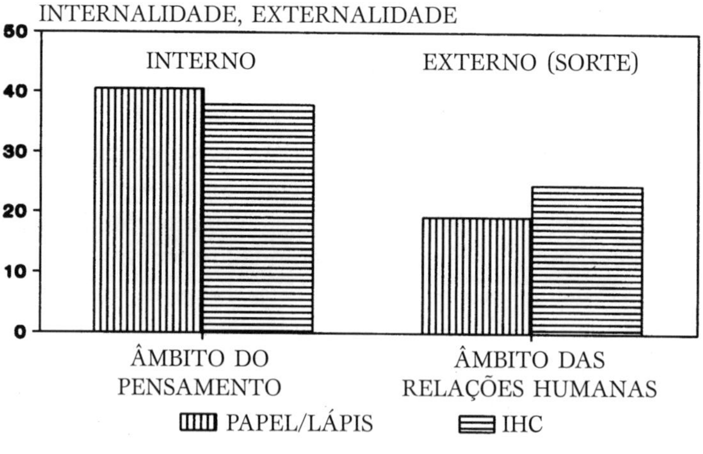

Figura 2. Valores médios dos reforços de controle no âmbito do pensamento e no âmbito das relações humanas depois da atividade com papel e lápis e da interação homem-computador (Trimmel, 1992).

Ao reunirmos os resultados dos reforços de controle, configura-se um quadro em que os usuários — possivelmente por meio da relação intensa com computadores — se vêem, em geral, como menos responsáveis pelo sucesso e mais responsáveis pelo insucesso que os não-usuários de computador. A partir disso, pode-se dar um passo em direção ao "modo aprendido de estar desamparado" (Seligman 1986), que vem acompanhado de emoções negativas, mau humor depressivo, avaliação negativa do futuro e falta de motivação.

Que por intermédio da interação homem-computador, ou ao menos parcialmente, essa diferença entre os grupos possa ser (co-)determinada de modo causal, isto já se pode comprovar com os efeitos experimentais de uma atividade de apenas 45 a 60 minutos. Depois disso, a interação homem-computador (tanto para um usuário como para um programador) leva a um reforço de controle interno reduzido no âmbito do pensamento (seria muita especulação dizer que justamente esta se reduzisse mediante o computador) e também no âmbito das relações humanas, na medida em que este passa a ser visto mais acentuadamente como uma questão de "sorte". A médio e longo prazo esperaríamos por efeitos como os que foram descritos acima para as diferenças encontradas entre os grupos. O fato de os efeitos diretos da interação homem-computador estarem no mesmo compasso das diferenças entre os grupos em populações com escalas distintas de uso do computador faz supor uma motivação causal dos efeitos observados.

1.2. Relações da interação homem-computador com a dependência de campo/integração

Segundo a mais recente literatura da área, a dependência de campo não tem sido descrita apenas como característica de percepção — que caracteriza o grau da influência do ambiente (situação) sobre a cognoscibilidade de um objeto —, mas sim como uma característica da personalidade que, por sua vez, determina a intensidade da força do motivo, com a qual o comportamento é influenciado por uma situação momentânea. Assim, a dependência de campo está relacionada com o grau de integração no ambiente físico e social de uma pessoa. Mas ela também corresponde à diferenciação de processos psíquicos, segundo os quais são atribuídos às pessoas processos psíquicos fortemente dependentes uns dos outros, por exemplo a dependência dos processos de pensamento em relação aos sentimentos e desejos.

O levantamento da dependência de campo foi feito em um experimento segundo um plano analítico-variante de pesquisa fatorial-3, com os fatores "grupo" (40 estudantes de informática *versus* 40 estudantes de outras áreas que não informática), "pretensão cognitiva" (alta *versus* baixa) e "atividade" (papel e lápis *versus* computador), após uma atividade contínua de cerca de 30 minutos baseada no Embedded Figure Test (Wittkin, 1971).

Os dados mostram um efeito principal muito significativo, em termos estatísticos, para a condição papel e lápis *versus* interação homem-computador (Figura 3). Em conseqüência disso, a dependência de campo é menor após uma interação homem-computador do que após uma atividade semelhante com papel e lápis. As análises estatísticas também mostram que, ao lado de um efeito pré-experimental e pós-experimental altamente significativo ($F[1,72] = 14.9$, $p < 0{,}001$), surge também um efeito de grupo muito significativo ($F[1,72] = 8.87$, $p < 0{,}01$). Os estudantes de informática, tanto antes como depois das atividades do teste, mostram valores mais baixos na dependência de campo do que os outros estudantes (Figura 4).

DEPENDÊNCIA DE CAMPO
após Papel e lápis *versus* IHC

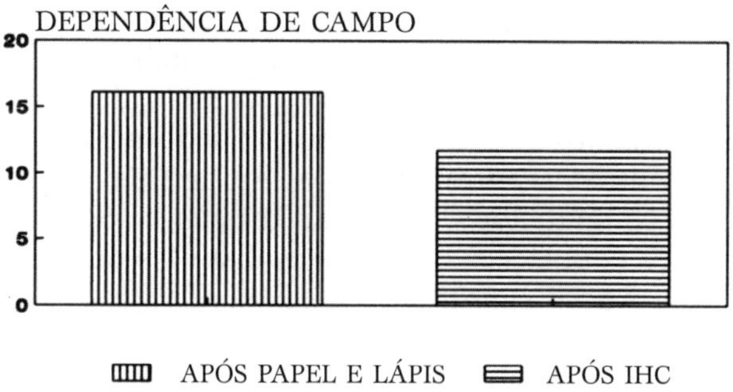

Figura 3. Valores médios da Dependência de campo após atividade com papel e lápis e após interação homem-computador (Trimmel, 1992).

DEPENDÊNCIA DE CAMPO
Grupos e Pré-/Pós-efeitos

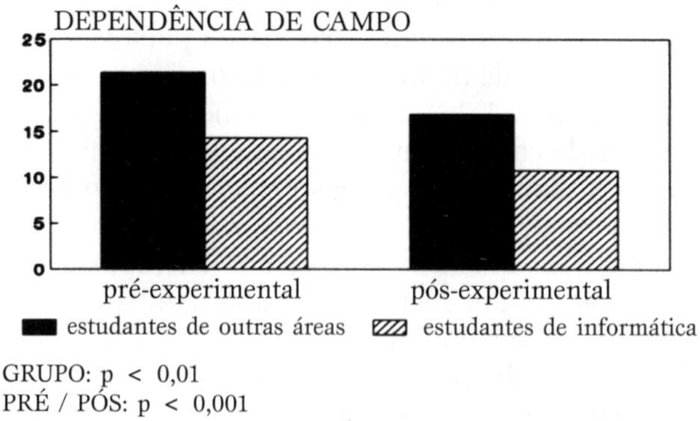

Figura 4. Valores médios da dependência de campo (para estudantes de outras áreas e para estudantes de informática) antes e depois da tarefa experimental (Trimmel, 1992).

Os resultados mostram: 1) que uma interação homem-computador, de duração relativamente curta, já leva a uma diminuição da integração psíquica no ambiente físico e social; 2) que estudantes de informática, em geral com mais interação homem-computador, demonstram uma dependência de campo (integração) mais baixa — possivelmente como "efeito psicológico de longa duração" da interação homem-computador.

1.3 Proximidade e distância da realidade

Há uma hipótese, defendida já há muito tempo na literatura da área — por exemplo por Weizenbaum (1978) —, que se refere à redução da referência à realidade causada e acentuada pela atividade computacional. Partindo da expansão do próprio campo de ação, possibilitada pelas tecnologias de informática, bem como do modo de lidar com a imaterialidade, a simulação, a inconstância, a distorção do tempo e a supressão de relações espaciais e temporais, com uma simultânea constância do espaço de percepção, permite-se supor efeitos e conseqüências da atividade computacional sobre a referência à realidade.

Ao contemplar vários resultados empíricos em conjunto (Trimmel 1994), pudemos demonstrar que mesmo uma atividade computacional de duração relativamente curta já nos leva a efeitos experimentalmente comprováveis nas dimensões das atribuições causais e da dependência de campo (integração), como vimos acima. Além disso, existem resultados sobre o comportamento verbal escrito após a interação homem-computador. Com auxílio do Teste de Wartegg-Bönisch, um teste narrativo que visa à compreensão da formação verbal e mental dos pensamentos, levantou-se a proximidade da realidade segundo uma avaliação gradual das narrativas — cujos inícios foram sempre fornecidos como material de teste. A proximidade da realidade no comportamento verbal escrito foi investigada em 119 pessoas de teste, com uma média etária de 26 anos (Auenhammer 1994), segundo um *Design-ANOVA* de fatorial 3 (2 ¥ 2 ¥ 2), com os fatores "grupo" (usuários *versus* programadores), *medium* (atividade computacional *versus* atividade não-computacional) e "atividade" (atividade de rotina *versus* solução de problema).

A avaliação da variância analítica com o fator sexo como co-variante mostra um efeito principal significativo para o *medium* ($F[1,110] = 4.03$, $p < 0,05$). Os valores médios mostram que a proximidade da realidade das narrativas após uma interação homem-computador é reduzida em comparação à atividade com papel e lápis.

Segundo as experiências apresentadas, demonstra-se que a interação homem-computador leva: 1) a uma redução da proximidade da realidade no comportamento verbal por escrito; 2) a uma redução de curto e longo prazo da integração no ambiente social e físico; e 3) a uma atribuição causal vivida menos responsavelmente no caso do pensamento no âmbito social. Os resultados mostram que mesmo atividades computacionais de 30 a 60 minutos já levam a efeitos experimentalmente comprováveis, que também podem ser interpretados no sentido de uma redução da referência à realidade.

2. *Atividades corticais e interação homem-computador*

2.1. *Atenção e energia psíquica* versus *interação homem-computador*

Csikszentmihalyi e Rochberg-Halton (1989) utilizam o conceito de *energia psíquica* como sinônimo de "atenção móbil". Para isso eles se atêm à concepção mais remota de Sigmund Freud e não à concepção "consagrada" nas reflexões posteriores, segundo a qual uma reserva inconsciente de aspiração libidinal se manifesta sob a forma de forças vitais que, por sua vez, despertam necessidades e controlam os processos vitais. Referindo-se a James (1950), a atividade psíquica é compreendida pelos autores como uma composição de intenções que controla e seleciona a atenção, processando a informação na consciência.

Como um parâmetro fisiológico do cérebro, no qual se refletem alterações na atenção e no processamento cortical das informações, observa-se o potencial cortical de tensão contínua e suas alterações — *DC-shifts* (Trimmel 1990; Trimmel et al. 1990). Os primeiros resultados, ainda provisórios, da análise de alterações corticais do potencial de tensão contínua em casos de interação homem-computador mostram efeitos muito variados. Num caso exemplar (Figura 5), podem-se destacar e identificar claramente tanto alterações do potencial de tensão contínua de tarefas específicas (comparação das quatro colunas de baixo), efeitos dependentes do *medium* (computador *versus* tarefa com papel e lápis) sobre a amplitude e o transcurso dos potenciais de tensão contínua, como efeitos hemisféricos e de localização (comparação da derivada hemisférica esquerda FP1, F3 com derivadas da FP2, F4 direita).

No momento, ainda não se podem propor afirmações generalizantes sobre efeitos específicos. Pode-se destacar, porém, que a interação homem-computador e a atividade com papel e lápis *podem* ser acompanhadas por diferentes processos corticais de ativação.

2.2. *Interação homem-computador e pós-efeitos sobre o processamento cortical de informação?*

Com base nos conhecimentos sobre os efeitos psicológicos da interação homem-computador (ver acima), mas também a partir da experiência cotidiana, era de supor que o processamento cortical de informação fosse influenciado por atividades precedentes. Trimmel e Huber puderam mostrar (obra no prelo) a objetivação de um pós-efeito como este com um valor característico do potencial cerebral (P300) correlato ao acontecimento. Um resultado principal indica que interações homem-computador levam a uma sobrecarga mais intensa da chamada memória de trabalho do que atividades semelhantes com papel e lápis. Em que medida se pode explicar essa descoberta com o esforço, assim como ele se configura no potencial de tensão contínua (cf. Figura 5), ou se os efeitos são independentes — tal é o objeto de nossa pesquisa no presente momento.

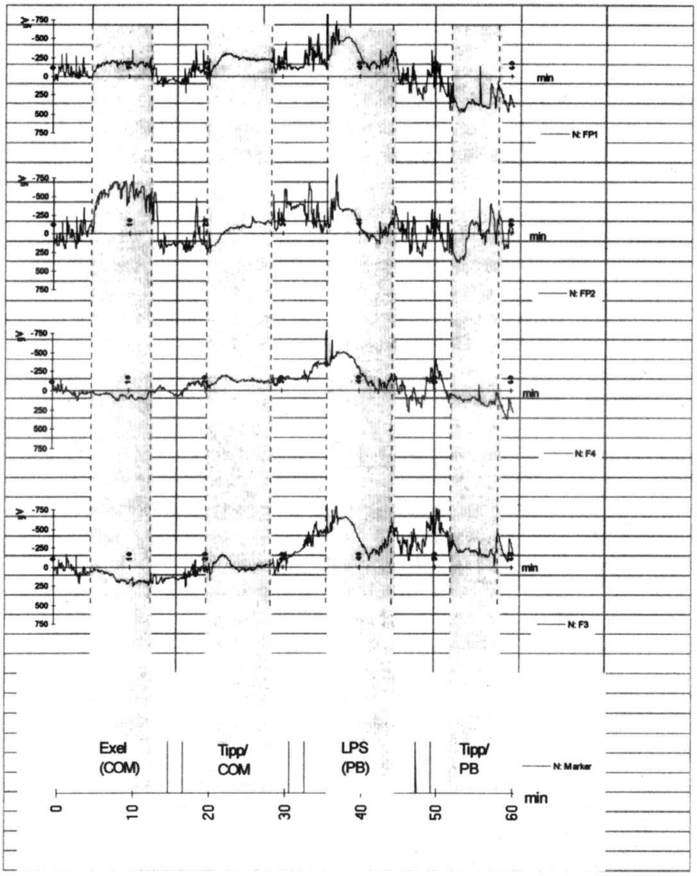

Figura 5. Um exemplo de alterações corticais de tensão contínua das derivadas fronto-polares (Fp) e frontais (F) dos hemisférios esquerdo (FP1, F3) e direito (FP2, F4) ao longo da realização de duas atividades com computador (*Excel, Tipp/Com*) e duas atividades com papel e lápis (*LPS, Tipp/PB*) em uma pessoa de teste (Trimmel & Knerer, inédito).

Como segundo resultado principal pôde-se observar um efeito de latência do P300. Os dados mostraram uma latência do P300 "rápida e amplamente independente de localização", o que indica uma forma especial de processamento cortical de informação após a interação homem-computador. Uma interpretação — ainda que um tanto especulativa — dessa descoberta permitiria apontar para o fato de que o processamento costumeiro, geralmente modular e cortical, da informação fica limitado, ou é amplamente abandonado em favor de um processamento "não-diferenciado, mas rápido". Essa interpretação também poderia ser sustentada — ao menos parcialmente — pelas descobertas dos efeitos sobre o pensamento divergente (criatividade). Assim, poder-se-ia demonstrar que, quanto à criatividade verbal, estudantes de informática, em comparação a estudantes de outras áreas, mostraram valores pré-experimentais tendencialmente mais baixos ($p < 0,068$) e que, pós-experimentalmente, puderam-se observar diferenças ($p < 0,001$) altamente significativas (Trimmel 1992; Trimmel et al. 1992).

2.3. Vício em (jogos de) computador a partir da vivência de fluxo?

Dois terços (de um total N = 1304) dos adolescentes entrevistados em Viena e na região da Baixa-Áustria alegaram fazer uso de jogos de computador (Trimmel 1996c; Trimmel 1996a). Em média 3 horas por semana, mas tanto o melhor como o segundo melhor amigo jogam quase 6 horas! Cerca de 15 % dos adolescentes alegam jogar 10 horas ou mais por semana, do que se permite deduzir uma duração real de jogo de 15 a 20 horas. Em Viena joga-se duas vezes mais do que em regiões rurais da Baixa-Áustria; 80 % dos rapazes e 70 % das garotas jogam sozinhos. Como motivo, ao lado da frustração e de decepções na vida social cotidiana (mas também distração, tédio e substituição de um parceiro), aponta-se, sobretudo, um prazer lúdico "semelhante ao vício", interpretado como expressão da vivência de fluxo (Csikszentmihalyi 1987; Csikszentmihalyi et al. 1991).

Toda experiência consciente se organiza como um *continuum* que parte da monotonia tediosa, passa por uma pluralidade que gera muita alegria em seu estágio intermediário até atingir, em seu outro extremo, o caos angustiante. Csikszentmihalyi (1989) descreve o estado ideal como *flow* — um tipo de atenção integrada para atingir um objetivo — e o vê como oposição à "atenção alienada" (p. 197), um desperdício de energia psíquica. No estado de *flow*, as *intenções* encontram-se em um estado de harmonia interior, relacionada a uma condição emocional de aumento do "fluxo energético" e elevação do controle da situação, agindo, portanto, como altamente motivacional.

Em termos operacionais, as condições para a vivência de fluxo foram descritas, entre outras formas, como uma correspondência entre os níveis de exigência e de capacidade. Também foi comprovado empiricamente que essa correspondência de níveis, ao lado do *controle da situação*, dá-se sobretudo em atividades lúdicas com o computador (Schwager et al. 1996). Contudo, não deveríamos desprezar o fator de motivação *flow* em outras atividades (com o computador). Assim, pôde-se demonstrar que a dimensão da vivência de fluxo está relacionada com a satisfação de trabalho (Schneider et al. 1994). As descrições da atividade lúdica com o computador também sustentam a idéia de que o *flow* aparece, representando, ao menos, um fator de motivação que não se deve desprezar (Trimmel 1996a).

3. A interação homem-computador e o consumo televisivo dos adolescentes — relações com as notas escolares

Na investigação das relações das interações homem-computador em adolescentes e seus efeitos psicossociais, parece-nos extremamente razoável levar também em consideração o "restante" de suas atividades diárias e de lazer. A televisão representa um fator importante de configuração do tempo livre, sobretudo por se processar também por meio do canal visual dos sentidos.

Em resposta ao questionamento sobre a relação da duração da atividade lúdica com computador e seus efeitos sobre as notas escolares, foram propostas modelações de cinco dimensões enquanto medida de uma capacidade de rendimento adequada e orientada cognitivamente. Ao lado da duração da atividade de jogo com o computador e do tempo dispendido com a televisão, levaram-se também em consideração diferentes tipos de escolas e as notas em Alemão e Matemática (Trimmel 1996c). Os resultados ilustram a relação das notas escolares com as quatro variáveis "jogo com o computador", "assistir à televisão", "tipo de escola" e "matéria", em 1.304 estudantes adolescentes de Viena e da Baixa-Áustria (Figuras 6 e 7).

Como resultado principal, pode-se afirmar que os dados não demonstram claramente *nenhuma relação generalizante* entre a duração de jogo ao computador e a nota escolar. Além disso, mostra-se o significado da observação simultânea do consumo televisivo e do tempo de atividade lúdica com o computador, já que — de acordo com o tipo de escola e a matéria — se podem identificar efeitos recíprocos (por exemplo, a nota em Matemática na Escola Técnica e de Engenharia), efeitos aditivos (por exemplo, a nota

Gráfico 3D em Cat. (SUM5C + .STA 289v*1304c)

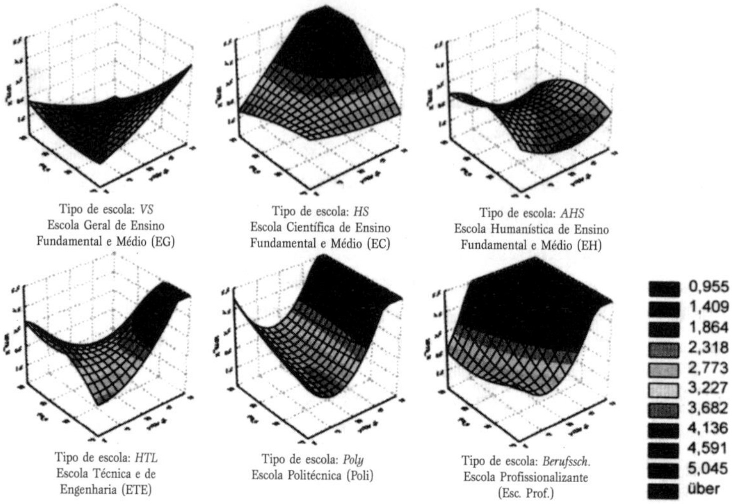

Figura 6. Representação tridimensional da relação da duração de jogo com o computador (eixo X, à direita), quantidade televisiva (eixo Y, à esquerda) e nota escolar em Matemática (eixo Z, 1-5 para cima), classificada de acordo com os tipos diferentes de escola (Trimmel, 1996c).

Gráfico 3D em Cat. (SUM5C + .STA 289v*1304c)

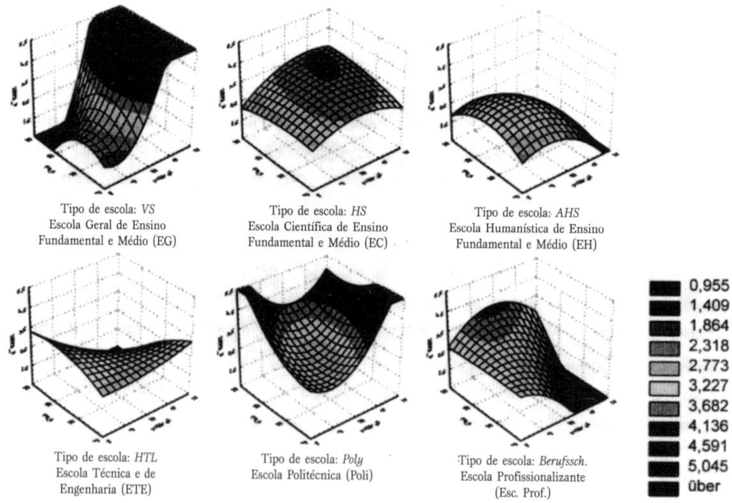

Figura 7. Representação tridimensional da relação da quantidade de jogo com o computador (eixo X, à direita), quantidade televisiva (eixo Y, à esquerda) e nota escolar em Alemão (eixo Z, 1-5 para cima), classificada de acordo com tipos de escolas diferentes (Trimmel, 1996c).

em Matemática de alunos de escolas científicas e profissionalizantes) e efeitos independentes (por exemplo, a nota em Matemática na escola politécnica). Enquanto nos estudantes da Escola Humanística não se pode demonstrar nenhuma relação entre atividade lúdica com o computador (mesmo que intensa) e a nota escolar (aqueles que jogam pouco ou não jogam com o computador têm notas um pouco piores), encontra-se nos estudantes de Escola Politécnica ou Profissionalizante uma relação, em casos extremos de tempo de jogo com o computador, com as notas insuficientes em Matemática (as relações com as notas da matéria de Alemão são outras e geralmente menos diferenciadas).

Os resultados sustentam a necessidade de uma observação diferenciada das relações entre os usos da tecnologia da informação e os seus efeitos práticos, e demonstram também, em partes, diferentes "formas de interação" dos efeitos da utilização do computador e do consumo televisivo em especial.

4. Para que aprender se (quase) todo conhecimento está à disposição na rede — gestão do conhecimento sem conhecimento?

Baseada no desenvolvimento da tecnologia da informação, a possibilidade de acesso amplo e direto a grandes sistemas de conhecimentos é vista como um importante avanço. Não queremos nos opor de modo algum a isto. Mas deve-se acrescentar a essa perspectiva a idéia de que o uso do conhecimento armazenado em arquivos (seja qual for sua forma) só apresenta resultado razoável e efetivo se também existe uma "representação interior" suficientemente correspondente, isto é, um conhecimento sobre fatos e sobre a estruturação presente na memória humana. Se a lacuna entre o conhecimento pessoal e o conhecimento disponível, em princípio, é muito grande, não se produz uma integração razoável e o conhecimento relevante não é identificável como tal. Em casos extremos, quando o conhecimento inicialmente disponível é muito reduzido, não se torna possível nem mesmo a aquisição de um conhecimento minimamente utilizável. (Uma monografia de fim de curso a esse respeito encontra-se no presente momento sob orientação, mas não foram obtidos ainda obtidos resultados publicáveis.)

A conseqüência disso seria a acumulação de fatos sem os seus julgamentos críticos, sem que o usuário os possa "relacionar" de modo racional. Supostamente, essa potencialidade (realmente inteligente) não é passível de ser operacionalizada a contento e, desse modo, tornar-se efetiva por meio de computadores, já que, além de conhecimento superficial, é também parte fundamental de uma personalidade já desenvolvida, com formação emocional, experiência de vida e consciência de responsabilidade. Pode-se concluir disso que o uso do conhecimento a princípio disponível, ao lado do *know-how* "técnico" (conhecimento de procedimento) para o acesso a um conhecimento suficiente e declarativo (Trimmel, 1996b), carece de "estruturas de conhecimento" utilizáveis e que precisam ser aprendidas.

Em nossa cultura, uma forma reconhecida de transmissão do *know-how* "prático" é a representada por instituições (tradicionais) de formação, como a escola, a faculdade e a universidade, mas também (ou sobretudo) a família ou as instituições sociais que a substituem.

A esperança de algum dia poder-se abrir mão dessas instituições — efetuando-se cortes nas ofertas de formação humanística e de educação corporal em favor da "aquisição de conhecimento técnico" — e ainda assim garantir a existência de cursos substitutivos de formação deve ser radicalmente questionada (a menos que se queira criar "subsistemas de computadores" — mas, provavelmente, nem isto funcionaria por muito tempo).

5. *O computador é uma ferramenta do homem ou o homem é um subsistema do computador?*

Já foram abordadas acima as transformações cognitivas por intermédio da interação homem-computador e as ligações emocionais por meio do caráter interativo. Essas averiguações já não nos permitem descartar totalmente a tese de que o ser humano aja, ao menos temporariamente, como um subsistema do computador. Em contrapartida, a tecnologia da informação, e sua respectiva aplicação, é apresentada como simples utilização de uma ferramenta (inócua) com o objetivo de aumentar as possibilidades técnicas, econômicas, políticas e pessoais. Sem dúvida, esse ponto de vista reflete uma grande parcela da realidade. Afinal, do ponto de vista do usuário, é possível identificar e tornar real uma série de efeitos positivos e possibilidades baseados na tecnologia da informação. Mas dizer que ela é apenas uma ferramenta útil?

Para concluir, é preciso fazer aqui uma breve consideração a respeito dessa metáfora tão utilizada segundo a qual o computador seria "apenas uma ferramenta". McLuhan (1995) já defendia a tese de que o rádio expandiria o ouvido e a escrita o olho. O que poderia aproximar-se mais dessa tese do que a suposição de que o computador "expandiria" o pensamento? — com isso, porém, nada se afirma sobre a qualidade dessa expansão. A analogia do computador como ferramenta é criticada também por Dijkstra

(1989), ainda que com outros objetivos: o conceito de ferramenta não seria mais suficiente para o "poderio" do programador, que com simples comandos de programação controla um complexo gigantesco, com conseqüências, em partes, muito amplas.

A denominação "técnica cultural" também não dá conta de expressar suficientemente bem a dimensão real dessa evolução. Embora o surgimento da língua, da escrita, do rádio ou da televisão tenha ocasionado transformações culturais, sociais e psicológicas significativas, um avanço semelhante nem sempre é visto mediante a informatização. No entanto, uma relação recíproca entre a tecnologia computacional e o ser humano parece evidente, no sentido de que o computador não é aplicado somente em situações em que a existência de uma necessidade é notória e "operações mais abrangentes" são necessárias, como, por exemplo, nas previsões do tempo, na visualização de procedimentos da medicina por imagens, em cálculos estatísticos, mas também é utilizado em áreas imprevisíveis como, por exemplo, no mercado de ações — a *Blue Monday* deve servir como *um* exemplo —, ou em áreas prescindíveis, como no caso de alguns brinquedos infantis.

Parecem-me particularmente significativas as aplicações da tecnologia da informação relacionadas com o "poder". Seguindo-se as exposições clássicas sobre o poder (French et al. 1959; Raven et al. 1997), distinguem-se: 1) poder de recompensa; 2) poder de coação ou penal; 3) poder de legitimidade; 4) poder de exemplaridade; 5) poder de especialista; 6) e poder de informação (Trimmel 1997b). De acordo com essa distinção, as três últimas fontes de poder citadas estão diretamente ligadas à tecnologia da informação; e o poder de informação é até mesmo central. O direcionamento do exercício de poder se dá diretamente a partir do acesso à tecnologia da informação e de seu controle. Assim, os subprivilegiados, de várias formas diferentes, estão entregues, por um lado, aos instrumentos de poder dos que controlam as tecnologias da informação e, por outro, à "excitação" da tecnologia.

Somente uma estruturação de base com consciência de suas responsabilidades, realizada pelos políticos por intermédio da legislação, e um estímulo balanceado, na escola e na educação, da capacidade cognitiva e dos valores emocionais do ser humano permitirão a formação de estruturas simétricas e, com isso, a preservação de um equilíbrio entre senhor e escravo (subsistema) da tecnologia da informação.

— O veterinário se esforçou ao máximo
e, ao pressionar diligentemente algumas teclas,
salvou a vida do Tamagotchi.

Bibliografia

AUENHAMMER, T., *Auswirkungen der Computertätigkeit auf das schriftliche Verbalverhalten*, Wien, 1994 (monografia).

BANDURA, A., *Sozial-kognitive Lerntheorie*, Stuttgart, 1979.

____, *Social Foundations of Thought and Action*, Engelwood Cliffs, 1986.

BARTLETT, F. C., *Remembering. A study in experimental and social psychology*, Cambridge, 1932.

CSIKSZENTMIHALYI, M., *Das flow-Erlebnis. Jenseits von Angst und Langeweile. Im Tun aufgehen*, Stuttgart, 1987.

CSIKSZENTMIHALYI, M., ROCHBERG-HALTON, E., *Der Sinn der Dinge. Das Selbst und die Symbole des Wohnbereichs*, Weinheim, 1989.

CSIKSZENTMIHALYI, M., CSIKSZENTMIHALYI, I., *Die aussergewöhnliche Erfahrung im Alltag. Die Psychologie des Flow-Erlebnis*, Stuttgart, 1991.

DIJKSTRA, E. W., "On the cruelty of really teaching computing science", *Communications of the ACM 32* (1989): 1398-1404.

DORRMANN, W., HINSCH, R., *Manual zur Durchführung und Auswertung des IE-SV-F*, Bamberg, 1983.

EWALD, A., *Auswirkungen der Computertätigkeit auf Kontrollüberzeugungen*, Wien, 1991 (monografia).

FLUSSER, V., "Digitaler Schein", in Rötzer, F. (org.), *Digitaler Schein. Ästhetik der elektronischen Medien*, Frankfurt, 1991, pp. 147-159.

FRENCH, J. R. P., RAVEN, B. H., "The basis of social power", in Cartwright, D. (org.), *Studies in social power*, Ann Arbor, 1959, pp. 150-167.

FUHRER, U., KAISER, F. G., "Inwiefern kultiviert der Umgang mit Computern unseren Denkstil?", *Medienpsychologie 4*, vol. 2 (1992): 115-136.

JAMES, W., *Principles of Psychology*, New York, 1950.

KRAMPEN, G., *IPC-Fragebogen zu Kontrollüberzeugungen*, Göttingen, 1981.

MCLUHAN, M., *Die Gutenberggalaxis. Das Ende des Buchzeitalters*, Bonn, 1995.

PAVLOV, I. P., *Conditioned Reflexes*, London, 1927.

PFLÜGER, J., SCHURZ, R., *Der maschinelle Charakter: Sozialpsychologische Aspekte des Umgangs mit Computern*, Opladen, 1989.

RAMMERT, W., "Computerwelten — Alltagswelten. Von der Kontrastierung zur Variation eines Themas", in Rammert, W. (org.), *Computerwelten — Alltagswelten. Wie verändert der Computer die soziale Wirklichkeit ?*, Opladen, 1990, pp. 13-26.

RAVEN, B. H., KRUGLANSKI, A. W., "Conflict and power", in Swingle, P. (org.), *The structure of conflict*, New York, 1997, pp. 69-109.

ROTTER, J. B., "Generalized Expectancies for Internal vs. External Control of Reinforcement", *Psychological Monographs: General and Applied 80* (1966).

SCHNEIDER, S., TRIMMEL, M., "Elemente des Fluberlebens und Zufriedenheit mit der Arbeitstätigkeit", in PAWLIK, K. (org.), *Abstracts des 39. Kongresses der Deutschen Gesellschaft für Psychologie*, Hamburg, 1994, p. 639.

SCHWAGER, U., Trimmel, M., "*Fluberleben als intrinsischer Motivationsfaktor beim Computerspiel?*", in JIRASKO, M., GLÜCK, J., ROLLETT, B. (orgs.), *Perspektiven psychologischer Forschung in Österreich*, Wien, 1996, pp. 81-84.

SELIGMAN, M. E. P., *Erlernte Hilflosigkeit*, München, 1986.

SKINNER, B. F., *Wissenschaft und menschliches Verhalten*, München, 1973.

Trimmel, M., *Angewandte und Experimentelle Neuropsychophysiologie (Applied and Experimental Neuropsychophysiology)*, Berlin, 1990.

TRIMMEL, M., MIKOWITSCH, A., GROLL-KNAPP, E., HAIDER, M., "Occurence of infra-slow potential oscillations in relation to task, ability to concentrate and intelligence", *International Journal of Psychophysiology 9* (1990): 167-170.

TRIMMEL, M., "Auswirkungen der Mensch-Computer-Interaktion: psychologische Aspekte", *Informatik Forum 4* (1992): 194-202.

TRIMMEL, M., BRAND, M., CHMELIK, R., EWALD, A., FROESCHL, K. A., HUBER, R., MOTSCHNIG, R., "Psychological effects of working with display units", in LUCZAK, H., CAKIR, A. E., CAKIR, G. (orgs.), *Work With Display Units*, WWDU'92, caderno de *abstracts*, Berlin, 1992, B-18.

TRIMMEL, M., BRAND, M., CHMELIK, R., EWALD, A., FROESCHL, K., HUBER, R., MOTSCHNIG-PITRIK, R., HAIDER, M., "Psychological and Psychophysiological Effects of Working with Computers: Experimental Evidence", in LUCZAK, H., CAKIR, A., CAKIR, G. (orgs.), *Work with display units '92*, Amsterdam, 1993, pp. 121-128.

TRIMMEL, M., "Computertätigkeit und Realitätsbezug", in JANIG, H. (org.), *Psychologische Forschung in Österreich*, Klagenfurt, 1994, pp. 224-228.

____, *Computerspiele — psychologische Auswirkungen und Zusammenhänge mit der Familienstruktur*, Wien, 1996a.

____, *Kognitive Psychologie*, Wien, ²1996b (manuscrito).

____, "Bedingungen des Computerspiels und psychologische Auswirkungen bei Jugendlichen", *Informatik Forum 10*, vol. 4 (1996c): 215-234.

____, *Wissenschaftliches Arbeiten. Ein Leitfaden für Diplomarbeiten und Dissertationen in den Sozial- und Humanwissenschaften mit besonderer Berücksichtigung der Psychologie*, Wien, ²1997a.

____, *Motivation*, Wien, ²1997b (manuscrito).

Turkle, S., *Die Wunschmaschine. Vom Entstehen der Computerkultur*, Reinbeck, 1984.

Volpert, W., *Der Zauberlehrling*, Weinheim, 1985.

____, "Anmerkungen über das Begreifen von Zusammenhängen als Aufgabe und Gegenstand der Psychologie", in Gergely, E., Goldmann, H. (orgs.), *Mensch — Computer — Erziehung*, Wien, 1988, pp. 49-62.

WEIZENBAUM, J., *Die Macht der Computer und die Ohnmacht der Vernunft*, Frankfurt, 1978.

WITTKIN, H. A., *The Embedded Figure Test*, Palo Alto, 1971.

Deus no Ciberespaço

Sobre os aspectos religiosos dos novos meios*

Reinhold Esterbauer

And you, self-professed infonaut...
you say you're not religious?
(S.L. Talbott)[1]

1. *Introdução*

Ao se pensar em uma relação da religião com os meios modernos, é mais freqüente lembrar-se das seitas que, no esforço de engajar novos membros, utilizam páginas da internet — aliás, com um *layout* perfeito — e das grandes Igrejas que, paulatinamente, também estão começando a se servir desse novo *medium*. Já desde o Natal de 1995, o Vaticano oferece serviços *on line* na internet, oferta substancialmente estendida na Páscoa de 1997[2]. Muitas Igrejas nacionais e dioceses informam fiéis e interessados sobre suas ofertas de assistência espiritual, sobre organizações eclesiásticas, sobre o seu elenco de profissionais, publicações religiosas etc. É possível folhear revistas religiosas, pesquisar bancos de dados, informar-se sobre faculdades de teologia, acessar informações de agências de notícias eclesiásticas e ainda muito mais. Além disso, são oferecidas algumas prestações de serviço, como conversas por *e-mail*. Mesmo para as grandes Igrejas, trata-se, claramente, da divulgação da própria mensagem cristã e do anúncio do Evangelho, tendo o computador como suporte. Até mesmo alguns mosteiros e conventos descobriram o trabalho na internet como fonte de receita[3].

Como frisou o presidente do Conselho Papal de Mídia, arcebispo John P. Foley, em maio de 1997, por ocasião de uma jornada de estudos intitulada "A

---

* Tradução: Maurício Mendonça Cardozo.

1. E você, internauta confesso... você diz não ser religioso? (N. do T.)

2. Comunicado do *KathPress Österreich* no *KathWeb*, 25/3/1997, in http://www.kathpress.co.at/kathweb/nr/97q1/kp971829.htm

3. Ver Stampa, L., "Nonnen und Mönche als High-Tech-Arbeiter. Computerarbeit und Internet-Präsenz amerikanischer Klöster", *Neue Zürcher Zeitung*, 30/5/1997.

comunicação da Igreja: métodos, valores e profissionalismo", no Ateneu Papal Santa Croce em Roma — instituição apoiada pela Opus Dei —, a internet oferece a possibilidade de levar adiante a "evangelização em Estados sob regimes totalitários, ou até mesmo em certos países islâmicos que não permitem, em hipótese alguma, a divulgação pública da fé católica"[4]. Portanto, o arcebispo Foley vê na internet novas possibilidades técnicas de fugir à censura e de fortalecer a evangelização com novos instrumentos. Além disso, vê a vantagem de que, pela superação das fronteiras espaciais e temporais, a autêntica doutrina da Igreja católica apostólica romana possa ser acessada, mundialmente, de modo direto. Pois, já que o Vaticano, enquanto Estado soberano, possui o seu próprio *state-domain*, pode-se garantir que todas as páginas de internet com o final ".va" sejam realmente produzidas no Vaticano[5].

Por sua vez, o bispo destituído de Evreux em janeiro de 1995, atualmente bispo de Partenia, passou a utilizar a internet para outros fins. Esta sua sede episcopal, que da sede original mantém apenas o nome, tornou-se o nome de uma "diocese virtual" na internet. A região diocesana está sendo reconstruída virtualmente; não a região da diocese de Evreux, mas sim uma Partenia virtual, uma sede episcopal no Saara, abandonada há muito tempo, e cujo atual bispo titular é Jacques Gaillot. Na *homepage* dessa "diocese" pode-se encontrar a trajetória do bispo e também ler algumas de suas publicações e cartas ali apresentadas; há mensalmente catequeses eletrônicas e ainda é possível entrar em contato por *e-mail* com o bispo Gaillot.

Como os exemplos mencionados demonstram, novas comunidades religiosas e Igrejas já estabelecidas fazem uso dos novos meios, especialmente da internet, como instrumentos do anúncio de suas mensagens. Que estes não constituem instrumentos meramente neutros, mas que o próprio meio, num sentido mais amplo, pode consistir em religião só ficou claro para o público a partir do suicídio de 39 membros da seita americana Heaven's Gate. De certo modo, essa era uma seita da internet: por um lado, porque os membros ganhavam a vida por meio de uma firma chamada Higher Source, que oferecia prestação de serviços na internet; por outro lado, porque o suicídio em massa foi "a continuação de um jogo de computador"[6], que tomou caráter ritualístico. A *vila* da seita — situada nas proximidades de San Diego — foi colocada à venda na internet: ao lado de uma foto da propriedade, podia-se ler uma nota informando que os mora-

4. Comunicado do *KathPress Österreich* no *KathWeb*, 4/5/1997, in http://www.kathpress.co.at/kathweb/nr/97q2/kp972665.htm

5. Ibid.

6. Schümer, D., "Digitale Himmelfahrt. Eine Sekte dematerialisiert sich selbst", *FAZ*, n. 74 (29/3/1997): 33. Ver também Bauernebel, H., "Die Internet-Verschwörung", *News*, n. 15 (10/4/1997): 76-80.

dores teriam partido subitamente em viagem. No entanto, o marcador de acessos a essa página de internet não mostrava a quantidade de visitantes, mas o "[*n*]*umber of people who have* killed themselves *since the last time this counter broke*"[7,8], ou seja, "39".

A partida, mencionada no anúncio da página da internet referia-se ao suicídio em massa. Os membros da seita acreditavam que deuses do reino dos céus, que eles haviam situado no planeta Plutão, teriam deixado pessoas na Terra há milhões de anos. A cada intervalo de alguns mil anos seriam mandados para a Terra enviados dos deuses: há 2 mil anos, Jesus Cristo, e agora o líder da seita, Herff Applewhite. Este queria retornar para o planeta Plutão com seus discípulos — em uma nave espacial que, segundo o que ele imaginava, se encontraria na cauda do cometa Hale Bopp, que aparecera em 1997. Todavia, para chegar até lá seria necessária uma viagem virtual que, obviamente, só seria realizável pela desmaterialização e que, à semelhança dos filmes de ficção científica, parecia, enquanto uma forma de "transmissão", exeqüível. O vídeo de despedida fala do tédio neste mundo, e o próprio programa de computador apresenta um mundo virtual e melhor. O Heaven's Gate abre-se após a chegada do Hale Bopp no planeta Plutão, com pisca-piscas e *bips*, como conhecemos dos jogos de computador. "As pessoas da Heaven's Gate seriam os primeiros a dar o passo de modo conseqüente, partindo de sua realidade material em direção à simulação digital."[9] Mas da possibilidade de retorno do mundo virtual para o real eles se privaram brutalmente. Vida e crença em mundos simulados e a conseqüente perda do mundo custaram aos membros da seita a vida real.

Como mostra o exemplo apresentado, não basta esclarecer a relação entre digitalização e religião de um modo causalmente instrumental; não basta entender a internet apenas como mais uma ferramenta de anúncio entre tantas outras[10]. Mais do que isso, por esses meios transformados parece possível estabelecer uma nova concepção religiosa do mundo: mun-

---

7. "[n]úmero de pessoas que se *suicidou* desde a última vez que o marcador quebrou" (N. do T.).

8. http://www.highersource.org

9. Schümer, D., "Digitale Himmelfahrt", p. 33.

10. Ver Gottschlich, M., "Informationsgesellschaft ohne Gott? Möglichkeiten und Grenzen kirchlichen Wirkens in und durch Medien", in Sekretariat der Österreichischen Bischofskonferenz (org.), *Kirche in der Gesellschaft. Wege in das 3. Jahrtausend*, St. Pölten, 1997, pp. 306-313, 309: "A compreensão eclesiástica dos meios como 'instrumento de comunicação social' (*communio et progressio*) desconhece a complexidade, a dinâmica própria e a auto-regulamentação dos meios impressos e audiovisuais num mercado globalizado em rasante transformação. Uma compreensão dos meios como 'indústria de consciência' aproxima-se substancialmente da realidade do problema e evita o prolongamento de expectativas falsas, mesmo porque inatingíveis".

dos virtuais geram novas formas de religião, na medida em que as religiões — num sentido bem amplo — são transmitidas sempre por um meio. Se o próprio meio é a mensagem (McLuhan[11]), então a religião tem de ser observada sob a perspectiva dos novos meios, e estes, por sua vez, devem ser investigados segundo sua relevância religiosa. A seguir tentaremos levantar alguns aspectos religiosos que surgem a partir da relação com os chamados novos meios.

2. *Espaço virtual como espaço experimental para transcendência*

Pode-se constatar, a partir de vários prismas, que estruturas mitológicas teriam se formado paralelamente ao desenvolvimento dos novos meios. Por um lado, aponta-se, com isso, para o fato de que as configurações básicas dos filmes de ficção científica e dos jogos de computador repetem antigas narrativas míticas que, por sua vez, podem ser redescobertas nestes traços do caráter de personagens da mitologia[12]. Todavia, pode-se concluir, por outro lado, que uma nova mediação gera mitos. Esse desenvolvimento é particularmente significativo para a área da realidade virtual, na qual não se pode prever em que se desdobrarão tais mitologizações. "*... cyberspace will retain a good measure of* mythologic, *the exact manifestation(s) of which, at this point, no one can predic.*"[13.14]

De modo muito peculiar, está ocorrendo, juntamente à desmitificação graças às conquistas técnicas, uma nova mitificação. "Na mesma medida em que o ser humano desmitifica e desmistifica os deuses e o céu, ele mitologiza sua própria existência, carrega sua vida [sic!] e todo detalhe real com significado. A transcendência perdida (do sentido divino) retorna novamente — por assim dizer — como 'transcendência' das coisas e dos corpos — eles se tornaram cifras, hieróglifos e sinais que apontam para algo 'por trás de si próprios'."[15] Isso parece valer especialmente para os objetos

11. Ver, por exemplo, os textos em Baltes, M., Böhler, F., Hötschl, R., Reub, J. (orgs.), *Medien verstehen. Der McLuhan-Reader*, Mannheim, 1997, pp. 112ss. e 158ss.

12. Ver sobretudo Wessely, C., *Von Star Wars, Ultima und Doom. Mythologisch verschleierte Gewaltmechanismen im kommerziellen Film und in Computerspielen*, Frankfurt/M., Europäische Hochschulschriften 23 612, 1997.

13. "... o ciberespaço conservará uma grande dose de caráter mitológico, cujas manifestações exatas ninguém pode prever neste momento" (N. do T.).

14. Benedikt, M., "Introduction", in id. (org.), *Cyberspace. First steps*, Cambridge/Massachussetts, 1994, pp. 1-25, 7.

15. Großklaus, G., "Das technische Bild der Wirklichkeit. Von der Mimesis zur Simulation", in id., *Medien-Zeit, Medien-Raum. Zum Wandel der raumzeitlichen Wahrnehmung in der Moderne*, Frankfurt/M, 1995, (stw 1184), pp. 113-143, 118.

que o ser humano imita tecnicamente, mas particularmente para simulações técnicas que têm valor enquanto alternativas para coisas do mundo. Tais tendências de mitologização mostram-se em tentativas de novas colonizações de espaços e na nova versão do sonho americano de ganhar liberdade ilimitada. F. Rötzer chamou a atenção para o fato de que, com o auxílio dos meios digitais e da viagem no espaço, surgiu, no lugar do "*go West*", um "*go Cyberspace*", e com isso foram liberadas novas possibilidades para um mito de conquista[16].

Nas inovações técnicas de conseqüências muito amplas atinge-se freqüentemente, com a mitologia, também a consciência religiosa do ser humano. "*Often a technological vision taps myth consciousness and the religious side of the human spirit.*"[17.18] Esse cruzamento de técnica e consciência religiosa torna-se particularmente claro na valorização da inteligência artificial. Esta atinge uma dimensão cósmica, quando não divina. Assim, seres de inteligência artificial, em cenários futurísticos, são freqüentemente designados como anjos ou comparados a eles[19]. Acrescente-se a isso o fato de que espaços virtuais são vistos como possibilidade de experiências religiosas, o que se torna visível no exemplo acima mencionado da seita Heaven's Gate. As fantasias de redenção da miséria do mundo real por meio dos mundos virtuais e as respectivas utopias de progresso demonstram também a dimensão religiosa dos novos meios.

Antes de me aprofundar nessas observações, é necessário mencionar algo essencial, que torna possíveis tais tendências de mitologização. A realidade virtual possibilita a transformação de condições existenciais do mundo real em estruturas digitais. Já que essa transformação não se mantém ligada de modo inseparável às condições do mundo real, nem se isenta da manipulação humana, tornam-se possíveis alterações que permitem corrigir a realidade efetiva segundo a própria imaginação. Três momentos de tais modificações parecem ser particularmente privilegiados. M. Heim fala da abertura tripartida de uma âncora da realidade[20]. Em primeiro lugar, deve-se subverter a mortalidade e a efemeridade; em segundo lugar, a temporalidade e a singularidade devem ser diluídas; em terceiro lugar, a

16. Rötzer, F., "Virtueller Raum oder Welttraum? Raumutopien des digitalen Zeitalters", in Münker, S., Roesler, A. (orgs.), *Mythos Internet*, Frankfurt/M, 1997 (es 2010), pp. 368-390, especialmente p. 378.

17. "Com freqüência, uma visão tecnológica abre a consciência mítica e o lado religioso do espírito humano" (N. do T.).

18. Heim, M., *The Metaphysics of Virtual Reality*, New York, 1993, p. 118.

19. R. Capurro chama a atenção para esse fato em *Leben im Informationszeitalter*, Berlin, 1995, p. 92.

20. Heim, M., *The Metaphysics...*, op. cit., pp. 136s.

fragilidade que impõe cuidado deve ser superada. Desse modo, existências eternas são quase possíveis, assim como multiplicações ilimitadas; para isso os objetos digitais estão disponíveis enquanto código que, por sua vez, não é frágil como as coisas concretas. São objetos dos quais se pode dispor. Justamente no campo dessas três dimensões, mundos simulados manifestam-se como modeláveis conforme a demanda por ansiedades religiosas. Assim, a realidade virtual torna-se, cada vez mais, "prótese da realidade..., que simula com perfeição a totalidade perceptível e imaginável do mundo e que, tendencialmente, pode ser capaz de substituí-la"[21]. Tanto a simulação de uma realidade imaginável como a substituição de momentos efetivos de realidade são determinadas por necessidades religiosas que, aparentemente, são mais passíveis de satisfação na realidade simulada do que no mundo real.

A virtualidade ligada à religião não é algo novo e não surgiu apenas com os novos meios. M. Wertheim[22] chama a atenção para a aplicação da técnica da perspectiva à arte sacra. Com a sua descoberta, tornara-se possível a construção de espaços virtuais repletos de temas religiosos — por exemplo, na Igreja de São Francisco, em Assis, ou na Capela de Arena, em Pádua. Assim haveria funcionado a transposição de ilusões medievais nas artes plásticas. "A Igreja da Idade Média queria produzir na Terra uma imagem do céu; os fiéis deveriam sentir-se transportados diretamente para o Reino de Deus."[23] Uma observação mais precisa mostra que tais simulações estéticas, possibilitadas pela técnica da perspectiva central, não têm os seus objetos de referência no mundo cotidiano. Segundo S. Münker, tratase de uma realidade tanto estética como virtual[24]. Aliás, entendê-las como meras imitações ou imagens do mundo cotidiano não condiz nem com a arte nem com os mundos virtuais. A arte tem seu mundo próprio, que não obtém sua finalidade de uma função de retratação. Desse modo, nem as artes plásticas, nem as realidades virtuais têm por objetivo a duplicação do mundo. A criação artística e a simulação técnica apresentam-se como campos autônomos e não são limitados pela mimese.

Quanto ao mundo virtual, pode-se concluir, todavia, que este se volta cada vez mais para o real, no sentido de que — como mencionado acima — o mundo real mantém próteses simuladas e é substituído, de acordo com diferentes necessidades, por mundos alternativos melhores. Por meio dessa

---

21. Bühl, A., *CyberSociety. Mythos und Realität der Informationsgesellschaft*, Koln, 1996, p. 207.

22. Wertheim, M. "Ehre sei Gott im Cyberspace", *Die Zeit*, 22 (24/5/1996): 31.

23. Id., ibid.

24. Münker, S. "Was heiβt eigentlich: 'virtuelle Realität'? Ein philosophischer Kommentar zum neuesten Versuch der Verdopplung der Welt", in Münker, S., Roesler, A. (orgs.), *Mythos Internet*. Frankfurt/M., 1997, pp. 108-127, 120.

"re-referencialização"[25], a realidade virtual mantém um poder de atração que a transforma em um espaço no qual anseios religiosos do mundo real podem ser realizados. A isso soma-se, com a simulação, a possibilidade de que o ser humano satisfaça, ele mesmo, tais anseios e de que ele mesmo produza o que no mundo real não se encontra disponível. Desse modo, o que é transcendente parece tornar-se produzível em um mundo alternativo, e isso segundo um *design* próprio. Esse campo, que a partir de então é aparentemente transcendente, tem relação com o mundo vital, mas o excede, pois parece despido de condições básicas de finitude. Nesse sentido, o mundo virtual é um espaço que transcende o mundo real. A transcendência que pode ser aí experienciada é uma transcendência produzida e, como tal, é base para a experiência religiosa determinada virtualmente.

Além disso, o próprio *medium* adquire traços de transcendência, mas em outro sentido. Pois o fato de a simulação técnica inaugurar possibilidades para mundos virtuais não é, por sua vez, simulável e, conseqüentemente, não é parte do mundo virtual. Aqui se anuncia — do ponto de vista da técnica — uma indisponibilidade que resiste a uma digitalização.

3. *Simulação como descorporalização:* **being digital**

No caminho das experiências religiosas em um mundo virtual, ocorre para a pessoa e com a pessoa que as vivencia uma transformação importante, que se fundamenta na estrutura do *medium*. Não apenas se experiencia religiosamente o que há de significativo, mas também a própria pessoa que experiencia é transformada pelo meio. Sujeitos religiosos virtuais não têm corpo. O pré-requisito ontológico para isso aponta para o fato de que, no espaço virtual, só pode ser visto como "algo que é" o que pode ser eletronicamente simulável ou, a partir disso, digitalizável. O computador é a "máquina lógica universal" que determina o que deve e o que não deve valer como ente[26]. "Viver" é definido como o computável, "entender", como a capacidade de simular, e "pensar", como calcular[27]. Como definição fundamental de tal ontologia digital, pode valer a seguinte frase de R. Capurro, cunhada por referência a G. Berkeley: "*esse est computari*"[28]. Já que a simula-

25. Münker, S., *Was heiβt* ..., op. cit., p. 122.

26. Groβklaus, G., "Das technische Bild...", cit., p. 136.

27. Id., ibid.

28. Capurro, R., "Digitaler Weltentwurf", in http://machno.hbi-stuttgart.de/~capurro/digit.html, 1.1; e Capurro, R., "Die Welt - ein Traum?", palestra proferida no âmbito do Congresso da Fundação Lucerna em 1996, sobre o tema "Virtualität. Illusion. Wirklichkeit - Wie die Welt zum Schein wurde", Luzern, 1996, in http://machno.hbi-stuttgart.de/~capurro/luzern.html.

ção é vista como a medida para o ser, somente a realidade simulada, nesse sentido, "é". Isso significa que o sujeito digital perde seu corpo à medida que mergulha em realidades virtuais que não requerem presença corporal.

Graças à descorporalização efetuada, sujeitos virtuais podem, aparentemente, viver sem corpo. Mas é certamente o ser humano de corpo presente que entra no mundo digital. Ele se mantém ligado aos seus sentidos e à realização corpórea de sua existência. Para as atividades no espaço virtual, porém, parece possível despir-se do próprio corpo: no espaço virtual não se está preso a um local, podem-se assumir outras identidades, podem-se vencer os tempos etc. O espaço virtual assemelha-se ao céu de Idéias de Platão, no qual é possível movimentar-se[29]. Isso implica a estabilidade do sujeito virtual. A redução do sujeito a dados armazenáveis digitalmente não permite mais que este esteja ligado à efemeridade do corpo; ao contrário, torna-o copiável e, com isso, transferível para outros "suportes" que não o corpo. Desse modo, o sujeito conserva a estabilidade adquirida a partir da limitação da existência corpórea[30]. Presença física não se faz necessária na rede. "*The body is not there.*"[31.32]

A base para tais relexões sobre a descorporalização por intermédio da digitalização é uma perspectiva dualista do ser humano, a qual quer dividi-lo em duas partes integrantes claramente separáveis, a respeito das quais se assume que podem ser simplesmente separadas uma da outra. À parte o fato de que se ignora que o cibernauta não é capaz de mergulhar no mundo virtual sem seus órgãos dos sentidos e sem a operação de aparelhos, assume-se a existência de um intelecto que vive sem corpo. Junto a essa separação entre corpo e intelecto surge a desvalorização do corpo. Este vale como incômodo e limitante, tanto temporal como espacialmente. Por isso deve ser excluído. Não é difícil identificar aí não apenas uma concepção dualista básica do ser humano, como também uma desvalorização da corporalidade, que se apresenta identificável como concepção gnóstica disfarçada: "*The user feels the body to be 'meat',* [sic!] *or a chiefly passive material component of cyberspace, while the on-line mind lives blissfully on its own*"[33.34].

---

29. Capurro, R. "*Die Welt - ein Traum?...*", cit.

30. Ver Capurro, R., "Stable Knowledge?", conferência proferida no Zentrum für Technik und Gesellschaft da Universidade Técnica de Cottbus, Brandenburg, no âmbito do *workshop* "Wissen für die Zukunft", 19 a 21/3/1997.

31. "O corpo não está lá" (N. do T.).

32. Argyle, K., Shields, R., "Is there a Body in the Net?", in Shields, R (org.), *Cultures of Internet. Virtual Spaces, Real Histories, Living Bodies*. London, 1996, pp. 58-69, 68.

33. "O usuário sente seu corpo enquanto 'carne' [sic!] ou um componente essencialmente passivo do ciberespaço, enquanto o intelecto *on line* vive feliz por si só" (N. do T.).

34. Heim, M. *The Metaphysics...*, op. cit., p. 135, ver também p. 102.

O sujeito digital se dá como um ser intelectual que existe independentemente da corporalidade real. O aspecto intelectual é simulado e o corpóreo é eliminado. Graças à digitalização, o sujeito digital, que só existe mentalmente, pode ser registrado em vários suportes de informação diferentes, estes tomando, então, o lugar do seu corpo. O corpo real é eliminado, mas não é simulado e sim substituído. "Mais decisivo que cada *simulação* de corpos reais é a *substituição* temporária do modo de existência corpóreo-concreto por um modo intelectual-abstrato. O PC, equipado de modo multimidiático, é mais que a ferramenta do seu usuário, é uma extensão dele próprio."[35] É manifesto que o PC substitui, de fato, o corpo eliminado.

A concepção do intelecto — que tem sua origem em um dualismo gnóstico e que, por sua vez, permite a desvalorização do corpo e a visão deste como uma instância a ser superada — exerce reação sobre a concepção do corpo. Como a idéia da substituição do corpo mostra, este se torna uma máquina que pode ser substituída por outras máquinas processadoras de informação. Isso significa que o próprio ser humano se entende como uma máquina processadora de informação e assume para si a diferenciação, aplicada àquelas, entre *software* e *hardware*. O *Homo informaticus* é nivelado, como reforça Capurro, "em sistemas de maior e menor processamento de informação"[36]. Isso quer dizer que uma máquina cambiável, que serve de substituto do corpo real do sujeito, subverte e dissolve a identidade mediada pelo corpo. Restam somente características armazenáveis, cujo conjunto deve constituir e identificar o ser humano.

Tal duplicação ou multiplicação de corpos possibilita uma multiplicação aparente de existências. Esse paradoxo é ainda mais realçado por estarem também à disposição realidades diferentes, nas quais é possível movimentar-se. Enquanto tais, "*casting agents of being*"[37.38], as pessoas podem viver sua vida real; no entanto, podem também, paralelamente a isso, assumir identidades na rede, com corpos diferentes, e cambiar de um para outro. "Toda pessoa que tem problemas com sua identidade original recebe tantas 'segundas chances' quantas ela julgar necessário. Nós depararemos com meias pessoas e quartos de pessoas, com existências fragmentadas, que podem não dispor de nenhuma identidade ativamente adquirida e vitalmente legítima em termos práticos, mas que dispõem, certamente, de inúmeras — e multiplicáveis — identidades de rede passivas e eletrôni-

35. Münker, S. *Was heibt* ..., op. cit., p. 110.

36. Capurro, R. *Leben im Informationszeitalter*, op. cit., pp. 78s. Ver também id., "Die Welt — ein Traum ?...", cit.

37. "agentes arregimentadores do ser" (N. do T.).

38. Id., "Stable Knowledge?", cit.

cas."[39] Fato semelhante começou a ser tematizado por K. Argyle com base no exemplo da morte[40]. De repente há várias mortes possíveis. Por um lado, pode-se morrer para a rede, isto é, deixar alguns campos ou sair completamente da rede. Ou morrem "criaturas" no mundo virtual com as quais a pessoa se identifica ou pelas quais fica de luto[41]. Por outro lado, ainda existe a morte real. Todavia, o morto, de morte real, pode, por sua vez, tornar-se relevante para a vida na rede. Assim, o morto na realidade efetiva pode continuar a viver na rede, mas certamente apenas como texto ou imagem, não mais como interventor ativo nos acontecimentos. No ciberespaço, assim como é possível ser uma pessoa com diferentes identidades, também é possível morrer várias vezes.

4. *Anjo*

Torna-se mais visível, a esta altura, que os sujeitos no ciberespaço se caracterizam, sobretudo, por não ter uma corporalidade e, ao mesmo tempo, por seu caráter de intelecto e por suas múltiplas identidades. Tais definições motivam alguns teóricos da realidade virtual a comparar os sujeitos virtuais a anjos. Isso porque tais características correspondem a alguns atributos que Tomás de Aquino prescreve aos anjos. Ele os avalia como seres imateriais: "... *impossibile est quod substantia intellectualis habeat qualemcumque materiam*", "... *substantia intellectualis est omnio immaterialis*"[42]. Uma vez que lhe falte a matéria enquanto princípio de individuação, todo anjo é visto como um gênero, isto é, não é própria para o anjo a identidade que cabe a um indivíduo. Tomás insiste em afirmar que não pode haver dois anjos de uma mesma espécie[43]. Outro paralelo surge da capacidade do anjo de assumir corpos diferentes, comparável ao sujeito no ciberespaço, que pode se fixar em vários computadores: "*Cum igitur angeli neque corpora sint, neque habeant corpora naturaliter sibi unita, ut ex dictis patet, relinquitur quod interdum corpora assumant*"[44]. Desse modo, a corporalidade virtual —

39. Guggenberger, B. "@ oder: Das Ende der Berührbarkeit", *Die Presse*, Spectrum, n. 24 (25/5/1997): if., I.

40. Argyle, K. "Life after Death", in Shields, R. (org), *Cultures of Internet. Virtual Spaces, Real Histories, Living Bodies*, London, 1996, pp. 133-142.

41. Mais sobre a morte de criaturas artificiais, ver Wessley, C., "Creatures. Ein Essay über Anspruch und Realisierung", in Faculdade Católica de Teologia da Universidade Karl-Franz, Graz (org.), *Theologie Interaktiv*, Graz, 1997 (CD-ROM).

42. *Suma Teológica* (ST) I, 50, q. 2. Esta e as citações seguintes foram retiradas de Aquino, Tomás de, *Summa Theologica, 4. Schöpfung und Engelwelt*, org. pela Associação das Academias Católicas, Salzburg, 1936.

43. ST, I, 50, q. 4: "... *sequitur quod impossibile sit esse duos angelos unius speciei* ...".

44. ST, I, 51, q. 2.

que é prescrita a um sujeito virtual e se esgota de tal modo neste que se torna um mero corpo de máquina — é certamente abreviada de modo reducionista.

Assim como a figura do arcanjo se tornou comum nos debates éticos em torno do método de R. M. Hare[45], os anjos têm sido muito freqüentemente tomados como objetos de comparação da subjetividade virtual[46]. Ao lado dos paralelos já mencionados, são de interesse, sobretudo, a dependência e a independência espacial e temporal, tanto dos anjos como dos sujeitos no ciberespaço. Segundo Tomás de Aquino, o anjo pode não estar simultaneamente em todas as partes[47], mas mesmo assim ele não depende do movimento constante ao qual um ser terreno está ligado; ao contrário, o anjo é capaz de cruzar o espaço como que em saltos: "*Et potest etiam totum locum simul dimittere, et toti alteri loco simul se applicare; et sic motus ejus non erit continuus*"[48]. Mas, em comparação a este, o sujeito virtual parece apresentar ainda outra vantagem. Assim como mostrou G. Groβklaus, a partir da invenção da televisão, e do costume de assistir à televisão, tornou-se possível alternar simultaneamente entre localidades isoladas e, com isso, suprimir diferenças espaciais[49]. Enquanto o anjo fica sujeito a um movimento consecutivo, para o espectador de televisão ou para o cibernauta não há dificuldades em estar em locais diferentes ao mesmo tempo.

Pode-se traçar ainda um paralelo em relação à existência temporal do anjo e do sujeito virtual. Aquino não fala dos anjos como *immortalitas perfecta*, mas sim como seres não-transitórios. O motivo para a *incorruptibilitas* reside no fato de o anjo ser apresentado como um ser imaterial[50]. Já que apenas a matéria está sujeita à transitoriedade, um ser sem corpo pode perpetuar-se sem sucumbir. O sujeito armazenável em dados e reduzido puramente a conteúdo informativo também parece ser materialmente independente no ciberespaço, de modo que não se cogita uma destruição, o que torna o viver eterno aparentemente possível. No entanto, tal eternidade não é a eternidade no sentido de *aeternitas*, mas sim no sentido de *sempiternitas*[51].

45. Ver os textos respectivos em Fehige, C., Meggle, G. (orgs.), *Zum moralischen Denken*, n.2, Frankfurt/M., 1995. Ver, por exemplo, Capurro, R., *Leben im Informationszeitalter*, op. cit., pp. 78-114.

46. Ver, por exemplo, id., ibid.,

47. ST, I, 52, q. 2: "... *sequitur quod non sit ubique, nec in pluribus locis, sed in uno loco tantum*".

48. ST, I, 53, q. 1.

49. Groβklaus, G., "Das technische Bild...", cit., pp. 130, 141.

50. ST, I, 50, q. 5: "*Ipsa igitur immaterialitas angeli est ratio quare angelus est incorruptibilis secundum suam naturam*".

51. Ver essa distinção no contexto do saber permanente: Capurro, R. "Stable Knowledge?", cit.

A possibilidade de poder assumir máquinas diferentes como base material confere estabilidade ao sujeito virtual, que parece despido de uma corporalidade pertencente e identificável apenas a ele, e o protege contra a efemeridade. Assim, a desvinculação do corpo — uma vez que o corpo só se apresenta como obstáculo — alimenta a esperança de desligamento espacial e temporal e, com isso, a ansiedade por imortalidade mediada tecnicamente.

Apesar de todos os paralelos traçados entre anjos e infonautas, uma diferença costuma ser esquecida com freqüência. Como o próprio nome revela, o anjo é um mensageiro, geralmente um mensageiro de Deus, e representa a autenticidade da mensagem anunciada. Um anjo não apenas informa, mas testemunha o que diz. Ele é portanto uma imagem que atesta, por exemplo, que Deus, enquanto pessoa, representa o que o anjo anuncia. Contudo, essa dimensão raramente torna-se significativa na discussão sobre o ciberespaço. Toma-se por tácito que o sujeito digital não é pessoalmente responsável por sua mensagem. As diferentes identidades que ele pode assumir já despersonalizam o que é dito e tornam isso mera informação; a autenticidade de quem transmite essa informação não tem mais importância. P. Sloterdijk aponta para um desenvolvimento como este na sociedade das mídias ao afirmar que, hoje, todos os anjos gostariam de assumir o sentido de mensageiros, mas que estes, por um lado, não teriam nada a dizer e, por outro, não estariam preparados para receber, eles mesmos, uma mensagem. Em tal "época dos anjos vazios", não se poderia mais falar tampouco de um Evangelho. O fato de um "niilismo midiático" ser hoje dominante representa o "*des-angelho* do presente"[52]. Fica claro que os "anjos", no ciberespaço, passaram de mensageiros a meros informantes.

5. *Autodeificação*

Com a negação gnóstica do corpo e com a tendência daí decorrente de libertar-se do corpo e transformar-se em um ser de puro intelecto, o caminho parece estar aberto para livrar-se da efemeridade. Nos dois últimos itens, tentei mostrar que a base para euforias motivadas pela religião que dizem respeito ao ciberespaço deve ser procurada principalmente em tais idéias. Graças à imaterialidade dos sujeitos virtuais e de sua capacidade de poder assumir como corpo máquinas diferentes, pessoas reais esperam, por meio da

52. Sloterdijk, P., Heinrichs, H.-J., "Kantilenen der Zeit. Zur Entidiotisierung des Ich und zur Entgreisung Europas", Peter Sloterdijk em conversa com Hans-Jürgen Heinrichs, *Lettre International*, cad. 36/1 (1997): 71-77, 75.

mutação em cibernautas, tornar-se independentes do tempo e do espaço e, com isso, fugir à efemeridade. O que reforça ainda mais essas idéias é o fato explícito de que tais desejos são tecnicamente realizáveis. Ou seja, a própria pessoa pode *transformar-se* em uma pessoa como esta. P. Lévy fala de um "céu imanente" e vê o discurso teológico substituído por um "dispositivo tecnológico definitivo, semiótico e sociorganizador"[53]. Em seu jeito de falar que nos lembra a linguagem religiosa, ele afirma: "Trata-se ainda da aproximação humana do ideal divino..., mas desta vez são coletividades humanas concretas e reais que constroem, em conjunto, os seus céus, que recebem sua luz de pensamentos e criações surgidos aqui embaixo. O que era teológico torna-se tecnológico"[54]. O "mundo celestial dos anjos" torna-se o "campo dos mundos virtuais", e isso graças à construção técnica[55].

É clara a possibilidade de se realizar tecnicamente os sonhos de imortalidade e de vida eterna. Não se trata portanto — como em F. Bacon — de reproduzir a condição do Paraíso perdido[56], mas de simular o respectivo paraíso e o respectivo Deus. O tema principal não é mais a semelhança divina do homem, mas a semelhança humana de Deus. Primeiramente, o cibernauta parece se comportar segundo a figura feuerbachiana do pensamento, de acordo com a qual o ser humano projeta no céu a imagem idealizada do seu ser[57]. Assim, S. L. Talbott afirma que a consciência humana teria sido um dia o palco sobre o qual os deuses se apresentavam, mas que agora o ser humano teria se tornado "adulto", "*so as to stand firmly within himself and to project his own thoughts out into the universe*[58.59]". Mas não é a imagem ideal de si próprio que é lançada sobre o céu, mas a imagem de um Deus que lhe seja adequada; além disso, ele não é projetado sobre o céu, mas no mundo virtual. E, se olharmos mais detalhadamente, veremos que não é apenas intelectualmente projetado, mas tecnicamente simulado.

53. Lévy, P. *Die kollektive Intelligenz. Für eine Anthropologie des Cyberspace*, Mannheim, 1997, p.106.

54. Id., ibid., p. 100.

55. Id., ibid., p. 106.

56. Ver, por exemplo, Bacon, F., *Valerius Terminus. Von der Interpretation der Natur mit den Anmerkungen von Hermes Stella* (inglês-alemão), Würzburg, 1984, p. 42: "... é a restituição e o reinvestimento (em grande parte) do homem para a soberania e o poder... que ele tinha no primeiro estado da criação" [trad. nossa]. Cf. também Liedke, G., *Im Bauch des Fisches*, Ökologische Theologie, Berlin, 1979, pp. 66s.

57. Cf. Feuerbach, L., "Das Wesen des Christenthums", in Bolin, W. (org.), *Sämtliche Werke*, vol. 6, Stuttgart, 1960, p. 222.

58. "mantendo-se firme consigo mesmo e projetando os seus próprios pensamentos por todo o universo" (N. do T.).

59. Talbott, S. L., *The Future Does Not Compute. Transcending the Machines in Our Midst*, Sebastopol, 1995, p. 336.

Tais simulações despersonificam Deus. Não é Deus que é simulado mas antes as crenças das religiões concretas nas atitudes que se esperam de Deus no futuro, como a redenção, a ressurreição ou a obtenção da imortalidade. F. J. Tipler, por exemplo, para escapar da morte do universo por esfriamento, sugere que o ser humano, que ele define como uma máquina de vários estados finitos[60], colonize o universo em sondas de Von-Neumann e, durante o colapso final, se deixe influenciar de tal modo pela divisão de energia, que os fluxos de energia se mantenham constantes. Desse modo seria possível continuar mediando informação e, como conseqüência, o ser humano, que Tipler reduz à informação, seria reconstruído e adquiriria vida eterna, isto é, a "ressurreição". Imortalidade, segundo muitos teóricos do ciberespaço, deve ser adquirida e conquistada por meio de "*DNA downloading and brain decoding*[61.62].

A atitude antes atribuída a Deus é agora realizada tecnicamente pelo próprio ser humano. Fantasias de ressurreição são tidas como tecnicamente realizáveis[63]. De maneira semelhante constitui-se, por sua vez, o método para a libertação do corpo real. O corpo é considerado o obstáculo que impossibilita o ser humano de superar as próprias debilidade e efemeridade. "A dissolução do corpo surge como redenção da fraqueza efêmera e da materialidade fugaz deste..."[64] Por meio da divisão dualista em intelecto e corpo e atribuição ao corpo de uma contingência tida como negativa, a eliminação do corpo torna-se a tarefa técnica prioritária. A existência descorporalizada torna-se a utopia de uma vida redimida e sossegada. Ao discutir as noções tecnocratas da redenção (de Moravec), Bühl vê em tais tentativas "uma versão moderna do mito cristão da ressurreição na Era de dominância da máquina"[65]. Dado o fato de que a compreensão cristã da relação corpo-alma era fortemente dualista e as posturas de animosidade ao corpo tinham relevância conjetural, isso pode ter tido forte influência sobre as cargas religiosas da subjetividade virtual. Juntando tais idéias à substituição técnica do corpo por máquinas, o ato de redenção torna-se uma questão humana. Realidade virtual surge como "*raw and unbounded potential for new being*[66.67]". Esse novo ser é o resultado da "redenção digi-

60. Tipler, F. J., *Die Physik der Unsterblichkeit. Moderne Kosmologie, Gott und die Auferstehung der Toten,* München, 1994, p. 58.

61. "[...] deve ser adquirida e conquistada através de *downloads* de DNA e da decodificação do cérebro" (N. do T.).

62. Talbott, S. L., *The Future Does Not Compute,* p. 331.

63. Cf. Heim, M., *The Metaphysics...*, op. cit., p. 121.

64. Münker, S., *Was heißt ...*, op. cit., p. 111.

65. Bühl, A. *CyberSociety,* op. cit., p. 177.

66. "Um potencial bruto e sem vínculos para o novo ser" (N. do T.).

67. Talbott, S. L., *The Future Does Not Compute,* op. cit., p. 331.

tal"[68] e encontra no ciberespaço o espaço paradisíaco constituído pelo próprio sujeito redimido. O mais fascinante em tais concepções é que se pode chegar ao paraíso antes mesmo de morrer[69].

Por ora gostaríamos de crer que noções que dão origem a tais soteriologias acabam por alcançar uma duplicação da realidade. Para a realidade na qual os usuários de computador operam seu PC e vivem em unidade de corpo e alma, a realidade virtual é acrescentada como realidade alternativa produzida tecnicamente. Assim como no exemplo acima do paradoxo do corpo, diferentes mortes são possíveis e podem-se imaginar identidades múltiplas ao lado da identidade na realidade concreta. Contudo, tão logo noções soteriológicas entrem em jogo, entra em ação a tendência de substituir a realidade concreta por uma realidade virtual que se presume melhor que a real. Trata-se então da eliminação real da existência terrena e, a partir daí, da "*substituição* simulada do mundo e da realidade"[70]. Ambiciona-se, por assim dizer, um mundo que transcenda a realidade concreta e se apresente como realidade técnica.

A substituição da realidade concreta pela virtual apresenta-se como espaço para as possibilidades tradicionalmente não-realizadas. Já que, para o mundo da substituição, as possibilidades surgem como peças a serem realizadas no futuro, uma soteriologia mediada por simulações de computador é essencialmente voltada para o futuro. Enquanto a televisão ainda era um meio presencial, o computador, como um meio de possibilidades, é marcado pela futuridade[71]. Por causa da exeqüibilidade técnica dos mundos virtuais, esse futuro é, ao mesmo tempo, produzível pelo ser humano e, a partir disso, aplicável ao presente. Desse modo, o futuro possível não se mantém como uma grandeza indisponível, mas como construção técnica presente e, por conseguinte, real. Uma vez que se articulam tais possibilidades no âmbito das noções religiosas, a tensão cristã entre a escatologia futura e presente é dissipada a partir do pólo do presente. Isso porque a então indisponível atitude redentora de Deus no futuro encontra-se agora disponível no presente. Redenção é *agora* exeqüível, aliás pelo próprio ser humano. No lugar de Deus como redentor, surge o cibernauta, que, no espaço virtual, simula — quase individualmente — as condições para o seu ser redimido. A pessoa aparentemente capaz de redimir a si mesma dispõe do que antes encontrava-se indisponível.

---

68. Cf. o título: Weigel, U., "*Tele, Hyper, Cyber – Vorsilben kommender digitaler Erlösung? Nicht nur affirmativen Gedanken zu den Infobahnen*", in http://www.uni-stuttgart.de/UNIuser/hbi/publikat/hbipubl/guides/weigel.htm

69. Wertheim, M., "Ehre sei Gott im Cyberspace", cit., p. 31.

70. Groβklaus, G., "Das technische Bild...", cit., p. 125.

71. Id., ibid., p. 138.

Essa "autodeificação" anda lado a lado com o "apocalipse da Terra"[72]. Isso porque esse projeto de redenção só pode ser colocado em execução se pagarmos o preço do abandono da existência corpórea real. Na qualidade de seu próprio redentor, o ser humano é também o seu próprio recriador. Não é responsável apenas pelo fato de seu "paraíso feito sob medida"[73] encontrar-se no âmbito do possível, mas também pela criação de seu "auto*design*" para a realidade virtual. Esse "brincar de Deus" não se refere apenas à criação de realidades próprias[74], mas também a uma determinação nova da própria identidade para a existência no ciberespaço. Assim como o ser humano cria outros seres para a realidade virtual — como nos jogos de computador[75] —, ele recria a si mesmo segundo a sua própria imaginação. Esse "nosso sonho — ou trauma — de criador"[76] profetiza um novo-ser ilimitado e livre de sofrimento, particularmente porque podemos escolher entre identidades completamente diferentes.

A pergunta que se faz é a seguinte: Que tipo de deuses são esses seres humanos? Fica claro que são deuses que comprovam sua deidade ao realizar tecnicamente, enquanto seres humanos de corpo reduzido e suportados por próteses técnicas, um vínculo temporal e espacial de natureza digital para si mesmos. A mais nobre atitude "divina" é então a auto-redução do ser humano ao intelecto presumido de uma máquina geradora das condições de tal existência. As máquinas produzidas pelo ser humano constituem o quadro de condições para aquilo que a existência digital é capaz de ser. Desse modo, tais pessoas, mediante a autodeificação alcançada tecnicamente, tornam-se um *remake* das próprias máquinas[77].

6. Virtualidade sacra

A concepção apresentada de autodeificação com auxílio técnico mostrou que o âmbito transcendente deve ser posto à disposição por intermédio das pessoas. Desse modo, despe-se Deus, ou aquilo que é transcendente, de sua, por assim dizer, sacralidade, da qual faz parte o momento de indisponibilidade. A um deus disponível, que pode ser inserido no cálculo de uma

---

72. Böhme, H., "Die technische Form Gottes. Über die theologischen Implikationen von Cyberspace", *Neue Zürcher Zeitung*, ed. internac. 86 (13 e 14/4/1996): 53.

73. Sherman, B., Judkins, P., *Virtual Reality: Cyberspace - Computer kreieren synthetische Welten*, Bern, 1993, p. 205.

74. Gottschlich, M., "Informationsgesellschaft ohne Gott?", cit., p. 313.

75. Cf. com a análise de simulação da vida: Wessely, C., "Creatures. Ein Essay über Anspruch und Realisierung", cit.

76. Capurro, R., *Leben im Informationszeitalter*, op. cit., p. 96.

77. Talbott, S. L., *The Future Does Not Compute*, op. cit., p. 339.

racionalidade interesseira, não se pode mais dirigir a palavra como se o faria diante do completamente Outro[78]. Um deus assim não causa mais estranhamento, não está ligado a nenhum mistério; ao contrário, é calculável enquanto abstração. Como se mostrou no item anterior, a simulação da atitude divina causa a perda de uma personalidade divina. Como agente da atitude escatológica e soteriológica, o ser humano surge no lugar de Deus. C. Wessely denomina tal tratamento do sagrado de "travestimento da transcendência"[79]. Para mim, o travestimento parece residir no fato de que a tensão entre o humanamente disponível e o divinamente indisponível é desviada para uma dicotomia local. Os âmbitos mantêm-se separados, já que o mundo real e o virtual são mantidos um distante do outro, mas a disponibilidade por intermédio do ser humano determina ambos os mundos. Já que esta é particularmente aplicada no mundo virtual, pode-se entender, sob a máxima da controlabilidade técnica, a tendência de que o mundo real, em favor do virtual, seja desvalorizado e parcialmente substituído.

Apesar da perda da indisponibilidade, fala-se, com referência a simulações, de um mundo sagrado no ciberespaço: a Nova Jerusalém eletrônica é vista como consumação escatológica das noções de ressurreição[80]. M. Benedikt também trabalha com essa metáfora da Nova Jerusalém ("*The Heavenly City*"[81]) e afirma que essa cidade, na imaginação dos teóricos da informação, é marcada por completude e sacralidade ("*whole and holy*")[82].

Mesmo que Deus seja exonerado e sua função pareça ser transferida para o ser humano, algumas definições costumeiramente atribuídas ao sagrado ainda se mantêm. A título de exemplo, a "possibilidade de ser-completo" e a "salvação", entendida como "o ser-completo integral", são tidas como definições básicas do sagrado[83]. E é justamente a esse cruzamento de ser-completo e sagrado que se refere também a metáfora da Jerusalém celestial (M. Benedikt). O espaço de constituição do ciberespaço promete, com a ajuda de meios técnicos, a possibilidade de construção de uma existência integral, que preenche a ânsia pelo sagrado e pela vida imaculada. Desse modo, o ciberespaço é experienciado como espaço sagrado; para entrar

78. Para a definição do sagrado como o (completamente) Outro, cf. Otto, R., *Das Heilige. Über das Irrationale in der Idee des Göttlichen und sein Verhältnis zum Rationalen*, München, 1979, pp. 28-37.

79. Wessely, C., *Von Star Wars*, op. cit., p. 215.

80. Talbott, S. L., *The Future Does Not Compute*, op. cit., p. 331.

81. "A cidade celestial" (N. do T.).

82. Benedikt, M., "Introduction", cit., p. 16.

83. Wucherer-Huldenfeld, A. K., "Gotteserfahrung als ursprüngliche Erfahrung", in id., *Ursprüngliche Erfahrung und personales Sein. Ausgewählte philosophische Studien*, vol. 2, *Atheismusforschung, Ontologie und philosophische Theologie, Religionsphilosophie*. Wien, 1997, pp. 141-157, 153.

nele é necessária uma atitude quase religiosa. Isso porque ele é o lugar para o Eu em si, que, enquanto Eu redimido, deve conseguir um novo espaço de desenvolvimento. A vida no ciberespaço vale como uma vida redimida, salva e sagrada, que contrasta com a vida real.

A tendência de enxergar nos novos meios um espaço de experiência para a transcendência também se encontra em M. McLuhan. McLuhan ataca M. Eliade por ele só aceitar enquanto pessoas sagradas os seres humanos pré-alfabetizados, isto é, os que só se comunicam oralmente, pois Eliade relaciona o alfabeto, e com isso toda a cultura escrita, com a racionalidade, concebendo o sagrado apenas como algo irracional[84]. Independentemente do fato de McLuhan ser justo com a abordagem de Eliade, chama atenção o fato de que McLuhan não queira saber de limitar o caráter arcaico da experiência religiosa apenas a uma cultura oral. Para os progressos da eletrotécnica, que tornaram possíveis os novos meios, "o homem moderno teria trazido ainda todas as dimensões do ser humano arcaico"[85]. Por essa razão, a concepção de Eliade, de chamar apenas o homem oral de religioso, seria "tão arbitrária e estranha à realidade quanto querer chamar todas as loiras de burras"[86]. McLuhan engaja-se na idéia de não ligar a experiência religiosa exclusivamente a um determinado meio, considerando cada uma de suas manifestações segundo o seu meio.

No entanto, resta perguntar a que conteúdos tal possibilidade de experiência religiosa está ligada. As análises acima demonstraram que se trata de uma espécie de sacralidade sem Deus, ligada à disponibilidade técnica de desejos soteriológicos e escatológicos. Diferentemente das concepções clássicas, nas quais a experiência do sagrado está atrelada essencialmente à indisponibilidade deste, outro momento do sagrado atrai para si a atenção a partir da idéia dominante de disponibilidade e produtibilidade nos meios modernos. Noções determinadas por seus conteúdos não são mais ponto de partida para a experiência do sagrado, mas sim o meio em si. Redenção, ressurreição, vida melhor etc., tudo isso parece secularizado e disponível. Mas o fato de que essas utopias de produção parecem agora se realizar é considerado como não estando, ele mesmo, novamente disponível.

As experiências religiosas na internet não são "em tal medida passíveis de ser experienciadas, como eram via meios tradicionais"[87]. Isso porque o meio em si modifica o que é experienciável. A transformação dos

84. Mcluhan, M., *Die Gutenberg-Galaxis. Das Ende des Buchzeitalters*, Bonn, 1995, pp. 87s.

85. Id., ibid., p. 86.

86. Id., ibid., p. 88.

87. Segundo Vogel, W., "Gottesdienste im Cyberspace", in Katholisch-Theologische Fakultät der Karl-Franzens-Universität Graz (org.), *Theologie Interaktiv*, Graz, 1997 (CD-ROM).

conteúdos é o verdadeiro elemento surpreendente que permite a experiência religiosa. Como observa G. Groβklaus, é a novidade da simulação que é particularmente interessante. "Os novos mundos imagéticos simulados, que a computação gráfica e a animação por computador tornam acessíveis para nós, são repletos de estímulos ao mesmo tempo atraentes e inquietantes [sic!]..."[88] A duplicidade entre atração e inquietação referida surge especialmente na utilização dos novos meios. Fazendo referência a uma passagem da obra *Lutetia*, de Heinrich Heine, Groβklaus aponta para o fato de que esse duplo estímulo está ligado à novidade de uma evolução: "[...] o desconhecido... [exerceria] seu estímulo sombrio, atraente e ao mesmo tempo inquietante"[89]. Mas, particularmente, os dois momentos de disposição a que Groβklaus se refere são justamente definições que R. Otto atribui ao sagrado. O novo e, ao mesmo tempo, desconhecido representa, enquanto "*tremendum*"[90] e "*fascinans*"[91], o fator sombrio que, apesar de toda disponibilidade técnica, dá ao novo um tom sagrado.

Heine cunhou a citação acima para o desenvolvimento das vias férreas. Desse modo, não parece tão distante a idéia de que, de modo análogo ao efeito de habituação em relação ao transporte ferroviário, também os novos meios, no mais tardar na geração agora em desenvolvimento, venham a se tornar óbvios. Isso significaria que os momentos de experiência religiosa se perdem à medida que a relação com os novos meios se torna óbvia. Todavia, a estrutura especial dos meios que permitem simulação me parece atestar o contrário. Isso porque — como foi observado anteriormente — os meios passíveis de simulação são meios voltados para o futuro, que definem um espaço de possibilidades e completam esse espaço pela realização artificial. Por meio desse aspecto futuro resta sempre algo a descobrir, isto é: há sempre algo novo a ser alcançado e produzido tecnicamente. Como mostraram as exposições sobre o enlace dos novos meios e das fantasias de conquista, cada vez fica para trás, no ciberespaço, algo novo que ainda está por ser descoberto. O novo enquanto motivação para a construção técnica é, por assim dizer, essencialmente próprio à relação com os mundos virtuais. Enquanto meio do espaço das possibilidades, os novos meios são orientados pela novidade e, por essa razão, seus usuários sempre se encontram entre a atração e a repulsa. Isso significa que a relação com meios passíveis

88. Groβklaus, G. "Das technische Bild...", cit., p. 138.

89. Heine, H., "Lutetia", in id., *Sämtliche Schriften*, vol. 5, org. K. Briegleb e K. H. Stahl, München, 1974, pp. 217-548, 449. O contexto é a construção de trechos de estrada de ferro, que, para Heine, contribuem para a dissolução do espaço. A referência a essa passagem pode ser encontrada em Groβklaus, G. "Das technische Bild...", cit., pp. 136s.

90. Otto, R. *Das Heilige*, op. cit., pp. 14-22.

91. Id., ibid., pp. 42-52.

de simulação confronta-se com definições do sagrado. Esse sagrado é um sagrado sem Deus — a não ser a idéia do ser humano como deus —, mas é um momento do indisponível, já que o espaço em composição das possibilidades nunca é conquistado, nem apreendido.

Independentemente das definições de conteúdo do ciberespaço, a construção de novos mundos virtuais e a navegação por eles mantêm-se com o caráter de receio sagrado. "*The model of user navigation can be balanced by the model of pilgrimage and sacred awe.*"[92.93] Portanto, o aspecto religioso nos cibermundos não está completamente perdido. Embora pela apropriação técnica de noções religiosas centrais uma instância transcendente pareça supérflua, o sagrado mantém-se, ainda assim, experienciável. O meio em si demonstra estar aberto ao indisponível experienciado. "*The ultimate VR (vitual reality; R.E.) is a philosophical experience, probably experience of the sublime or awesome.*[94.95]

Assim, tal experiência religiosa, enquanto experiência do sagrado, também não pode ser negada, se — ainda que temperada por motivações pseudo-religiosas — a dessacralização da vida eterna, da ressurreição, da múltipla identidade etc. deve ser realizada por meio da construção técnica de mundos alternativos. A concretização de sonhos religiosos por intermédio do próprio ser humano pode parecer o fundamento das utopias técnicas do progresso[96], mas essa empreitada não consegue transformar integralmente o indisponível em tecnicamente disponível ou afastar todo pavor diante do indisponível. Também o cibernauta continua a ser desafiado pela experiência religiosa.

7. Novos meios e a pregação das Igrejas

Depois das reflexões acima é possível retomar a hipótese lançada no início deste artigo, segundo a qual uma perspectiva causalmente instrumental dos meios é insuficiente para compreender a pregação. Já que o meio co-determina a mensagem e cunha seu conteúdo, compreendê-lo apenas como um instrumento neutro de pregação é subestimar os novos meios. Teria se tornado compreensível o fato de que ansiedades religiosas não encontram mais seu espaço apenas em comunidades religiosas, e sim que espaços

92. "O modelo de navegação do usuário pode ser ponderado pelo modelo de peregrinação e pavor sacro" (N. do T.).

93. Heim, M., *The Metaphysics...*, op. cit., p. 127.

94. "O estado final da realidade virtual é uma experiência filosófica, provavelmente uma experiência do sublime e do pavoroso" (N. do T.).

95. Id., ibid., p. 137.

96. Cf. Böhme, *Die Technische Form Gottes*, op. cit., p. 53.

midiáticos substitutivos são capazes de desviar a atitude religiosa e canalizá-la para a atitude técnica. Teóricos dos meios como B. Sherman e P. Judkins chegam ao ponto de supor que esse brincar de Deus no "paraíso feito sob medida" colocaria as "Igrejas institucionalizadas diante de desafios até então desconhecidos"[97]. Eles acreditam que as Igrejas, primeiramente, reagirão com recusa, assim como no caso de Galileu Galilei, mas que em seguida, com o auxílio do ciberespaço, darão início à maior onda de conversão desde a época das Cruzadas. A razão para as dificuldades das Igrejas consistiria no fato de que a vida espiritual além das organizações eclesiásticas teria se tornado possível e de que uma nova forma técnica de religião prometeria um paraíso produzível[98].

Ainda que essas exposições soem exageradas, não se pode deixar de reparar que as Igrejas estão colocadas diante dos desafios mencionados. A princípio já existem discussões teóricas sobre a situação social modificada pelos novos meios. Por exemplo, o Conselho das Igrejas Evangélicas da Alemanha e a Conferência Episcopal Alemã, em sua declaração conjunta "Chances e riscos da sociedade midiática"[99], apontaram perigos isolados na sociedade midiática e formularam suas conseqüências. Contudo, falta ainda uma discussão mais aprofundada dos novos meios em si. Foi realizada também, depois da primeira European Christian Internet Consultation, em novembro de 1996, a Second European Christian Internet Conference, em julho de 1997 (Lancester, na Inglaterra). No entanto, o documento emitido nessa ocasião — *The Lancester Challenge*[100.101] — tem um teor muito restrito e é demasiadamente genérico. Houve também na Stift Heiligenkreuz, nos arredores de Viena, em setembro de 1997, um congresso internacional sob o título O Destino do Homem na Era da Comunicação, realizado a partir do convite da Association des Colloques Culturels Européens. Desse evento surgiram iniciativas locais, como a participação do Instituto Religioso-Pedagógico (*Religionspädagogisches Institut*) da Diocese de Graz-Seckau em um projeto de internet — lançado pelo governo de um dos Estados austríacos — chamado Plataforma Cultural[102]. Mas a consciência das conseqüências

97. Sherman, B., Judkins, P., *Virtual Reality*, op. cit., p. 205.

98. Id., ibid., pp. 206s.

99. Kirchenamt der Evangelischen Kirche Deutschlands / Sekretariat der Deutschen Bischofskonferenz (org.), *Chancen und Risiken der Mediengesellschaft*, declaração conjunta da Conferência Episcopal Alemã e do Conselho das Igrejas Evangélicas na Alemanha, Hannover/Bonn, 1997. Cf. também os comentários de H. Baloch, C. Weist e M. Thull em *multiMEDIA*, n. 11 (1997): 8s.

100. "O desafio de Lancester" (N. do T.).

101. http://ecic.ucsm.ac.uk/ICIC/challenge.htm#deutsch

102. Notícia de 17/9/1997, no *KathWeb*, in http://www.kathpress.co.at/kathweb/nr/97q3/kp975380.htm

da aplicação dos novos meios para a mensagem em si parece ainda não estar sendo refletida em grande parte do âmbito eclesiástico.

Graças à aplicação dos meios modernos, a qualidade da mensagem é transformada, deixando de ser um testemunho, como é chamada na perspectiva cristã, para se tornar informação. Isso significa que a pessoa não responde mais pelo conteúdo daquilo que diz, mas desaparece por trás de uma comunicação de dados que é neutra em relação à pessoa. Enquanto no meio televisivo apenas o tempo real garante a autenticidade do que é dito, e não mais o local ou a sociedade[103], no meio computacional o tempo real, enquanto garantia de validade do que é dito, também se perde. Os conteúdos tornaram-se informações neutras, que roubaram a "ἀγγελία" do momento de uma mensagem responsável. Há muito tempo que o "dar-conhecimento-de-algo" não é mais uma atitude sagrada como na Antigüidade[104], mas apenas uma transmissão de informação. Com os novos meios, chegamos ao ponto em que — como mencionado em relação a Sloterdijk — os conteúdos se volatilizam e "anjos vazios" entram em atividade como mensageiros que não encontram receptores nem para a sua informação, muito menos ouvintes para o seu discurso. Capurro tem razão ao afirmar que "*'Angelia' displaces 'logos'*"[105.106]. No entanto, o envio de mensagens está de tal modo desgastado, que o componente pessoal se perdeu em virtude da redução à informação, e as informações isoladas, a partir do momento em que se pode dispor de enormes quantidades de informação, têm cada vez menos significado. Isso quer dizer que da mensagem enquanto discurso testemunhal resta apenas o rudimento da transmissão de informação, e que falantes e ouvintes transformam-se em meros emissores e receptores. Assim, encontrar caminhos dependerá de não entregarmos à exeqüibilidade técnica a indisponibilidade em si do sagrado e do transcendente — pela transmissão midiática irrefletida — e de não transformarmos o ser humano em um fiel devoto do ciberespaço[107].

A pregação das Igrejas, se quer fazer uso dos novos meios, não deverá considerar apenas o que, em vista do significado social destes, há de ser almejado. Além disso, deve ser levado em consideração o fato de que os novos meios são, sobretudo, meios de comunicação. Isso significa que não

---

103. Groβklaus, G., "Das technische Bild...", cit., p. 130.

104. Capurro, in id., *Leben im Informationszeitalter*, op. cit., p. 104, remete, para isso, a Homero e Píndaro. Algo semelhante vale também para a Bíblia.

105. "*Angelia* substitui o *logos*" (N. do T.).

106. Capurro, R. "Stable Knowledge?", cit.

107. C. Schönborn fez referência a isso em sua conferência "Menschenbild in einer digitalisierten Gesellschaft" (A imagem do homem em uma sociedade digitalizada), realizada no âmbito das "Technologiegespräche" (Conversas sobre tecnologia), em Alpbach (22/8/1996). Texto original em http://www.kathpress.co.at/kathweb/o-text/ebs_alpb.htm

apenas a transmissão unilateral de informação é típica deles, mas também a reciprocidade do intercâmbio. C. Schönborn conclui que a "informação... ainda [não seria] comunicação" e que a "interatividade dos novos meios... não [garantiria] por si só uma comunicação melhor, ainda que [pudesse] ser um instrumento dela"[108]. Uma vez que se instrumentalizem os novos meios para a pregação, esse procedimento terá efeitos também sobre o estilo da informação. A. Worm chamou a atenção para o fato de que o modo eclesiástico de se comunicar, de cima para baixo, não corresponde aos novos meios[109]. McLuhan também enfatiza que, na era eletrônica, estruturas piramidais terão cada vez menos significado prático, já que, em um "'campo simultâneo' de estruturas elétricas de informação", raramente existirá uma mera transmissão unilateral de informação[110]. A interatividade é inerente aos novos meios[111]. E isso as Igrejas não poderão ignorar.

---

108. Ibid.

109. Worm, A., "Kirche und Medien", in Sekretariat der Österreichischen Bischofskonferenz (org.), *Kirche in der Gesellschaft. Wege in das 3. Jahrtausend*, St. Pölten, 1997, pp. 323-327, 324: "Mesmo através dos modernos meios de comunicação, a Igreja se comunica como no século passado: de cima para baixo".

110. McLuhan, M., *Die Gutenberg-Galaxis*, op. cit., p. 175.

111. W. Vogel leva em consideração esse fato em sua concepção para um culto no ciberespaço. Ver Vogel, W., "Gottesdienste im Cyberspace", cit.

Direito da informação na Áustria*

Gerhard Reichmann

1. Introdução

No texto a seguir, pretende-se oferecer um breve panorama sobre o conceito e o teor do direito da informação (*Informationsrecht*), com base na situação jurídica na Áustria. A inserção do tema "direito da informação" no complexo temático "ética da informação" resulta inicialmente da própria relação entre os respectivos conceitos superiores, ou seja, da relação entre direito e ética. A ética — em uma formulação muito simplificada — ocupa-se dos comportamentos socialmente desejados e deduz daí, além de normas comportamentais que por si mesmas já são objeto do direito escrito, ainda outras linhas condutoras para o comportamento cuja observância é recomendada pelos usos, pela razão e pela moral, mas cuja violação não acarreta quaisquer conseqüências negativas claramente definidas. O direito, por outro lado, fixa comportamentos permitidos e comportamentos proibidos, e o faz, em termos ideais, de maneira unívoca e obrigatória. Assim, a ética é o conceito amplo, e o direito, o conceito restrito. De modo característico, as normas de comportamento firmadas pelo direito poderiam ser antecedidas da expressão "é vedado ...", no que diz respeito a proibições jurídicas, e "é imprescindível...", no que toca a mandamentos jurídicos; de outra parte, as normas que a ética desenvolve para o espaço juridicamente livre poderiam ser antecedidas da expressão "não se deve...", para as proibições éticas, e "deve-se...", para os mandamentos éticos. Caso se leve em conta essa relação entre ética e direito no campo da informação, resulta daí que a "ética da informação", ao lado das normas de comportamento no campo da informação já manifestadas no "direito da informação", ocupa-se também com aquelas que de momento se encontram em um espaço livre de

* Tradução: Paulo Astor Soethe.

juridicidade. O "direito da informação", assim, seria a parte da "ética da informação" firmada em normas escritas.

No item a seguir, serão esclarecidos em maior detalhe o conceito de "direito" em geral e o de "direito da informação" em particular. Na seqüência, encontra-se uma representação condensada de campos específicos do direito da informação austríaco: o direito de proteção a dados pessoais (*Datenschutzrecht*) previne em primeira linha o abuso de dados referentes a pessoas e deve evitar o armazenamento e a utilização indesejados de informações sobre pessoas em particular. Por um lado, o direito penal, no âmbito do assim chamado direito criminal de informática (*Computerstrafrecht*), pune a destruição e o abuso ardiloso de informações que tenham sido armazenadas ou processadas eletronicamente; por outro lado, na lei de interdição e na lei sobre a pornografia ele inflige pena à divulgação de determinadas informações. O direito autoral, ao contrário, serve à defesa econômica das informações que tenham sido criadas e publicadas por uma pessoa em particular ou por um grupo de pessoas. As informações geralmente são difundidas pelos meios de comunicação. As "regras do jogo" para essa difusão de informações inclui o direito de imprensa e telecomunicação (*Medienrecht*), que basicamente assegura a liberdade aos meios de comunicação social, mas que, em casos especiais, limita essa mesma liberdade em defesa dos que sejam atingidos pela difusão de notícias por tais meios.

2. Conceito e divisão do direito

Hoje em dia, existe uma multiplicidade de definições do conceito de direito. Muitas delas criam antes o caos que a clareza, na medida em que decompõem o conceito que deveriam esclarecer em numerosos conceitos inferiores, pouco elucidativos ou parcialmente incompreensíveis. Esse fenômeno também ocorre na divisão do direito. De outra parte, herdou-se da jurisprudência romana apenas *uma* definição do direito, que reza[1]: *Ius est ars boni et aequi* ("O direito é a arte do que é bom e adequado"). Essa definição, de autoria do jurista Celsus, é originária do século II d.C.

Nas explanações a seguir, não se empreenderá primeiramente a tentativa de definir com exatidão o conceito de direito; mais que isso, pretende-se revelar as diversas dimensões do direito, para que se tenha um panorama do que o direito é ou deveria ser.

1. Mayer-Maly, 1993, p. 5.

2.1. Direito em sentido objetivo — direito em sentido subjetivo

O direito em sentido objetivo documenta a ordem externa do convívio humano[2]. Normas definem o comportamento desejado e punem os desvios de comportamento. O direito de proteção a dados pessoais, o direito criminal de informática, o direito autoral e o direito de imprensa e telecomunicação são exemplos do direito em sentido objetivo.

O direito em sentido subjetivo é a soma de todos os direitos (atribuições ou conquistas de direitos) deduzidos do direito em sentido objetivo, em favor de pessoas naturais ou jurídicas em particular. Assim, por princípio um direito subjetivo subsiste tão-somente quando embasado num direito objetivo. Dito de outra maneira, o direito objetivo representa o di-reito geral, e o direito subjetivo, a atribuição ou a conquista de um direito individual.

O exemplo a seguir pode esclarecer melhor essa relação entre direito objetivo e subjetivo: o direito autoral, enquanto direito em sentido objetivo, normatiza entre outras coisas o direito do autor a denominar-se autor de sua própria obra. Assim, se uma pessoa natural qualquer criou uma obra no sentido do direito autoral (um autor escreve um livro novo, por exemplo), então essa pessoa, sobre a base do direito objetivo, dispõe da atribuição do direito subjetivo de se denominar a si mesma autora dessa obra, ou ainda do direito subjetivo a ser sempre designada autora des-sa obra.

2.2. Direito natural — direito positivo

O direito natural, como direito racional, é atemporal e universalmente válido. As normas desse direito não são criadas, modificadas ou anuladas por seres humanos; devem ser vistas, sim, como algo que dispõe de existência esotérica. Por outro lado, no que se refere ao direito positivo, trata-se do direito criado pela respectiva sociedade. Aqui, portanto, a comunidade humana atribui a si mesma uma ordem jurídica. Daí decorre que as ordens jurídicas em particular estejam em transformação permanente, à qual subjazem com freqüência reflexões de ordem ética. As considerações a seguir limitam-se ao âmbito do direito positivo[3].

2.3. Divisão do direito

Na divisão do direito apresentada a seguir trata-se de uma disposição panorâmica e muito simplificada do direito em campos jurídicos indivi-

---

2. Heidinger et al., 1993, pp. 16s.
3. Id., ibid.

duais, segundo pontos de vista dos conteúdos. O objeto dessa consideração limita-se ao direito positivo escrito.

A diferenciação essencial no campo do direito positivo é a que se faz entre direito privado e direito público. Por oposição ao direito público, em que prevalece o interesse público, ou seja, comunitário, no direito privado é o interesse de sujeitos jurídicos em particular que fica em primeiro plano.

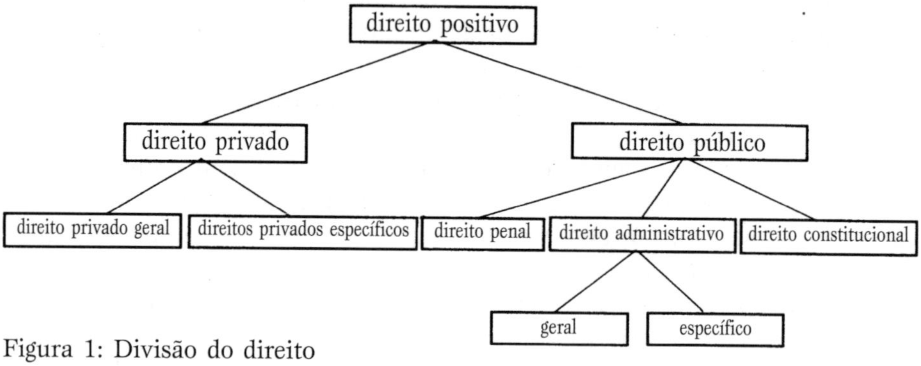

Figura 1: Divisão do direito

No interior do direito público diferenciam-se o direito constitucional, o direito administrativo e o direito penal. O direito penal compreende as normas jurídicas máximas[4] no interior do Estado e encontra-se, na Áustria, sobretudo na Lei Constitucional Federal (LCF; *Bundes-Verfassungsgesetz*, B-VG). No direito constitucional estão regulamentadas as instituições fundadoras de um Estado democrático, bem como os princípios fundamentais do Estado, a legislação ou o cumprimento da lei. O objeto do direito administrativo consiste essencialmente na regulamentação das atividades da administração pública; o direito constitucional geral ocupa-se em primeira linha de questões significativas para a administração como um todo (características do ato administrativo, por exemplo); ao contrário, o direito constitucional especial constitui-se da simples totalidade das leis administrativas. O volume de leis como essas é enorme: cerca de 90% da matéria jurídica são leis administrativas[5]. O direito penal constitui-se das normas jurídicas que regulamentam, em favor da defesa da comunidade, quais as formas comportamentais proibidas e sob que ameaças penais.

4. A "estatura" de uma norma legal resulta da gradação da ordem jurídica segundo a qual se distinguem direito constitucional, leis e decretos. Isso é que determina se normas legais dos planos hierárquicos superiores tornam-se obrigatórias para normas legais dos planos inferiores. Assim, decretos vinculam-se a leis, e leis, a direito constitucional.

5. Raschauer, 1994, p. 11.

No âmbito do direito privado diferenciam-se um direito privado geral, que concerne a todos os cidadãos, e os direitos privados especiais, que tangem somente a determinados grupos populacionais. Direitos privados especiais são, por exemplo, o direito comercial, o direito trabalhista e o direito sobre bens intelectuais.

Ora, surge a pergunta sobre onde se deve situar, afinal, o direito da informação no âmbito da divisão apresentada acima. Não é fácil responder a isso, e por uma dupla razão. Por um lado, quando se trata do conceito de "direito da informação", não se está diante de uma matéria jurídica delimitada e institucionalizada. A bem da verdade, o direito da informação nem sequer aparece no uso corrente da linguagem jurídica. No acervo da Biblioteca da Universidade de Graz, por exemplo, encontra-se apenas um livro sobre o assunto[6]. Contudo, parece mais que recomendável ocupar-se das prescrições jurídicas relevantes ao campo da informação, haja vista seu crescente significado em todos os âmbitos da vida. Afora isso, é apenas uma questão de gosto decidir se cabe ou não reunir essas normas jurídicas sob o título de "direito da informação". No entanto, quando se parte da existência de um direito da informação próprio, depara-se — em face da classificação desse campo na ordem jurídica mais ampla — com o problema de que o direito da informação é para todos os efeitos uma matéria transversal, independentemente dos campos jurídicos em particular que venham a ser contemplados. Caso se incluam no direito da informação, por exemplo, as matérias jurídicas do direito de proteção a dados pessoais, do direito criminal de informática, do direito autoral e do direito de imprensa e telecomunicação — é o que ora se faz neste capítulo —, então resulta de tudo isso o seguinte quadro, em vista da divisão do direito, tal como apresentada acima: o direito de proteção a dados pessoais e o direito de imprensa e telecomunicação são partes do direito administrativo especial; o direito criminal de informática, junto com a lei de interdição e a lei sobre a pornografia, pertencem ao direito penal; e o direito autoral, como um direito sobre bens intelectuais, deve ser classificado como direito privado especial. Com isso, o direito da informação diz respeito tanto ao direito privado como ao direito público.

3. *Direito de proteção a dados pessoais*

3.1. *Objetivo e história*

O objetivo do direito de proteção a dados pessoais, regulamentado pela Lei de Proteção a Dados Pessoais austríaca (LPDP; *Datenschutzgesetz*,

6. Steinmüller, 1976.

DSG), reside em primeira linha na prevenção contra o abuso de dados pessoais. O direito de proteção a dados pessoais representa um campo jurídico relativamente novo; a LPDP passou a vigorar na Áustria em 1º de janeiro de 1980. Algumas das instituições dedicadas à proteção de dados pessoais, no entanto, já são bastante antigas. Caberia mencionar aqui, por exemplo, o sigilo profissional médico, cujo testemunho mais antigo encontra-se no juramento de Hipócrates, em que se diz, entre outras coisas[7]: "O que vejo e ouço em minha atividade clínica ou o que fico sabendo fora dela, no contato com as pessoas, e que jamais se pode contar a outras pessoas, sobre isso tudo eu calarei, convicto de que tais coisas devem ser mantidas no mais rigoroso silêncio".

Outra regulamentação tradicional em favor da defesa de informações confidenciais de uma pessoa contra eventuais abusos é o sigilo sacerdotal (segredo de confissão), cuja fixação canônica deu-se já em 1215. A violação dessa prescrição poderia ser punida com prisão perpétua.

3.2. Significado

A maior evidência do significado da proteção a dados pessoais ocorre quando se têm em vista os diferentes locais em que, na Áustria, se armazenam dados desse tipo[8]:

— Instituto de Estatística do Ministério do Interior
— Arquivo de Registros do Ministério do Interior
— Instituto de Finanças
— institutos de seguridade social: e aqui há inclusive cooperação com o Instituto de Finanças
— polícia estatal
— cartórios
— cadastro territorial
— campo da saúde (médicos, hospitais, seguros de saúde privados)
— bancos
— igrejas
— câmaras, sindicatos, partidos
— empregadores
— empresas (registros de clientes)
— editoras de listas de endereços

7. Fleissner e Choc, 1996, pp. 33s.
8. Zeger, 1991, pp. 47-131.

3.3. *Definição*

Antes de se iniciar a apresentação dos direitos mais importantes de acordo com a LPDP, é preciso esclarecer alguns conceitos fundamentais do direito de proteção a dados pessoais[9].

No centro da LPDP está a proteção a informações ligadas a pessoas em particular. Trata-se de informes sobre indivíduos quaisquer, armazenados em um suporte de dados convencional ou eletrônico. O interessado, o contratante e o prestador de serviços são os agentes contemplados pela LPDP[10].

Nesse contexto, o contratante é aquele que processa os dados concernentes aos interessados, seja por si só, seja com o auxílio de um prestador de serviços munido de apoio automatizado. O contratante é proprietário dos dados e único interlocutor do interessado, ao passo que o prestador de serviços apenas executa o processamento de dados mediante solicitação do contratante.

Segundo a LPDP, todos os direitos — com exceção do direito ao sigilo — estão circunscritos a dados referentes a pessoas e processados com apoio de recursos automatizados. Esse apoio automatizado é todo e qualquer processamento de dados orientado por um programa e executado por máquinas.

Por fim, ainda é preciso mencionar que o âmbito de vigência das determinações da LPDP está subdividido em três[11]: ao lado das determinações válidas em geral, há as que se restringem ao âmbito público (federação, estado, municípios, representações temporárias) e as que se restringem ao âmbito privado (empresas privadas, associações, comunidades religiosas).

3.4. *Direito fundamental e direito de proteção a dados pessoais*

Esse direito normatizado no § 1° da LPDP, situado em âmbito constitucional, representa a determinação central do direito de proteção a dados pessoais. O direito fundamental à proteção de dados pessoais subdivide-se no direito ao sigilo (§ 1°, inciso 1, LPDP), no direito à informação (§ 1°, inciso 3, LPDP) e no direito à correção e supressão (§ 1°, inciso 4, LPDP).

3.4.1. Direito ao sigilo

O § 1°, inciso 1, da LPDP reza: “Toda pessoa tem direito ao sigilo dos dados pessoais que lhe concernem, à medida que tenha um interesse defensável, especialmente em vista do respeito a sua vida pessoal e familiar”.

9. O texto integral das definições a seguir está contido no § 3 da LPDP.
10. Wittmann, 1991, pp. 17-25.
11 Id., ibid., pp. 14-16.

Dessa determinação resulta que um direito ao sigilo subsiste sob os seguintes pressupostos:

a) É preciso que se trate de dados que se refiram ao interessado (concernência à pessoa).

b) O interessado, no que diz respeito a esses dados, deve ter interesse nesse sigilo e poder defendê-lo.

A particularidade do direito ao sigilo, em face de outras determinações da LPDP, reside na circunstância de que esse direito se refere a todos os dados — e não apenas aos que se processam com auxílio da automatização. O direito ao sigilo, portanto, subsiste também no que concerne a arquivos acessados manualmente (arquivos de pacientes em consultórios médicos que ainda não estão informatizados, por exemplo).

Restrições do direito ao sigilo só são permitidas em favor da garantia de justos interesses de um outro, ou por força da lei[12].

3.4.2. Direito à informação

O § 1°, inciso 3, da LPDP reza: "Toda pessoa, desde que sobre ela se processem dados com o apoio de recursos automatizados e na forma das determinações legais, tem direito à informação sobre quem investiga ou processa dados sobre ela, de onde provêm esses dados, de que natureza e conteúdo eles são e para que serão utilizados".

Ao lado da regulamentação geral do § 1°, inciso 3, da LPDP, ainda se encontram determinações mais detalhadas sobre o direito à informação em seus §§ 11 (para o âmbito público) e 25 (para o âmbito privado), de tal modo que no todo resultam daí as seguintes características:

— A cedência de uma informação pressupõe o processamento automatizado de dados pessoais do interessado, a comprovação da identidade do interessado quando ele faz a consulta, a participação do interessado no procedimento (indicação da relação com o contratante, por exemplo) e, no âmbito público, uma consulta complementar por escrito.

— A cedência de uma informação no âmbito público, no entanto, pode ser recusada quando, de acordo com o interesse público e em face do interessado, for preciso guardar sigilo dos dados pessoais; e da mesma forma no âmbito privado, quando se estiver ameaçando, por meio da cedência de uma informação, interesses justos e fundamentais do contratante ou de um terceiro.

— Caso haja uma obrigação de cedência de informação, então ela deve ser encaminhada por escrito e de forma compreensível, em um prazo máxi-

12. Cf. § 1°, inciso 2, da LPDP.

mo de quatro semanas, de modo que se comunique ao interessado quem investiga e processa a informação, de onde provêm os dados, que conteúdo eles têm e para que serão utilizados. Uma cedência de informação como essa deve ocorrer uma vez ao ano, gratuitamente.

3.4.3. Direito à correção e direito à supressão

O § 1°, inciso 4, da LPDP reza: "Toda pessoa, desde que sobre ela se processem dados com o apoio de recursos automatizados, e na forma das determinações legais, tem o direito à correção de dados incorretos e o direito à supressão de dados investigados ou processados de forma não-autorizada". A LPDP contém determinações ainda mais detalhadas também sobre esses dois direitos, no § 12 para o âmbito público, e nos §§ 26 e 27 para o âmbito privado. Via de regra recorre-se a esses dois direitos em razão de uma informação recebida, de modo que cabe então ao contratante corrigir os dados incorretos e suprimir os dados investigados ou processados sem prévia autorização. Além disso, se for essa a vontade expressa do interessado, ainda deve ocorrer no âmbito privado uma supressão dos dados, assim que deixar de ser necessário o armazenamento dos respectivos dados pessoais.

Uma curiosidade em relação ao direito de proteção a dados pessoais ora vigente é o fato de que o direito à correção e à supressão de dados, bem como o direito à informação sobre dados processados com o apoio de recursos automatizados, são, todos eles, restritos. Com isso, teoricamente haveria para todos os contratantes a possibilidade de alterar o processamento de dados para uma plataforma "manual", e escapar assim à obrigação de informação, correção e supressão. No entanto, o fim dessa situação já está se delineando, dada a necessidade de adaptação do direito austríaco de proteção a dados pessoais à linha de orientação da União Européia nessa questão, que também se refere a dados processados sem o apoio de recursos automatizados[13].

3.5. Controle e sanções

No âmbito público, o controle da observância de prescrições feitas ao processamento de dados, e com isso também à defesa dos dados, cabe entre outros à Comissão de Proteção a Dados; para o âmbito privado, essa tarefa é cumprida ocasionalmente pelos tribunais[14].

---

13. Fleissner, op. cit., pp. 146-160.
14. Id., ibid., pp. 111-115.

No que diz respeito à Comissão de Proteção a Dados, trata-se de um órgão autônomo da administração pública, com impacto jurídico, responsável pelas reclamações feitas por pessoas que afirmem ter sido lesadas em seus direitos, de acordo com a LPDP, e cujas intervenções junto aos contratantes não tenham tido êxito. O controle por intermédio de tribunais acontece então de tal forma que o atingido acusa o contratante e os tribunais pronunciam decisão, após investigações sobre a observância das prescrições sobre a proteção a dados pessoais por parte do contratante.

Para casos comprovados de infrações contra a proteção a dados, a LPDP contém determinações penais próprias[15].

4. *Direito penal*

Enquanto muitas determinações específicas do direito penal em particular encontram-se em um grande número de leis — tais como a Lei de Proteção a Dados Pessoais (LPDP), a Lei de Direitos Autorais (LDA) ou a Lei de Imprensa e Telecomunicações (LIT) —, as leis que discutiremos a seguir contêm apenas normas relevantes do ponto de vista do direito penal. Ao se analisar as leis penais quanto a sua relevância para o direito da informação, destacam-se sobretudo o direito criminal de informática, a Lei de Interdição e a Lei sobre a Pornografia. Nesse contexto, o direito criminal de informática protege o proprietário de dados contra a destruição e o abuso econômico desses dados, ao passo que a Lei de Interdição e a Lei sobre a Pornografia devem proteger as pessoas em geral contra informações abjetas.

4.1. Direito criminal de informática

Antes do estabelecimento do direito criminal de informática, que a Áustria implementou em 1° de março de 1988, o computador como objeto de regulamentação em sentido amplo só era contemplado na ordem jurídica austríaca pela Lei de Proteção a Dados Pessoais[16]. No direito criminal de informática trata-se de dois tipos delitivos, a "danificação de dados" e o "abuso ardiloso do processamento de dados", incluídos como § 126a e § 148a, respectivamente, no Código Penal austríaco (CP; *österreichisches Strafgesetzbuch*, StGB]. O objetivo dessa inclusão residiu na criação de tipos

15. Por exemplo nos §§ 48 (quebra de sigilo) e 49 (intervenções desautorizadas no tratamento de dados) da LPDP.

16. Schick et Schmölzer, 1992, p. 111.

delitivos para os objetos do direito criminal de informática[17] que não se podiam subsumir sob outros tipos delitivos já existentes.

4.1.1. Danificação de dados

O § 126a reza: "1) A pessoa que prejudicar outrem, ao modificar, suprimir ou mesmo tornar inutilizáveis dados transmitidos ou postos de parte, processados com apoio de recursos automatizados, e para cujo uso, total ou parcial, ela não tiver permissão, deverá ser punida com pena privativa de liberdade por um período de até seis meses ou com multa pecuniária de até 360 unidades diárias proporcionais a seus vencimentos.

2) Por 'dados', no inciso 1 acima, devem-se entender tanto dados pessoais e não-pessoais como programas.

3) A pessoa que causar danos superiores a 25.000 xelins deverá ser punida com pena privativa de liberdade de até dois anos ou com multa pecuniária de até 360 unidades diárias proporcionais a seus vencimentos; quem causar danos superiores a 500.000 xelins deverá ser punido com pena privativa de liberdade de seis meses a cinco anos".

Esses tipos delitivos foram introduzidos porque o tipo delitivo dos danos materiais (§ 125 do CP) só se aplica a quem destrói um objeto material alheio, e os dados, no sentido do CP, não são objetos materiais[18].

Uma ação, segundo o § 126a CP, só é adequada ao tipo delitivo sob os seguintes pressupostos: deve haver uma ação executiva (alteração, supressão...) cujo objeto são dados processados com apoio de recursos automatizados. Além disso, o réu só é passível de punição quando prejudica o patrimônio do reclamante, de tal modo que a supressão de dados nos quais o reclamante não tenha mais interesse permanece impune. O prejuízo corresponde à quantia de que o reclamante teria de dispor para reconquistar os dados danificados[19].

Como exemplo de ação, em conformidade com as categorias legais, poder-se-ia mencionar, por exemplo, a condução de um vírus de computador a uma estação de processamento de dados, na medida em que isso ocorresse de forma intencional e ocasionasse danos[20].

---

17. Entre as causas penais relacionadas a computadores e subsumíveis sob outros tipos delitivos estão, por exemplo, os ataques a *hardware* — que incidem, caso haja danificações, no § 125 do Código Penal (dano material), ou, caso haja subtração de algo alheio, no § 127 do Código Penal (furto) — e os furtos de *software*, compreendidos também pelo § 126 do Código Penal.

18. Schmölzer, 1988, p. 20.

19. Bertel e Schwaighofer, 1993, pp. 154s.

20. Gantner, 1995, pp. 59s.

4.1.2. Abuso ardiloso do processamento de dados

O § 148a reza: "(1) Quem prejudica o patrimônio de outrem, com a intenção de enriquecer a si mesmo ou a um terceiro, ao agir sobre o resultado de um processamento automatizado de dados, por meio da concepção de um programa, inclusão, alteração ou supressão de dados (§ 126a, inciso 2) ou por meio da intervenção sobre o decurso do processamento, deverá sofrer pena privativa de liberdade de até seis meses ou multa pecuniária de até 360 unidades diárias proporcionais a seus vencimentos.

2) Quem comete o delito no exercício da profissão ou causa danos de até 25.000 xelins deve sofrer pena privativa de liberdade de até três anos; quem causa danos de até 500.000 xelins deve sofrer pena privativa de liberdade de um a dez anos".

O tipo delitivo do assim chamado "logro computacional"[21] deve abranger também as ações dolosas executadas por meio de recursos informatizados e que portanto não se podem subsumir sob o § 146 do Código Penal, já que o logro convencional prevê como vítima uma pessoa natural; no caso do "logro computacional", porém, a vítima não é uma pessoa natural, mas um computador.

Um abuso fraudulento do processamento de dados, segundo o § 148a do Código Penal, ocorre quando o resultado de um processamento de dados com recursos automatizados é influenciado pela manipulação em programas[22] e quando há no autor dessa ação uma intenção de prejudicar e um desígnio de enriquecimento[23].

Exemplos de um abuso ardiloso do processamento de dados seriam, por exemplo, o saque de uma conta bancária alheia, feito por um empregado do banco, ou então as inúmeras formas de abuso de cartões eletrônicos emitidos por bancos.

4.2. Lei de Interdição

A Lei de Interdição austríaca, de 1945, pune todo tipo de atividade nacional-socialista. Tornar-se-á punível não apenas quem fundar ou ampliar uma organização nazista, ou quem apoiá-la ou participar dela, mas tam-

21. Schmölzer, op. cit., p. 22.

22. Com isso tem-se em mente a influenciação do decurso de um processamento de dados, com apoio de recursos automatizados; alguns exemplos: o autor de um delito configura um programa de forma diversa de como deveria fazer, ou inclui dados no programa diferentemente de como deveria, ou ainda prejudica a transferência automática de dados.

23. Bertel, op. cit., pp. 230s.

bém quem glorificar ou elogiar organizações ou atividades nacional-socialistas, e portanto difundir informações eticamente condenáveis. Da mesma forma, estão ameaçadas de punição pessoas que divulguem informações objetivamente incorretas ao negar ou amenizar publicamente os crimes nazistas. Essa intervenção, certamente dura na liberdade de opinião foi, e ainda é, vista como necessária para assegurar que os crimes do Terceiro Reich não se repitam.

4.3. Lei contra a Pornografia

A Lei austríaca contra a Pornografia, cujo campo de vigência estende-se a todos os meios de comunicação visual, deve, por um lado, impedir a realização de negócios com escritos e outras formas de representação pornográficos e, por outro, evitar de forma geral quaisquer representações pornográficas de pessoas com menos de 16 anos. No caso de violações dessa lei, pesam ameaças de penas privativas de liberdade de até um ano. A essa lei estão submetidas, igualmente, todas as representações pornográficas na internet, embora a maioria dos autores dos delitos não possam ser detidos. O que se considera pornográfico está sujeito a certa mudança de padrões, e isso vem se manifestando na jurisdição do Supremo Tribunal.

5. Direito autoral

5.1. Objetivo e significado

O âmbito central do direito autoral austríaco é constituído pela defesa dos direitos dos autores sobre sua criação, ou seja, suas obras. Por intermédio desse âmbito jurídico, os autores passam a ter a possibilidade de se defender contra o uso não-autorizado de suas obras. Por meio de constante adaptação e ampliação do conceito de obra, o significado do direito autoral, que não é pequeno, continua a crescer[24].

5.2. Definição

Os conceitos centrais do direito autoral são a "obra" e o "autor". A "obra" é definida no § 1°, inciso 1, da Lei de Direito Autoral (LDA;

24. Kucsko, 1996, pp. 13s.

Urhebergesetz, UrhG): "Obras, no sentido dessa Lei, são criações intelectuais peculiares nos campos da literatura, da música, das artes visuais e da arte cinematográfica".

A peculiaridade de uma obra exigida nessa definição é dada tão logo se reconheçam nela traços pessoais do autor; fala-se também da particularidade individual da obra. De outra parte, não tem importância aqui o seu valor artístico, científico e estético. Assim, obras "menores" ou de mau gosto também estão sob proteção do direito autoral, bastando para isso que apresentem a individualidade exigida[25]. Com "criação intelectual" tem-se em mente que não é a constituição física da obra o que está sob defesa, mas sim sua formulação intelectual, que se deve reconhecer por meio de palavras, imagens ou sons do mundo exterior. De certa maneira, o objeto da defesa é um pensamento convertido em forma[26].

Em face dos tipos de obra contemplados pelo direito autoral, diferenciam-se obras musicais — tais como canções ou meras seqüências sonoras —, obras das artes plásticas — como quadros ou construções, por exemplo —, obras cinematográficas e obras literárias. Entre as obras literárias, de acordo com o § 2 da LDA, incluem-se sobretudo obras verbais, inclusive programas de computador. Essa inclusão expressa dos programas computacionais no âmbito da defesa proporcionada pelo direito autoral — que se deu no ano de 1993 — foi especialmente importante, porque programas de computador não podem ser patenteados como tais[27]; caso não tivesse havido essa inclusão, os produtores dos programas seriam obrigados a assistir, inertes, à imitação e à reprodução de suas obras.

Uma definição clara e definitiva da autoria encontra-se no § 10, inciso 1, da LDA: "Autor de uma obra é quem a criou".

5.3. Conteúdo

O direito autoral para uma obra concreta derivado da LDA, que surge *ex lege* com a criação da obra[28] e só expira setenta anos após a morte do autor, garante a este último direitos diversos; por um lado, trata-se aí dos assim chamados direitos de aproveitamento (*Verwertungsrechte*) e, por outro, da defesa de interesses intelectuais pela obra.

---

25. Id., ibid., pp. 20s.

26 Id., ibid., p. 22.

27. Gantner, 1991, p. 98.

28. Ao contrário disso, para que resulte um direito de patente, deve-se observar um processo de registro bastante complicado.

Os direitos de aproveitamento garantem ao autor de uma obra a exclusividade de sua utilização econômica. É o caso, por exemplo, do direito de difusão (ou seja, do direito a tornar a obra acessível ao público) e do direito de reprodução (ou seja, do direito de reproduzir a obra, que é exclusivo do autor). Uma das poucas restrições dos direitos de aproveitamento é a reprodução para uso particular. Com isso se entende a autorização geral dada a cada um de fazer cópias de uma obra protegida pelo direito autoral, desde que elas sejam utilizadas exclusivamente para uso próprio.

A defesa da autoria presta-se ainda à defesa de interesses intelectuais pela obra, segundo a qual o autor tem direito inabdicável a ser mencionado como autor, e à defesa da obra, que determina a proibição de fazer nela quaisquer alterações sem a anuência do autor.

Uma particularidade do direito autoral é a ausência de transferibilidade. Ele não pode ser comprado nem doado. A única exceção a essa intransferibilidade é representada pela herança. De outra parte, o autor pode atribuir a outras pessoas concessões de uso da obra ou mesmo um direito de uso da obra[29], que permitam a elas utilizar a obra em todas as formas de aproveitamento, ou em uma forma específica. Assim, a intransferibilidade do direito autoral refere-se de maneira específica à defesa dos interesses intelectuais pela obra, à medida que os direitos de aproveitamento são perfeitamente alienáveis sob a forma de concessões de uso ou direitos de uso da obra. O assentimento de um direito de uso da obra acontece via de regra por meio de um contrato de direito autoral. Um exemplo de contrato como esse é constituído pelo contrato editorial, por meio do qual um autor se compromete (mediante remuneração) a ceder sua obra a outro (o editor), para reprodução e difusão dessa mesma obra por sua conta e risco.

5.4. Violação

Segundo a LDA, as violações do direito autoral geram para o autor reivindicações no âmbito do direito civil, e para o infrator do direito, perseguição no âmbito do direito penal. As reivindicações ligadas ao direito civil compreendem uma pretensão omissiva (deve-se omitir a violação do direito), uma pretensão supressiva (deve-se suprimir a situação ilícita), uma pretensão de publicação da sentença à custa do infrator, uma pretensão de restituição do lucro e uma pretensão de indenização. A defesa penal prevê a ameaça de até seis meses de pena privativa de liberdade.

29. O direito de usufruto de uma obra é a concessão de uma autorização de usufruto da obra com efeito exclusivo para o favorecido, ou seja, apenas o favorecido pode dispor dos direitos de proveito concedidos.

6. *Direito de imprensa e telecomunicação*

6.1 Objetivo

A Lei de Imprensa e Telecomunicação (LIT; Mediengesetz, MedienG) entrou em vigor na Áustria em 1982, substituindo a antiga Lei de Imprensa, de 1922. Objetivo da LIT foi e continua sendo chegar a um meio-termo entre dois bens protegidos por dispositivo legal, a "liberdade de opinião" e a "defesa contra os meios de comunicação de massa", que, por si mesmos, estão em evidente oposição[30]. Ancorada em numerosas determinações da LIT, a liberdade de opinião — e temos em mente aqui tanto o asseguramento da liberdade dos meios de comunicação como o asseguramento da liberdade das pessoas em particular que atuam em empresas de comunicação — defende o interesse dos meios de comunicação e de seus colaboradores por apresentar informações da forma mais livre e desimpedida possível, sem ameaça de intimidações; por outro lado, as normas em defesa da sociedade contra os meios de comunicação limitam essa liberdade de imprensa e telecomunicação, no sentido de uma defesa em favor das pessoas atingidas pela veiculação de informações. A defesa contra os meios de comunicação oferece às pessoas atingidas direito ao respeito e à preservação de suas personalidades; trata-se aí, portanto, sobretudo de uma defesa da personalidade[31].

6.2. Definição

Antes de elucidar em maior detalhe cada uma das regras da LIT, ainda é preciso definir brevemente alguns conceitos fundamentais do direito de imprensa e telecomunicação[32].

Considere-se meio de comunicação (*Medium*) todo recurso utilizável para a divulgação de informações entre um círculo mais amplo de pessoas, sendo necessário distinguir aqui os meios impressos (livros, jornais, cartazes, por exemplo) e os novos meios (teletexto e internet, por exemplo)[33]. Meios periódicos, além disso, são aqueles divulgados ao menos quatro vezes ao ano (como jornais, por exemplo).

Os agentes mais importantes da mídia são: as empresas de comunicação, nas quais se estabelecem os conteúdos dos meios de comunicação (são elas, também, que cuidam da produção e da difusão desses conteúdos, ou proporcionam tais atividades); as agências de notícias, que fornecem incessantemente os informes às empresas de comunicação; os proprietários de

30. Hager et Walenta, 1995, pp. 29s.
31. Korn, 1991, pp. 6s.
32. As definições exatas destes e de outros conceitos encontram-se no § 1° da LIT.
33. Foregger e Litzka, 1993, p. 28.

meios de comunicação, que fazem funcionar as empresas de comunicação e as agências de notícias; os editores, que determinam a orientação básica de um meio de comunicação; e, por fim, os profissionais da comunicação de massa. Incluem-se aí todas as pessoas físicas que colaboram em empresas de comunicação e em agências de notícias, estabelecendo o conteúdo desses meios, quer exerçam essa atividade como funcionários contratados quer como *freelancers*, de modo permanente e em troca de remuneração.

6.3. Liberdade dos (profissionais dos) meios de comunicação

Na seqüência, serão apresentadas três normas do direito de imprensa e telecomunicação, todas a serviço da defesa da liberdade de expressão: a defesa da convicção pessoal, a impunidade de delitos por conteúdos veiculados pelos meios de comunicação em favor da salvaguarda do zelo jornalístico e a defesa do segredo redacional.

6.3.1. Defesa da convicção pessoal

O § 2° da LIT, que protege a liberdade de convicção dos profissionais atuantes em meios de comunicação, reza o seguinte: “1) Todo profissional atuante nos meios de comunicação tem direito a negar sua colaboração na formulação de reportagens ou apresentações que contrariem sua convicção em questões fundamentais, ou que contrariem os princípios da atuação profissional do jornalista, a não ser que sua convicção, ela mesma, contrarie os princípios de orientação básica dos meios de comunicação, tal como publicada no sentido do § 25. Não se podem negar nem o tratamento técnico-redacional de colaborações ou apresentações de outras pessoas nem a elaboração de notícias.

2) De uma recusa justificada não pode resultar qualquer prejuízo ao profissional atuante nos meios de comunicação”.

De acordo com isso, todo profissional dessa área pode recusar-se a colaborar em favor do conteúdo de reportagens que contrariem sua convicção pessoal, desde que essa convicção não se oponha à orientação fundamental do meio de comunicação.

6.3.2. Impunidade de delitos por conteúdos veiculados pelos meios de comunicação em favor da salvaguarda do zelo jornalístico

Ocorre delito por conteúdo veiculado pelos meios de comunicação quando o conteúdo de uma publicação viola um dispositivo penal. Manifestações possíveis desses delitos são ações puníveis contra a honra e também violação contra a Lei de Interdição.

De acordo com o § 29, alínea 1, inciso 1, da LIT, os proprietários e trabalhadores de empresas de comunicação não só não deverão ser punidos em virtude de um delito por conteúdo veiculado nos meios de comunicação, quando apresentam exceção de verdade[34], mas tampouco quando puderem tomar por verdadeira a afirmação que fizerem, sob alegação da salvaguarda jornalística, e quando residir na publicação um interesse público predominante — tal como a denúncia de irregularidades.

Há salvaguarda jornalística quando se tiver pesquisado com exatidão a respeito do assunto e quando se puder classificar como confiável a fonte de informação consultada[35].

6.3.3. Defesa do segredo redacional

Essa determinação, firmada no § 31, alíneas 1 e 2, da LIT, garante aos agentes de um meio de comunicação, na condição de testemunhas em um tribunal, o direito de refutar as perguntas que atinjam a pessoa que formula ou fornece informações.

6.4. Defesa contra os meios de comunicação

A defesa de pessoas atingidas pela veiculação de informações está servida sobretudo pelas determinações sobre imprensa, sobre a réplica e as conseqüências legais do atentado à honra, no âmbito do direito de imprensa e telecomunicação. Há, além disso, uma série de sanções legais, nesse mesmo âmbito, previstas para o caso de uma condenação real ou iminente, decorrente de um delito por conteúdo veiculado pelos meios de comunicação.

6.4.1. Imprensa

Para qualquer pessoa externa ao veículo de comunicação, caso ela queira apresentar reivindicações legais fundadas no direito de imprensa e telecomunicação, é na imprensa que ela deve encontrar de forma clara a informação sobre a quem se dirigir[36].

---

34. Nesse caso, a correção da afirmação pode ser comprovada, e com isso fica excluída a punibilidade.

35. Foregger e Litzka, op. cit., pp. 173s.

36. Id. ibid., pp. 155s.

O § 24, em suas alíneas 1 e 2, da LIT, determina o conteúdo de uma imprensa, como a seguir: "1) Em toda obra dos veículos de comunicação devem ser indicados o nome ou a firma do proprietário do meio de comunicação (editor) e do produtor, bem como os respectivos locais de edição e produção. 2) Em toda obra periódica veiculada pelos meios de comunicação, devem-se indicar ainda o endereço do proprietário do veículo de comunicação (editor) e da redação da empresa de comunicação, bem como o nome e o endereço do diretor editorial. No caso de uma obra periódica conter um sumário, deve-se indicar aí a localização da imprensa".

6.4.2. Réplica

A réplica constitui para o atingido o recurso mais importante para se defender contra afirmações nocivas e inverídicas[37]. De acordo com o § 9º da LIT, toda pessoa atingida por afirmação incorreta veiculada em um periódico tem direito, sem qualquer custo, a publicar réplica nesse mesmo periódico, desde que realmente se trate de uma comunicação objetiva de fatos verificáveis, e não apenas de uma emissão de juízos de valor.

6.4.3. Conseqüências legais do atentado à honra no direito de imprensa e telecomunicação

O § 6º da LIT, em casos de atentado à honra, prevê uma reivindicação específica de indenização civil por parte da pessoa atingida, contra o proprietário do meio de comunicação, sob o valor de reparação de no máximo 500.000 xelins. A isso ainda vêm somar-se conseqüências penais pelo atentado à honra.

6.4.4. Sanções previstas para o caso de um delito por conteúdo veiculado pelos meios de comunicação

Caso se chegue a uma condenação por delito decorrente de conteúdo veiculado pelos meios de comunicação, na sentença penal ainda se podem acrescer às sanções penais as seguintes sanções do direito de imprensa e telecomunicação: cassação dos objetos destinados à divulgação por meios de comunicação (cf. § 33 da LIT) e publicação da sentença (cf. § 34 da

37. Id., ibid., p. 98.

LIT). Medidas temporárias, no caso de uma possível condenação futura por um delito decorrente de conteúdo veiculado pelos meios de comunicação, são as seguintes: apreensão dos objetos destinados à divulgação por meios de comunicação (cf. § 36 da LIT) ou — como medida mais atenuada — publicação de uma exposição escrita sobre a propositura do processo (cf. § 37 da LIT).

Bibliografia

BERTEL, C., SCHWAIGHOFER, K., *Österreichisches Strafrecht. Besonderer Teil I (§§ 75 bis 168 StGB)*, Wien, [3]1993.

FLEISSNER, E., CHOC, M. (orgs.). *Datensicherheit und Datenschutz*, Innsbruck, 1996.

FOREGGER, P., LITZKA, G., *Mediengesetz in der Fassung der Mediengesetz-Novelle 1992*, Wien, [3]1993.

GANTNER, C., *Der Schutz von Computerprogrammen im Patent-, Urheber- und Wettbewerbsrecht*, Wien, 1991.

GANTNER, F., *Computerviren. Technik und Recht*, Wien, 1995. (= Orac Rechtspraxis aktuell)

HAGER, G., WALENTA, G., *Persönlichkeitsschutz im Straf- und Medienrecht*, Wien, [3]1995.

HEIDINGER, F., ABEL, N., HOCHLEITNER, M., *Einführung in das deutsche und österreichische Rechtssystem und in die deutsche Rechtssprache*, Wien, 1993.

KORN, G., *10 Jahre Mediengesetz. Patentlösung oder Missgeburt?*, Wien, 1991.

KUCSKO, G., *Österreichisches und europäisches Urheberrecht*, Wien, [4]1996.

MAYER-MALY, T. *Einführung in die Rechtswissenschaft*, Berlin, 1993.

RASCHAUER, B., *Besonderes Verwaltungsrecht*, Wien, [3]1994.

SCHICK, P., SCHMÖLZER, G., "Das österreichische Computerstrafrecht — eine Bestandaufnahme", *EDV & Recht*, n. 2 (1992): 107-125.

SCHMÖLZER, G., "Das neue Computerstrafrecht", *EDV & Recht*, n. 1 (1988): 20-25.

STEINMÜLLER, W. (org.), *Informationsrecht und Informationspolitik*, München, 1976.

WITTMANN, H. (org.), *Datenschutzrecht im Unternehmen*, Wien, 1991.

ZEGER, H. *Datenschutz in Österreich*, Wien, 1991.

A globalização da economia com ajuda da tecnologia da informação e suas conseqüências sociais*

Andreas Maron

1. Introdução

Não é nenhum segredo que estejam acontecendo ao nosso redor, cada vez mais rapidamente, mudanças sensíveis nos mais diversos setores. Aqui tais mudanças serão denominadas "transformações".

Elas atingem não só as estruturas internas do Primeiro, do Segundo e, sobretudo, do Terceiro Mundo, como também empresas e, assim, mais acentuadamente as estruturas sociais de cada país. Isso provoca, conseqüentemente, transformações no âmbito pessoal, por exemplo, a imposição de um aprendizado contínuo e de uma maior flexibilidade/mobilidade, para que se possa continuar mantendo o padrão de vida alcançado nos tempos em que se estava na dianteira.

Na explanação a seguir, gostaria de tratar de algumas causas centrais dessas transformações em âmbito global, levando em consideração o papel da tecnologia da informação. E dedicar-me ainda a alguns componentes sociológicos gerais da tecnologia da informação, arriscando-me a apresentar uma visão do futuro.

2. Causas das transformações globais

As causas para os rápidos deslocamentos das atividades empresariais, internacionalmente, e a decorrente distribuição global de produção, de-

* Tradução: Maria José Viana de Almeida-Müller.

senvolvimento e logística (ver 2.2) são por inerência muito mais diversificadas do que se poderia mostrar aqui.

Concentrar-me-ei, portanto, em dois interessantes modelos que, a meu ver, representam os impulsos centrais das transformações globais na economia e na sociedade.

O primeiro seria o modelo do ciclo de vida do russo Nikolai D. Kondratiev, que estabeleceu um paralelo extremamente interessante entre as chamadas tecnologias de base, seus ciclos de vida e seu significado para os "detentores" dessas tecnologias e a posição econômica e política de uma economia nacional no contexto internacional. O outro modelo seria a busca contínua da produção de valores e das margens de lucro pelas empresas, que também provoca transformações decisivas de natureza social.

2.1. O ciclo de Kondratiev

O economista russo Kondratiev desenvolveu uma teoria acerca do paralelo existente entre o ciclo de vida de uma tecnologia de base e seu efeito sobre o papel político e econômico de seu "detentor" ou de seus "detentores" em âmbito internacional[1]. A teoria baseia-se no pressuposto de que o capitalismo está fundamentado em ciclos de evolução com cerca de 55 anos de duração. A Figura 1 mostra, resumidamente, os cinco ciclos já completados no eixo temporal, bem como a tecnologia de base correspondente e os países que a dominaram. Elucidarei este quadro a seguir.

2.1.1. Os paralelos no exemplo n. 1. de Kondratiev

O primeiro ciclo de Kondratiev teve início com a industrialização como o verdadeiro cerne do capitalismo. A primeira tecnologia de base correspondente foi, sem dúvida, a máquina a vapor e suas aplicações. Ela foi o núcleo da motorização que contribuiu para que o homem, com seu ímpeto de desenvolvimento e pesquisa, conquistasse o mundo numa velocidade até então desconhecida.

Faz parte da natureza humana movimentar, desenvolver as coisas, e a máquina a vapor foi um instrumento revolucionário para isso. Bom para aqueles que inventaram essa tecnologia e, ao mesmo tempo, puderam "comercializá-la" (um contexto de certa importância para o sucesso de um país ou de uma empresa, como mostra hoje o exemplo da microeletrônica).

---

1. N. D. Kondratiev, "Die langen Wellen der Konjunktur", *Archiv für Sozialwissenschaft und Sozialpolitik*, n. 56 (1926): pp. 573-609.

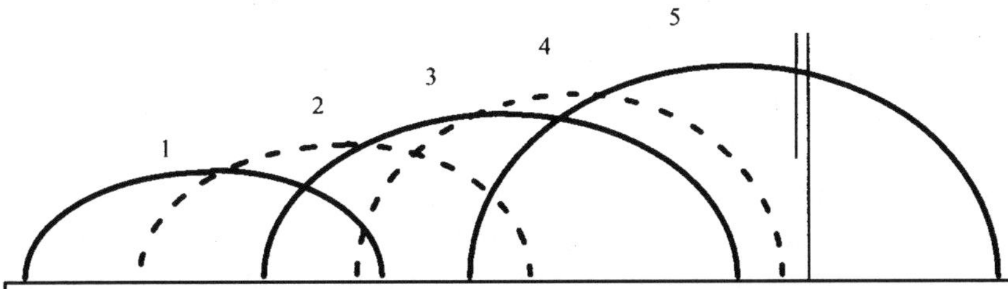

Kondratiev	1	2	3	4	5
Tecnologia de base	vapor	física	const.máquinas	v. motorizados	microeletrônica
País	Reino Unido				
País		Estados Unidos	Estados Unidos	Estados Unidos	Estados Unidos
País		Alemanha	Alemanha	Alemanha	
País				Japão	Japão

Tempo →

Figura 1: Os primeiros cinco ciclos de Kondratiev.

A Inglaterra foi pioneira e é considerada hoje a "detentora" da primeira tecnologia de base e, por conseguinte, a nação dominante para o n. 1 de Kondratiev. O contexto está claro: por dominar a tecnologia do vapor, a Inglaterra foi ao mesmo tempo pioneira em muitos setores das novas indústrias e, graças ao sucesso da comercialização, também o país mais próspero do mundo. A Inglaterra era considerada uma nação líder, tanto no sentido econômico como no político. A nação tornou-se rica, influente e alcançou muito rapidamente um sensível bem-estar social cujos benefícios extrapolaram os limites da nobreza, favorecendo pelo menos a classe média.

Esse desenvolvimento perdurou por várias décadas, até que outras nações conseguissem, primeiro, alcançar o mesmo nível de avanço tecnológico e, segundo, passassem a trabalhar com novas tecnologias que viessem a substituir a influência dominante da máquina a vapor — de onde surgiram então o n. 2 de Kondratiev e seus sucessores.

O declínio de um ciclo de Kondratiev marca exatamente o momento em que termina a hegemonia de uma nação e a competência é distribuída entre diversas nações, para que os potenciais de desenvolvimento e lucro se tornem menores, até que a tecnologia perca totalmente seu significado econômico. Isso constitui o ponto final de um ciclo de Kondratiev.

Voltemos ao exemplo da Inglaterra, que numa retrospectiva nos esclarece o seguinte: a Inglaterra teve, na época da máquina a vapor, pela primeira e — do ponto de vista inglês — infelizmente pela última vez um papel realmente de liderança na economia mundial. Não que ela não tivesse desempenhado posteriormente nenhum outro papel importante, mas nas décadas subseqüentes foi substituída na hegemonia por outros países, como os Estados Unidos, a Alemanha e o Japão. A Inglaterra sofreu então, na relação com essas outras nações líderes, um retrocesso em comparação ao padrão de vida já adquirido, e muitos setores da sociedade foram confrontados com uma "abdicação" ou reorientação. O que acontecera? A Inglaterra descuidou de procurar a tempo novas tecnologias de base e confiou, provavelmente, numa supremacia constante.

Também na história de muitas empresas encontram-se esses sintomas, ou seja, um avanço, um sucesso alcançados levam à estagnação e não a uma reorientação constante e à transformação permanente que daí resulta. O peso dessa afirmação é alicerçado de maneira surpreendente pelo desdobramento da teoria de Kondratiev, como a seguir.

2.1.2. Outros ensinamentos extraídos dos n. 2-5 de Kondratiev

Com o rápido desenvolvimento da pesquisa de base, os novos conhecimentos da física e da química e sua aplicação na eletrotécnica (tecnologia de base n. 2), a hegemonia da máquina a vapor foi rapidamente destituída e novos produtos se impuseram — começou o n. 2 de Kondratiev. Ele foi substituído depois de anos pelo n. 3 de Kondratiev, com a tecnologia de base da construção de máquinas (engenharia mecânica). Esse ciclo foi substituído anos mais tarde pelo n. 4 de Kondratiev, com a tecnologia de base dos veículos motorizados.

Nesses três ciclos, sobressai o seguinte:

- Os ciclos ficam cada vez mais curtos, o que significa que as tecnologias existentes perdem mais rapidamente a hegemonia da economia e da sociedade — o que certamente não são constatações revolucionariamente novas.
- As tecnologias de base e, conseqüentemente, os ciclos podem sobreviver por longos períodos, não tendo entretanto as conseqüências de hegemonia por parte de seus "detentores". Isso fica mais explícito no exemplo da indústria automobilística. Continuaremos a utilizar o automóvel nos próximos tempos e ele continuará a ter seu valor na economia mundial. No entanto, é indiscutível que a competência da indústria automobilística está agora distribuída entre várias nações e que já não é mais possível criar um "avanço" para uma nação isoladamente. Aqui também não se deveria confiar muito em competências já existentes, como demonstrou o exemplo das crises nos estaleiros na Alemanha e em outros países da Europa central.
- Os Estados Unidos e a Alemanha, ao contrário da antecessora Inglaterra, aprenderam a não se acomodar com o sucesso de tecnologias de base já existentes, cunhando decisivamente durante

décadas novas tecnologias de base, e firmando assim sua hegemonia tanto econômica como política.

2.1.3. O instrutivo n. 5 de Kondratiev

Há trinta anos já conhecemos o n. 5 de Kondratiev, dominado pela microeletrônica como tecnologia de base. Dado que, não importa para onde estejamos olhando, vemos hoje as conseqüências da tecnologia da informação e da microeletrônica, a plausibilidade da teoria de Kondratiev é grande. Com exceção dos mercados financeiros, somente nos ramos da microeletrônica e do *software* houve um crescimento excepcional no passado recente.

Mas o que torna o n. 5 de Kondratiev ainda mais interessante é que:

— os Estados Unidos continuam sabendo manter a posição de hegemonia;

— o Japão apareceu como novo país influente, econômica e politicamente;

— a Alemanha, após décadas de hegemonia, não faz mais parte das nações líderes no ciclo de Kondratiev.

O que aconteceu com a Alemanha? Os pressupostos para que fosse uma nação líder no modelo de Kondratiev existiam. Afinal, Konrad Zuse é considerado um dos criadores da tecnologia da computação, mas aparentemente ninguém soube prever seu potencial nem cuidou da aplicação rápida dessa tecnologia a produtos. Com isso torna-se claro que na transformação bem-sucedida de uma tecnologia de base a aceitação social desempenha um papel muito importante. Sem dúvida, o mundo de expressão alemã é marcado pela engenharia de tecnologias "palpáveis". Os alemães amam evidentemente a tecnologia, quando ela é demonstrável e palpável. É indiscutível que a Alemanha valoriza muito a tecnologia automobilística, mas tem um relacionamento ambivalente com a tecnologia da informação. Posso me recordar claramente de meus primeiros contatos com a nova tecnologia. Meu interesse já era muito grande na época dos primeiros CPM-PC, e gostaria de ter tido um aparelho daqueles nos meus tempos de escola. Meu pai não tinha, porém, nenhuma compreensão para isso e classificava a tecnologia como um simples brinquedo, o que retardou por anos meu contato com a tecnologia da informação. Interessante é que ele, como engenheiro mecânico, tinha enorme interesse em tecnologia e inovação e obteve sucesso financeiro com isso.

Por que então esta atitude de total rejeição pela tecnologia de informação? Um "caso individual" não é naturalmente representativo, mas creio que esse exemplo ilustre uma problemática básica: para além de um período definido de tempo alcançamos o sucesso e o bem-estar dele decorrente. Encontramos aí a satisfação e nos perguntamos: será preciso que tudo continue nesse ritmo frenético? Para que necessitamos constantemente de algo novo, se estamos bem assim? Para que enfrentar riscos incalculáveis no desenvolvimento de novas tecnologias, se a destruição do meio ambiente, o perigo nuclear etc. já nos trouxeram problemas suficientes. Como já foi dito, essas questões são colocadas apenas a partir de uma posição de segurança e satisfação, inibindo assim o impulso para uma transformação e uma reorientação constantes.

2.1.4. O que acontece com o n. 6 de Kondratiev?

Se não acontecer ainda agora, com absoluta certeza o próximo ciclo de Kondratiev será formado nos próximos anos. A grande questão já se coloca hoje: que tecnologia de base irá dominar e quem irá dominá-la?

Quanto às tecnologias, as alternativas serão certamente as seguintes:

— tecnologia médica;

— tecnologia do meio ambiente;

— tecnologia genética.

Tanto a tecnologia médica como a do meio ambiente são antes uma síntese de outras tecnologias já existentes, portanto nada de novo. Além disso, infelizmente a tecnologia do meio ambiente, numa visão curta, é considerada objeto de luxo, o que dificulta muito a criação de um *lobby*, ou seja, uma aceitação social. Muitos indícios apontam para a tecnologia genética, porque ela é revolucionária e possui um potencial imenso de inovação e risco.

Quem dominará essas tecnologias? No meu ponto de vista, existem aqui apenas duas coisas mais ou menos definidas: os Estados Unidos vão conseguir, pela quinta vez consecutiva, contribuir decisivamente para um ciclo de Kondratiev, ampliando assim sua posição de liderança no mundo. A Alemanha e os países aparentados não participarão pela segunda vez, dado que a aceitação social dessa tecnologia é praticamente inexistente.

2.1.5. Conclusão

A teoria de Kondratiev mostra de maneira muito concludente por que acontecem deslocamentos em âmbito mundial dos potenciais de desenvolvimento, ascensão, queda, bem-estar, "empobrecimento", e por que situações tradicionais não permanecem como eram.

Está acontecendo, além do contexto aqui descrito, uma globalização que poderíamos muito bem sustar em nossa sociedade, se estivéssemos em condições de nos transformar continuamente. Como este não é o caso, de repente precisamos nos orientar por outras nações e mercados, nossa vantagem em termos de bem-estar diminui, os cérebros emigram, e nós deparamos com problemas sociais e psicológicos, como desemprego, medo do futuro e depressão. Isso não levará, certamente, a uma revolução ou à anarquia, mas será para nós da Europa Central um processo doloroso de adaptação. Além do mais, teremos de nos perguntar se pretendemos dominar mais uma vez, no futuro, um ciclo de Kondratiev e o que será necessário para tal.

A história dos ciclos de Kondratiev até hoje combina com um velho ditado do boxe: *They never come back!* Muhammad Ali demonstrou que também essa regra tem uma exceção, e eu espero que nossas sociedades centro-européias se orientem por esse exemplo e realmente "voltem".

2.2. À procura da produção de valores

De maneira semelhante aos ciclos de Kondratiev, um segundo elemento desempenha um papel importante na globalização da economia. Queria chamá-lo de "À procura da produção de valores", a qual traz do mesmo modo conseqüências sociais relevantes para nossa sociedade.

A Figura 2 mostra a relação entre três processos centrais de agregação de valor de uma sociedade industrializada como a nossa, desde o início da industrialização.

Para entender este quadro, é necessário apenas levantar a seguinte questão: se eu quiser criar hoje uma empresa em nossa região, ou se quiser garantir estrategicamente o futuro de minha empresa local já existente, em que processo deverei investir localmente?

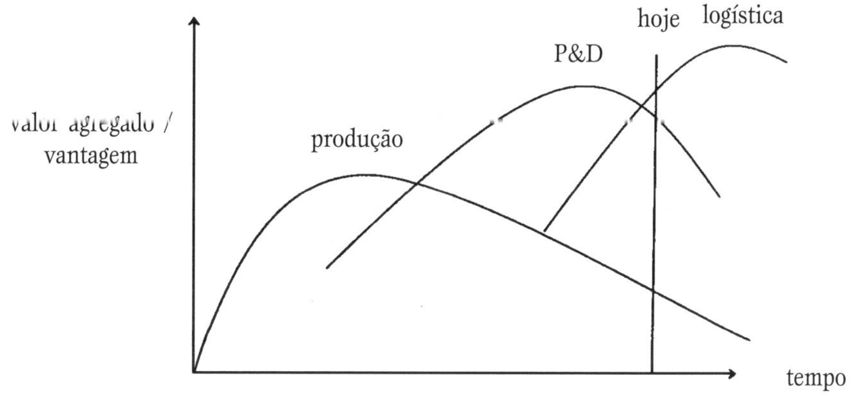

Figura 2: Ciclo de vida qualitativo dos processos de agregação de valor para as nações européias industrializadas.

De acordo com esse quadro, a decisão será provavelmente contrária a uma produção própria, e o empresário irá se ocupar ou da criação ou da ampliação do setor de pesquisa e desenvolvimento, ou até investir no *know-how* de "logística", o que ainda elucidarei. Porque o desenvolvimento lhe mostra, atualmente, que só se pode conseguir com a produção um valor agregado ou uma vantagem relativamente menores em relação ao concorrente. Em analogia a Kondratiev, falamos aqui também de ciclos de agregação de valor. A maneira mais fácil de elucidar esses ciclos é por meio da produção.

2.2.1. O ciclo do valor agregado no exemplo da produção

No início da industrialização, a pesquisa e o desenvolvimento (P&D) ainda não eram tão decisivos. O poder das nações industrializadas residia em suas capacidades de produção e no pessoal especializado correspondente, com boa formação. Durante décadas, os países do Segundo e do Terceiro Mundo não puderam participar da concorrência. A Mercedes Benz esteve por muito tempo convencida de que a qualidade do aço para as excelentes superfícies das carrocerias só poderia ser produzida na Alemanha, rejeitou qualquer outro local de produção e garantiu com isso locais de produção alemães para a indústria de autopeças.

O quadro mudou e outros países ganharam terreno ou se transformaram em pólos de produção, para que se pudessem aproveitar os baixos custos dos salários ali existentes. Se partimos de um volume constante da produção para os bens de consumo necessários mundialmente, as capacidades produtivas disponíveis e o *know-how* da produção estão distribuídos atualmente por todo o globo. O monopólio dos antigos países industrializados vem diminuindo drasticamente.

Esse desenvolvimento traz consigo efeitos sociais, porque o desaparecimento de centros produtivos nacionais fomenta, em um período prolongado, o desemprego nos países em questão, provocando uma queda na arrecadação das contribuições que garantem sistemas de seguridade social, no caso de não haver uma reorientação da sociedade para outros processos de agregação de valor.

2.2.2. Quais são os processos de alternativas de agregação de valor?

Felizmente, desenvolveram-se de maneira também muito rápida, ao lado das capacidades de produção, as capacidades de pesquisa e desenvolvimento das nações industrializadas. A construção da pesquisa e do desenvolvimento exige um investimento muito maior na formação da mão-de-obra ativa, porém confere um maior valor ao produto final e, desse modo, uma parcela relativamente maior na agregação de valor de uma indústria. A pesquisa e o desenvolvimento estão, contudo, subjugados também a um ciclo de desenvolvimento, o qual, na situação atual, não garante para sempre às nações industrializadas hegemônicas a vantagem e agregação de valor. Também aqui a concorrência nos outros países não dorme. O exemplo do Japão mostra de modo surpreendente como se podem cobrir os déficits em desenvolvimento e pesquisa "copiando" com astúcia e aperfeiçoando.

Assim resulta também para o ciclo da P&D de uma nação ou de uma empresa um ápice natural, que será difícil manter num futuro longínquo e que, provavelmente, decrescerá. Se nem mesmo esse *know-how* é capaz de garantir a hegemonia de uma nação ou empresa, o que se poderia fazer então?

Esse desenvolvimento contribui para que os produtos e soluções resultantes dos muitos ciclos de P&D das nações e das empresas se tornem cada vez mais intricados, complexos, engrenados e integrados. Essa integração gera a falta de transparência. Sistemas e funções não-transparentes são passíveis de erros e não garantem a otimização do *output*. Solucionar esse problema é tarefa da "logística" acima citada. É preciso haver pessoas e empresas que tenham uma visão ampla da inter-relação de todas as tecnologias e processos e possam planejar e controlar de maneira adequada. Nisso consiste uma função extremamente produtiva e uma grande perspectiva futura para todos os que logrem se ocupar desta temática com sucesso, o que significa ter uma vantagem até que esse processo também venha a ser dominado por muitos outros.

2.2.3. Conclusão

As empresas estão sempre à procura de rendimentos otimizados e processos de agregação de valor. Isso leva, no caso de uma empresa que tenha uma direção adequada, a reorientações constantes dos processos iniciados. Se uma empresa continua a apostar na produção para conseguir a agregação de valor, essa produção não será na maioria das vezes nacional, se a mesma qualidade puder ser produzida em países com baixos salários (o que contudo nem sempre é o caso). Assim, ela usa recursos naturais e se concentra em processos de maior agregação de valor como P&D e "logística".

Conseqüências sociais? Isso também é óbvio: a tendência é para os serviços e qualificações máximas. Somente nesse campo é possível para as empresas aplicar "recursos" nacionais para a agregação de valor e de maneira lucrativa.

Isso significa, por um lado, que grande parte dos empregados já demitidos dos setores de produção teriam de passar por uma reciclagem, o que na maioria dos casos não é possível, porque:

— não se pode simplesmente treinar o comportamento necessário para a prestação de serviços;
— o Estado não financia a melhoria da qualificação de muitas pessoas idosas dos setores de produção e ciência;
— as empresas investem nas gerações mais novas.

Vai ser preciso defrontar-se com o desemprego a longo prazo.

Por outro lado, a educação precisará se orientar por essa realidade e as antigas indústrias, como mineração, construção naval e outras, terão de ser totalmente desmanteladas em função de tecnologias modernas. É preciso reconhecer agora que uma transformação na formação das próximas gerações também seria uma das soluções mais razoáveis para as transformações globais que estão ocorrendo e os efeitos sociais negativos daí resultantes. Mesmo partindo do pressuposto de que o Estado e a sociedade reconheceriam essa tarefa, ainda levaria alguns anos até que as medidas contrárias adotadas começassem a surtir efeito e pudéssemos nos livrar dessa agonia. Nesse ínterim, continuaremos a ser confrontados com a pressão para aumentar a mobilidade e a flexibilidade pessoais, bem como com os grandes cortes na rede social existente, aliados à renúncia a muitos privilégios aos quais nos afeiçoamos.

3. Globalização com ajuda de modernas técnicas de comunicação

Nos tópicos anteriores, tentei enunciar duas causas centrais da globalização da economia em curso e seus efeitos evidentes para o Estado e a sociedade. Já conhecemos no âmbito do n. 5 de Kondratiev uma influência da moderna tecnologia da informação sobre esse processo. No entanto, até que ponto a tecnologia da informação e as modernas técnicas de comunicação desempenham um papel de suporte a esse processo ou serão, até mesmo, a própria chave sem a qual a globalização seria completamente impossível?

Não creio que se possa chegar ao ponto de fazer tal afirmação. Uma coisa é certa: os instrumentos modernos da comunicação e da informática simplificam o processo de globalização, já que as informações — além da telefonia — que podem ser processadas eletronicamente, como plantas de construção, comandos de máquinas, programas de *software* etc., tornam-se sem qualquer problema transferíveis, permitindo uma descentralização sensata dos processos empresariais além das fronteiras nacionais.

Contudo, a tendência da globalização e a descentralização aconteceriam também sem a tecnologia da informação, dado que as causas centrais que as provocam — o desenvolvimento de tecnologias de base e a busca de valor agregado — não são diretamente influenciadas por isso. Repetindo: estes processos são simplesmente simplificados e facilitados pelo uso da tecnologia da informação.

Vale a pena, porém, enfocar os diversos meios de comunicação sob o prisma da globalização. Concentrar-me-ei nas situações atuais nos meios mais importantes, como *e-mail*, internet e intranet. Pretendo neste contexto analisar, além disso, os problemas já existentes na utilização de meios de comunicação eletrônicos.

3.1. E-mail

O *e-mail* — isto é, o correio eletrônico — está revolucionando totalmente o sistema tradicional da correspondência. Quem já trabalhou alguma vez com esse meio não gostaria de perdê-lo. Isso vale ao menos para todo usuário que consegue abrir mão do caráter particular e do toque pessoal de uma carta manuscrita. Para esses fins, o correio tradicional de correspondência continuará a ser imprescindível. O *e-mail*, contudo, substituirá a maior parte das cartas atuais.

Por que isso acontece?

- Quando alguém deseja enviar uma correspondência a outra pessoa, não existe explicação plausível, salvo algumas exceções, para que o destinatário tenha de esperar dois a três dias por aquela informação. No caso do *e-mail*, trata-se de segundos ou minutos (caso o endereço esteja correto).
- Há custos, mas eles são menos evidentes do que os com selos, que via de regra nem sempre estão disponíveis (pelo menos, a disponibilidade da rede já é hoje maior do que a dos selos).
- Ele consta como um sistema simples de transferência de arquivos, porque anexos eletrônicos, ou seja, dados de processamento de texto ou de planilhas, podem ser enviados mais facilmente por esse meio, sem levar em conta outros efeitos, como a distribuição de *software* etc.
- Ele opera globalmente.

O *e-mail* facilita a troca de informações por via de textos escritos, o que no passado — principalmente em âmbito internacional — não possuía nem de longe a capacidade de desempenho existente hoje com a ajuda do *e-mail*. Os gerentes podem agora construir mais facilmente empresas locais, sem precisar interromper o fluxo de informações do dia-a-dia; ou podem economizar visitas locais, na medida em que as informações locais são transmitidas a curto prazo e as decisões centrais são transmitidas sem demora às filiais. Os distribuidores já estão e ficarão ainda mais em condições de adaptar a curto prazo suas ofertas às necessidades dos clientes, independente da parte do mundo em que se encontrem, compilando antecipadamente as informações necessárias através das vias *e-mail* e intranet (ver abaixo). O *e-mail* significa assim um elemento indispensável da globalização de empresas e, desse modo, da economia.

3.2. Internet

Gostaria de dispensar na seguinte explanação uma análise dos antecedentes e da história da internet, mencionando apenas que ela é atualmente caracterizada pelos seguintes parâmetros:

— comercialização quase total por meio do world wide web;
— sistema portador global livre e barato para a comunicação mediante transferência de arquivos (ftp) ou *e-mail*, ainda que, do ponto de vista técnico, sem segurança e sem velocidade de transmissão garantida;
— quantidade inédita de informações úteis de todo tipo, que podem ser acessadas eletronicamente sem custos ou mediante o pagamento de taxas.

Na globalização da economia, a internet ajuda a transformar a Terra numa "aldeia global", porque é possível acessar livremente em âmbito mundial, a partir de um terminal local, informações, fontes de dados e pessoas de cuja existência não se tinha conhecimento antes ou cuja obtenção, de outro modo, exigiria um grande dispêndio de recursos.

É possível discutir um tema não apenas com a comunidade local mais próxima como, teoricamente, incluir na discussão todas as pessoas mundialmente interessadas. Desse modo, fomenta-se a pluralidade de opiniões e a inovação. Além disso, possibilita-se uma comunicação aceitável e econômica para *e-mails* de conteúdo inofensivo. O caminho da transmissão, porém, não é preestabelecido e pode ser "livremente" interceptado. O *e-mail* tornar-se-á ainda um componente indispensável para o ganho de informações múltiplas, o que poderá incrementar da mesma forma o poder de inovação de uma empresa — contanto que se tenha a habilidade necessária para fazer uma escolha seletiva das informações e não se deixe simplesmente dominar por seu volume nessa mídia. Na verdade, a internet apóia a globalização mental, o que certamente significa também um elemento das decisões empresariais em favor da presença internacional.

3.3. Intranet

Como resultado do desenvolvimento do world wide web e da internet, surgiu a utilização da mesma mídia para fins empresariais internos. A única diferença é que as informações são de natureza interna e acessadas por meio de redes particulares das empresas. As informações não são colocadas à disposição do público em geral. Esse uso tem um significado muito especial para empresas que operam mundialmente, porque elas podem distribuir suas informações internas para todos os cantos do globo, sem grandes gastos.

Em combinação com o *e-mail*, surge uma infra-estrutura de informação que possibilita o funcionamento eficiente de uma organização internacional. A começar por formulários, passando por organogramas atualizados até bancos de dados de conhecimento, com acesso central, tudo pode ser colocado à disposição dos funcionários locais e no exterior, internamente, globalmente e sem redundância, via intranet.

Manuais de organização, procedimentos processuais por escrito, quadros de aviso — tudo isso pode ser reproduzido por esse meio, de uma maneira mais agradável de usar, e as apresentações já preparadas são administradas centralmente por temas, bem como oferecidas a outros possíveis usuários para reutilização (para citar apenas alguns poucos exemplos).

Também nesse caso vale o seguinte: as intranets não são o pressuposto para a globalização da economia, mas um enorme incentivo para o funcionamento global de uma empresa, o que é um importante parâmetro na decisão dos diretores e das presidências.

3.4. Todos os problemas de comunicação estariam assim solucionados?

Ao examinar os novos meios de comunicação não se deve deixar de lado o seguinte: trata-se simplesmente de novas técnicas e formas de lidar na transmissão mútua de informações e na compreensão atuais, que não deverão necessariamente melhorar a qualidade da comunicação no que se refere ao entendimento e aos mal-entendidos. Pelo contrário: a vida econômica continua a ser marcada por desentendimentos e dificuldades de comunicação cujas causas são variadas e cujas conseqüências implicam, anualmente, gastos astronômicos para as empresas, sem que esses dados sejam computados.

— Faz parte da rotina que as tarefas de trabalho sejam comunicadas de maneira imprecisa ou sem que sejam estabelecidos objetivos claros.
— Quando os objetivos são formulados de maneira realmente clara, nem todos os envolvidos recebem informações suficientes.
— Especialmente as empresas que operam globalmente vêem-se confrontadas com o problema da língua.
— A compreensão entre homens e mulheres tem também em si um potencial conhecido e farto de mal-entendidos.
— As diversas gerações têm, em parte, diferentes definições de conceitos e valores que, do ponto de vista da empresa, também podem dificultar uma comunicação correta e eficiente.

Mesmo com as novas mídias, todos esses focos de problemas na comunicação social e de empresas só podem ser — quando muito — parcialmente superados. Apesar do uso dessas tecnologias, é o desejo que freqüentemente cria a noção de que instrumentos como o *e-mail* e a intranet fomentam e melhoram ativamente o entendimento. Muitas vezes, porém, como no caso presente, essa confiança na tecnologia não se justifica. Ela nunca poderá corresponder às exigências que lhe são feitas.

Podemos ficar satisfeitos com a utilização dessas mídias, porque elas realmente ajudam não somente as empresas como também a sociedade na construção de uma paisagem mais eficiente nos campos da comunicação e da informação. Os verdadeiros potenciais para o aumento da eficiência, em especial das empresas, encontram-se contudo — como já foi descrito — em outras áreas.

4. Panorama de outros avanços tecnológicos

Como as tecnologias aqui mencionadas e a tecnologia da informação em geral irão se desenvolver e quais as possíveis conseqüências para nossa vida cotidiana?

Partamos de uma primeira e sucinta análise da situação atual: é fato que a divulgação da informação alfanumérica praticamente satisfaz todas as exigências das aplicações atuais. O mesmo vale para o processamento de imagens, que deixa a desejar apenas em setores especiais. Se considerarmos os *softwares* comuns para micros com programas de texto, gráficos e de edição de fotos, veremos que eles satisfazem praticamente quase todos os desejos dos usuários comuns.

Nos setores de áudio e vídeo, a situação ainda é outra. Essas aplicações têm ou um caráter puramente profissional, ou pecam por exigir uma grande capacidade de memória, ser difíceis de usar, não possuir formatos de dados normatizados e ter resoluções insuficientes.

Mas essas lacunas também deverão estar dentro em breve preenchidas para o usuário comum, que ao lado das empresas são o segundo mercado para os produtores. O PC está se transformando realmente numa máquina multifuncional com telefone, imagem, conexão à TV, acesso à internet, equipamento de grande porte para arquivos de áudio e aplicações tradicionais de PC, embora muitos puristas fiquem irritados com esse desenvolvimento.

A observação do desenvolvimento do usuário privado normal também é interessante para as empresas, porque é por imposições advindas do setor privado que as empresas são obrigadas a introduzir novas tecnologias e *features*. Não sou amigo e defensor incondicional desse desenvolvimento, mas é preciso encarar a realidade e levar em conta o espírito lúdico do homem, que exige a constante renovação e ampliação de seu equipamento eletrônico.

Com isso, ainda decorrerá algum tempo sem que prevaleça a razão nesse campo: pois só haverá diferenciação racional dos equipamentos quando as quatro grandezas da mídia descritas acima — texto, gráfico, áudio e vídeo —, combinadas ao computador, deixarem de significar inovações. Só assim é que a seleção sensata das aplicações e sua distinção funcional em ferramentas de utilização mais fácil voltarão a viver tempos propícios.

Até aí experimentaremos todos os possíveis frutos da força de inovação:

— experimentar como é ler o jornal diário, de manhã, à mesa do café, no computador e, num clique do *mouse*, acompanhar no vídeo a cena de um gol decisivo de um importante campeonato de futebol, inclusive com os comentários originais;

— falar por teleconferência ou no telefone com imagem e chegar certa hora à conclusão de que a imagem não substitui o encontro entre as pessoas e de que, na maioria dos casos, se pode conversar bem e além de tudo mais barato sem o retrato do interlocutor;

— não receberemos mais cartões-postais dos amigos, mas um telefonema que aciona automaticamente uma aplicação de vídeo, mostrando como eles se espreguiçam na areia da praia no Caribe, numa transmissão direta da gravação feita pelo marido com a filmadora e via satélite;

— abandonaremos a tão querida compra de discos e ouviremos os últimos lançamentos na internet, faremos um *download*, pagando imediatamente com dinheiro eletrônico.

Não quero afirmar que esses usos sejam descabidos e desnecessários. Quero apenas deixar claro que não estamos seguros contra qualquer tipo de uso e que a sensatez disso pode ser interpretada de várias maneiras. Para as empresas, significa manter a cabeça fria no emprego global dessas novas tecnologias, porque empregar uma solução barata para terminais isolados pode se tornar, na interação de todas as forças de uma empresa, um risco financeiro incalculável.

5. *Globalização e multimídia — um processo finito*

Esses processos vistos por nós como a globalização da economia e a inovação no campo da tecnologia da informação poderão continuar evoluindo indefinidamente? Não creio, porque também esse desenvolvimento está sujeito a limites. Tomemos como exemplo a invenção do automóvel. O mundo já conheceu até hoje veículos com uma a dezoito rodas, com um número de 1 a *n* assentos, *airbag* em cima, embaixo, nas laterais e na frente e com barbeador elétrico, ou seja, praticamente toda espécie de veículos. Mas nessa tecnologia cristalizou-se variante estável, que está sendo apenas otimizada e provoca apenas euforia contida na sociedade. O veículo de passeio atual é formado, por exemplo, mundialmente pelos componentes essenciais de uma carroceria auto-sustentada, com quatro rodas e um motor de combustão, situado normalmente na parte anterior. Este princípio básico permite ainda variações, que provocam, contudo, cada vez menos euforia. Quem afirmaria que um *airbag* lateral para a cabeça ainda causaria sensação tão grande que levaria à compra imediata do automóvel? Uma fase de otimização não significa o fim de uma tecnologia, mas marca o encerramento de um processo de inovação básica.

Com a tecnologia da informação, o comportamento será semelhante. O mais tardar quando todos os quatro parâmetros midiáticos já descritos aqui tiverem sido introduzidos e o processo de inovação de idéias tiver atingido a monotonia, haverá uma consolidação e uma otimização da tecnologia. Ela receberá talvez um novo impulso com a realidade virtual, mas esse novo impulso também chegará ao fim.

O mesmo é válido para a globalização da economia e o desenvolvimento econômico dos países de nosso planeta. Este processo também é, teoricamente, finito, se partimos do princípio de que um dia o último país pobre africano será usado como fonte de mão-de-obra barata, o que lhe proporcionará certa prosperidade. Teoricamente, segundo o princípio Quelle-Senke, terá de começar a existir um dia um equilíbrio dos potenciais, e a partir daí haverá somente um processo de otimização, ou seja, uma competição puramente eliminatória dos países entre si. Em todo caso, a lista dos países economicamente potentes fica cada vez maior, já que as antigas nações industrializadas nunca perdem totalmente sua importância, mas cada vez mais outras nações emergem, como muitos exemplos demonstram: Coréia, Malásia, Brasil e até mesmo o Vietnã.

Na comparação em âmbito mundial, sempre haverá desníveis de bem-estar e poder político, contudo não serão tão grandes como hoje. Para nós ainda continua estranho negociar com os mercados sul-asiáticos, mas também isso se tornará costumeiro. As gerações futuras crescerão com essa internacionalização. Elas acharão normal fechar um negócio hoje aqui, amanhã ali, e não perceberão o "processo de globalização" da mesma forma como nós o sentimos agora. Como desafio restará apenas a "espacialização".

6. Panorama sociológico

Neste último tópico, quero enumerar ainda algumas conseqüências sociais dos processos descritos. Não há mudanças de influências ambientais, processos de trabalho, reordenações, transformações que não influenciem a educação, os costumes e o planejamento de vida dos indivíduos.

Se hoje os processos de negócios numa empresa sofrem mudanças advindas de fora e a reestruturação não alcança o sucesso almejado, isso resulta na maioria das vezes da inércia do indivíduo diante das mudanças. Porque se continua a trabalhar da mesma maneira de sempre, da maneira que foi "bem-sucedida" no passado (sensação pessoal: senão já se teria há muito efetuado mudanças).

O homem não permite que se programe seu comportamento como um simples computador. A inércia característica só é superada em virtude das experiências positivas alcançadas no novo processo e depois de um longo período de tempo. Isso exige um treinamento constante, senão a transformação pretendida termina em rejeição, isolação e passividade.

Esses efeitos surgem também nos processos descritos anteriormente? Creio que sim e quero demonstrá-lo em três exemplos:

6.1. O indivíduo continua a caminhar em direção ao isolamento?

Como provocação, deveríamos responder a esta pergunta com um sonoro "sim", mas não devemos tornar a questão assim tão fácil. O perigo existe, sem dúvida. A tecnologia da informação fomenta, ao contrário por exemplo da música, o individualismo, já que a pessoa trabalha normalmente sozinha com o computador, com seus programas, navegando na internet.

Nessa atividade, o usuário se isola extremamente do mundo ao seu redor, o que do seu ponto de vista é considerado isolamento. Abre-se, contudo, para um novo mundo virtual, com influências e pessoas variadas, o que não deixa de ser interessante para o usuário.

Se falarmos com usuários muito ativos, principalmente da internet, sobre esse tema, a reação será de incredulidade, porque eles se consideram comunicativos e de forma alguma isolados. Tudo é então uma questão de ponto de vista. No entanto, do ponto de vista social, familiar, é um ponto crítico. Não seria importante, para o desenvolvimento pessoal, primeiro conhecer o mundo real, antes de se voltar para o virtual?

6.2. Perigo da passividade

Outro problema desse desenvolvimento é que os métodos refinados de *marketing* e a força inovadora de poucas pessoas ou organizações influentes provocam uma intensificação no comportamento de consumo das sociedades. A pessoa é abastecida com informações, a oferta de programas variados (por exemplo, TV por assinatura) é imensa. A tentação de se entregar a essas influências faz-se sentir pela maioria de nós no dia-a-dia.

Se as gerações futuras, em sua maioria, irão distanciar-se das novas tecnologias ou utilizarão essas possibilidades, tornando-se ativas e criativas, é para mim um jogo ainda não decidido. Porque nunca foi tão fácil como hoje alcançar, sem grandes esforços, o sucesso e o reconhecimento mundial graças a boas idéias. Em princípio, isso deveria servir como incentivo à criatividade e à atividade; entretanto tem-se hoje a impressão de que a maioria de nós é um rebanho dócil de usuários de alguns poucos produtos de sucesso e de seus espertos produtores.

6.3. A dependência da tecnologia da informação

Cada falta de luz em nossas casas nos demonstra quanto ficamos dependentes do fornecimento de energia elétrica. Creio, porém, que essa dependência não é nem de longe semelhante à da tecnologia da informação, já existente e ainda em expansão. Quando fica escuro em casa, ainda se pode acender uma vela, mas quando se ficar do lado de fora de casa, diante da porta fechada, porque o sistema informa "acesso negado", o problema é bem maior. Meio-dia com o sistema de *e-mail* da empresa fora do ar produz uma agitação extrema na central de tecnologia de informação e causa espontaneamente a impressão de que o funcionamento total da empresa parou — tão grande é a agitação dos funcionários. Antes se podia esperar três dias por um documento; com o aparecimento do correio-expresso esse tempo foi reduzido a 24 horas, no máximo. Com o *e-mail*, tudo tem de estar imeditamente à disposição. O problema é que o usuário acaba por adequar a isso sua forma de trabalho. Textos escritos já não são elaborados com três dias de antecedência, mas pouco antes do prazo de entrega, porque o *e-mail* possibilita a remessa imediata.

Por um lado, aumenta a pressão sobre a disponibilidade dos sistemas, o que leva ao aumento dos custos com suporte e mecanismos de segurança para o caso de avarias; por outro a agitação provocada pela adaptação organizacional às possibilidades teóricas das novas tecnologias leva a uma dependência muito grande e ao envolvimento com os perigos dela resultantes.

Podemos citar ainda muitos exemplos de praticamente todos os setores da vida (muito conhecido é o cenário dos *id-cards* pessoais, inclusive de todos os dados pessoais, médicos, como diagnósticos de doenças e tratamentos: o que acontecerá se houver um erro de leitura ou se forem trocados?).

O problema principal é, porém, que temos uma confiança inerente

— no funcionamento da tecnologia e

— na correção das informações apresentadas;

daí resulta um enorme potencial de perigo para o uso extensivo dessas tecnologias modernas.

7. Conclusão

Em todos os processos de transformação existem potenciais positivos e negativos ao mesmo tempo. A obrigação de todos é fazer uma análise racional e não criar imagens hostis/aversões. Tentei descrever como se poderiam combater os resultados negativos da globalização econômica. Existem potenciais de perigo para a sociedade, por exemplo na introdução de novas tecnologias, como esquematizei de modo geral no tópico 6. Acho, porém, que cada um por si e cada empresa pode encontrar um caminho razoável para o uso dessas tecnologias, caso se ocupem dessa temática. Como a insensatez é uma das características básicas do ser humano, resta-nos somente o princípio da esperança.

Muito mais interessantes são, contudo, os efeitos positivos dessas transformações, como o desenvolvimento de uma multicultura global e os imensos potenciais de inovação, unidos às possibilidades de trabalho para as próximas gerações. Nisso eu creio.

A internet — passado, presente e futuro*

Gunter Bauer

1. A história do surgimento da internet

Os anos 1950

Em 1957 a União Soviética consegue lançar na órbita terrestre o satélite Sputnik. Logo em seguida o governo dos Estados Unidos dá início a uma série de programas de pesquisa com o objetivo de alcançar novamente a supremacia armamentista, científica e tecnológica. Entre outras iniciativas, é fundada, dentro do Ministério da Defesa, a ARPA (Advanced Research Projects Agency, Agência de Projetos de Pesquisa Avançada), com a tarefa de desenvolver novas tecnologias.

Os anos 1960

A ARPA promove uma série de pesquisas sobre redes, com o objetivo de desenvolver um uso comum de diferentes fontes de dados computadorizadas e construir uma infra-estrutura partilhada de comunicação, bem como uma transmissão confiável de dados. Há planos para a construção de uma rede de computadores na qual a transmissão de notícias não se daria por intermédio de uma rede pré-definida, mas com o uso da tecnologia *packet-switching*, menos suscetível a interferências. Nessa tecnologia, os dados a serem enviados são separados em pequenos pacotes de dados e enviados individualmente pela rede de computadores. Os caminhos percorridos por esses pacotes de dados são escolhidos por alguns pontos de transferência de acordo com a disponibilidade de transmissão das linhas. Portanto, cada pacote de determinado grupo de dados pode percorrer caminhos

* Tradução: Maurício Mendonça Cardozo.

completamente diferentes pela rede e, até mesmo, chegar ao receptor em momentos diferentes. Com essa "lógica de rede" implementada nos pontos de transferência, a transmissão torna-se substancialmente mais tolerante aos erros do que quando se dá por meio de uma linha de conexão permanente. Uma das primeiras aplicações dessa idéia é apresentada no final da década de 1960 e realizada pelo Ministério de Defesa dos Estados Unidos sob o nome de ARPANET. Em 1969, essa primeira rede consiste de quatro computadores de universidades californianas interligados pela linha telefônica.

Os anos 1970

Em 1970 conectam-se também à ARPANET a Universidade de Harvard e o Instituto de Tecnologia de Massachusets (MIT). No ano de 1971 a ARPANET já conta com mais de trinta computadores e a partir de 1972 obtém-se também uma conexão com a Universidade do Havaí. A partir de 1973, com a conexão com Universidades da Inglaterra e da Noruega, a ARPANET atinge dimensão internacional.

Os primeiros programas para o envio de mensagens pela rede começam a ser escritos e são denominados de *electronic mail* (correio eletrônico) ou, simplesmente, *e-mail*. Outros programas menos elementares são desenvolvidos, os quais tornam possível, a partir de um computador, executar comandos à distância em outro computador ou transmitir dados para ele. Esses programas são conhecidos, respectivamente, por telnet ou por programas de transferência de arquivos, como veremos no item 4 deste artigo.

A transmissão dos pacotes de dados na rede é melhorada e são criados os pré-requisitos básicos para a interconexão de redes de diferentes modalidades de transmissão desses pacotes (como redes de satélites e de radiodifusão). Esse momento de interligação das redes mediante o protocolo de transmissão de dados "TCP/IP" pode ser considerado o verdadeiro "instante de nascimento" da internet. Além disso, um *software* de rede é integrado ao sistema operacional UNIX, já instalado em computadores de grande porte de várias instituições de pesquisa, o que amplia o campo de emprego da internet.

Os anos 1980

Cada vez em maior número, vão surgindo em universidades e empresas pequenas redes que vão sendo integradas umas às outras pela internet. Algumas companhias telefônicas constroem redes próprias, ligadas pela linha telefônica, como é o caso da Minitel, na França, e da BTX, na Áustria. Em meados dos anos 80, é construída uma rede de alta velocidade (NSFNET) que interliga os maiores centros de supercomputadores dos Estados Unidos. A Áustria conecta-se à NSFNET em 1990. Na Europa surgem o EUnet, uma rede comercial própria, e o EARN, uma rede de pesquisa acadêmica européia. Simultaneamente são fundadas organizações que se preocupam com a coordenação administrativa e técnica das redes (ver item 3).

No final da década de 1980, a internet já conecta algumas centenas de milhares de computadores.

Os anos 1990

No começo dos anos 1990 são desenvolvidos e distribuídos gratuitamente diferentes produtos de *software*, que possibilitam utilizar as informações à disposição na internet de um modo mais fácil. O mais significativo deles é a world wide web (www), que utiliza um novo tipo de documento, o chamado "hipertexto".

Hipertextos são textos em que determinadas palavras (ou imagens) têm a função de ponto de conexão (o chamado *link*) com outros documentos. Essas ramificações podem ser ativadas por um clique com a tecla do *mouse*. E é completamente insignificante saber onde está esse documento ativado, se no mesmo computador ou em qualquer outro computador na internet. Alguns documentos podem estar separados por continentes! Para o usuário isso praticamente não fará diferença — quando muito, no tempo que o computador levará para carregar os diferentes documentos. Assim, o usuário torna-se ele mesmo o "timoneiro" no imenso mar de documentos hipertextuais à disposição (atualmente devem existir na internet cerca de 100 a 200 milhões [!] desses documentos hipertextuais).

Figura 1. Esquema de um *link*-hipertextual.

Em Genebra, no Laboratório Europeu para Pesquisa de Partículas Elementares (CERN), é desenvolvido, em 1991, um *software* que torna possível, mesmo para um leigo em computador, a busca por uma grande quantidade de documentos de pesquisa mediante uma interface de usuário simplificada. Para tanto, utiliza-se um chamado *web-browser*, um *software* que apresenta páginas de hipertexto na tela do computador e é capaz de reproduzir ainda imagens, animações e sons. Com isso o uso de *browsers* da www tornou-se tão simples, até mesmo para um iniciante, que pela primeira vez os conhecimentos técnicos prévios necessários para acessar informações na rede tornaram-se dispensáveis.

O presente e o futuro

Essa onda de novos produtos de *software* tem como efeito um aumento maciço do número de usuários desse novo meio chamado internet e, em meados dos anos 1990, a "navegação na Internet" torna-se o principal tema de discussão. A sociedade, a economia e a política começam a fazer uso do novo meio. Empresas e organizações passam a empregar a internet para apresentação, propaganda e venda. Vendas e prestações de serviço via internet demonstram ser, no futuro, um canal de grande importância para o cliente.

Surgem centros comerciais na internet, jornais e revistas podem ser acessados *on-line*, estações de rádio e televisão difundem seus programas mundo afora pela internet, pizzas e flores podem ser encomendadas e mandadas pela internet. São desenvolvidos sistemas de dinheiro eletrônico, para tornar viável um meio simples e seguro de pagamento por meio da internet. Ligações telefônicas, bem como o emprego de videoconferências, também encontrarão um grande mercado. O acesso à internet por telefone ou linha ISDN se dará por um preço razoável para qualquer pessoa.

2. *Alguns números do crescimento da internet*

É difícil fornecer números exatos sobre a grandeza da internet: por um lado, porque o número de computadores ligados a ela não é conhecido e porque são usados critérios diferentes em cada contagem. Por outro, todos esses números estão sujeitos a uma tendência turbulenta de aumento. Assim, em alguns casos, estatísticas realizadas há seis meses já podem ser consideradas ultrapassadas.

Grosso modo, pode-se dizer que o número atual (primavera de 1997) de computadores ligados à internet é de cerca de 15 a 25 milhões, e o número de pessoas que usam a internet é algo em torno de 50 a 100 milhões. O número de documentos à disposição na world wide web é dado como algo em torno de 100 a 200 milhões. Previsões estimam o número de usuários da rede no ano 2000 em 300 a 500 milhões. Mas freqüentemente surgem boatos de uma duplicação da quantidade de informação na internet dentro de um período de três meses!

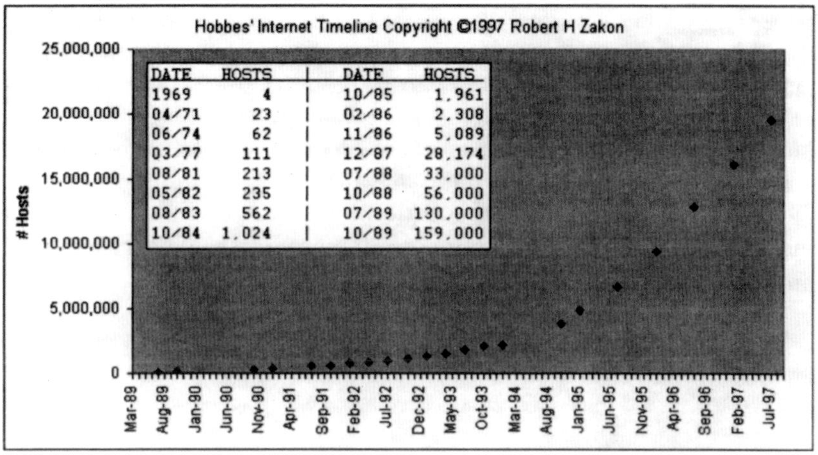

Figura 2. Aumento do número de computadores ligados à internet.

Figura 3. Aumento do número de servidores de rede na internet.

3. Organizações ligadas à internet

A internet não é propriedade nem de uma pessoa nem de alguma organização. Contudo há, em âmbito local, instâncias responsáveis pela manutenção da rede, em muitos casos as próprias companhias telefônicas ou acionistas de centrais de computação.

Em âmbito internacional constituíram-se já há alguns anos organizações responsáveis pela coordenação interestatal. Algumas delas serão brevemente apresentadas aqui:

ISOC (Internet Society, http://www.isoc.org)
A ISOC foi fundada em 1991 e coordena o desenvolvimento contínuo da internet, a melhoria e o aprimoramento dos programas de serviço que constituem a internet.

IAB (Internet Architecture Board, http://www.iab.org/iab/)
IETF (Internet Engineering Task Force, http://www.ietf.org)
IRTF (Internet Research Force, http://www.irtf.org)

As organizações IAB, IETF e IRTF são responsáveis pela região da América do Norte. Suas tarefas consistem em desenvolver um padrão de qualidade, exercer uma função de orientação junto à ISOC e emitir documentos oficiais da internet.

RARE (Réseaux Associes pour la Recherche Européenne, http://www.rare.nl)
RIPE (Réseaux IP Européens, http://www.ripe.net)

A RARE e a RIPE foram fundadas em 1986 e 1989, respectivamente, e se preocupam com a construção de uma infra-estrutura de alta velocidade para a transferência de dados entre instituições de pesquisa e desenvolvimento na Europa. Outra tarefa da RARE e da RIPE é a coordenação técnica e organizacional das redes de dados na Europa. A RIPE é vista também como instância de documentação e como ponto de coleta para *softwares* de internet.

ACOnet (Rede Acadêmica de Computadores da Áustria, http://www.aco.net)

Desde 1986 existe a Rede Acadêmica de Computadores da Áustria, à qual pertencem todas as universidades austríacas e outras instituições de pesquisa e formação. Essa Rede consiste em uma interligação, em forma de anel, das universidades e um canal de conexão destas ao Centro de Processamento de Dados da Universidade de Viena, ao qual estão conectadas outras redes européias e americanas.

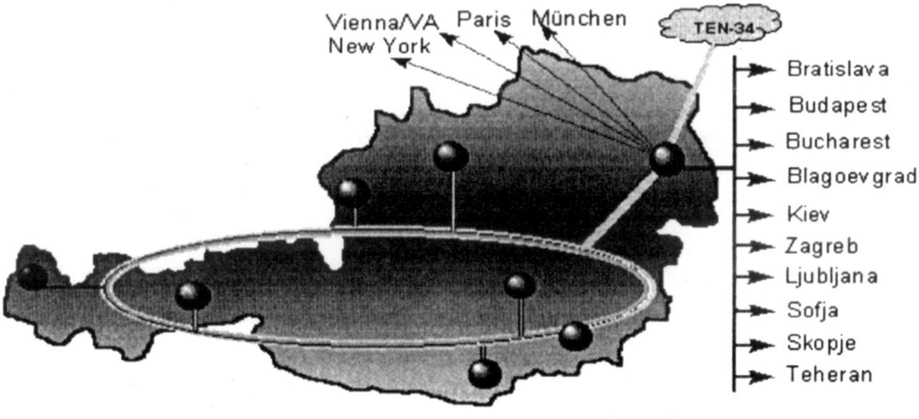

Figura 4. Estrutura da ACOnet.

TEN-34 (Trans European Network a 34M bit/s, http://www.dante.net/ten-34)

O objetivo da TEN-34 é, com o apoio financeiro da União Européia, implantar na Europa uma infra-estrutura de rede de banda larga para a área científica. A ACOnet também participa desse projeto.

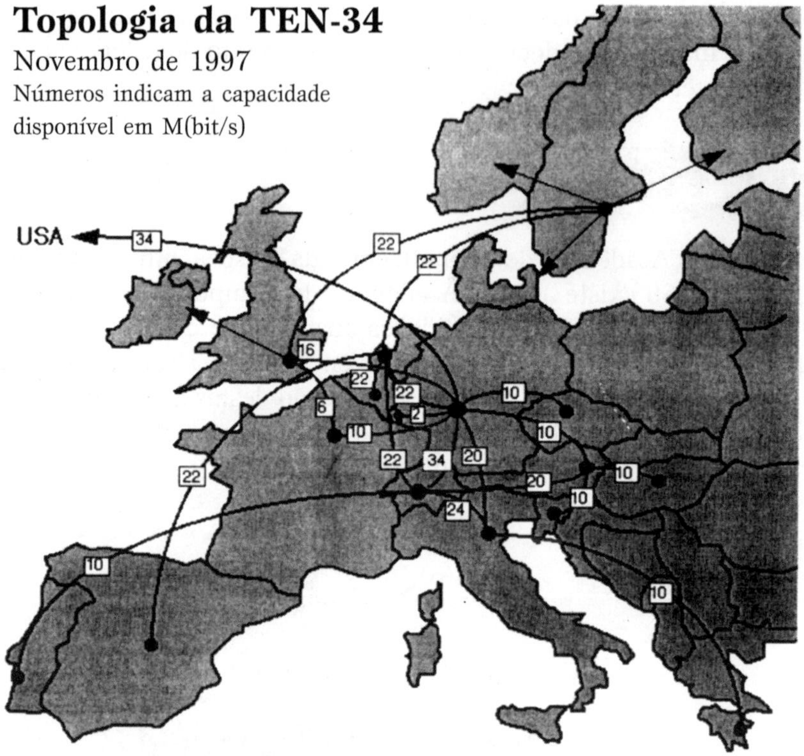

Figura 5. A rede de pesquisa européia TEN-34.

4. Apresentação de alguns programas de serviço da internet

A maior parte dos programas de serviço utilizados na internet funcionam segundo o Princípio do Cliente-Servidor. Uma analogia mais clara desse princípio é a situação do freguês e do garçom em um restaurante. O freguês é aquele que tem necessidades que serão satisfeitas pelo garçom. O freguês utiliza-se de um cardápio para fazer seu pedido e escolhe, a partir dele, alguns pratos e bebidas que o garçom (passado um tempo) lhe servirá à mesa. No caso da internet, o freguês é o usuário sentado diante de um terminal de computador no qual roda um programa-cliente, capaz de se conectar a um computador na internet, em que, segundo a demanda, um programa-servidor põe dados à disposição do programa-cliente e os envia ao cliente na forma desejada. A comunicação e o intercâmbio de dados entre programa-cliente e programa-servidor ocorrem de acordo com uma seqüência bem determinada, chamada protocolo.

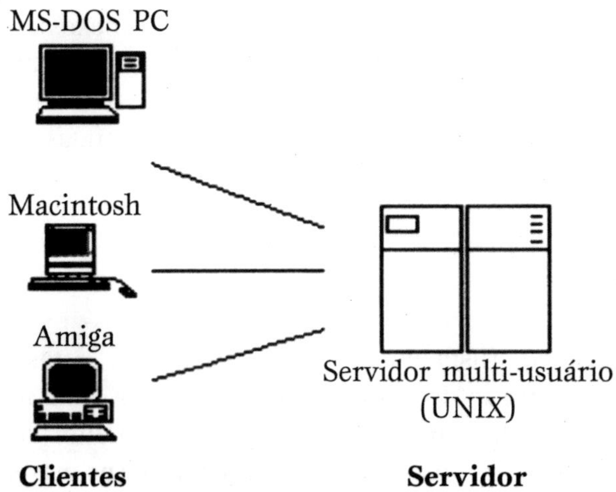

Figura 6. Uma rede cliente-servidor.

Correio eletrônico (e-mail)

O correio eletrônico é um dos serviços mais antigos da internet e provavelmente o mais utilizado. Num intervalo de poucos segundos, notícias eletrônicas podem ser enviadas através de diferentes redes para o mundo inteiro. Geralmente é possível enviar apenas arquivos de texto; contudo gráficos e documentos com textos formatados ou arquivos de programa

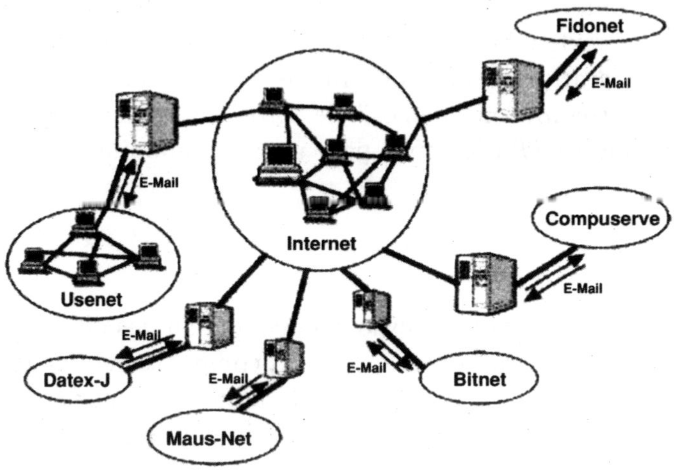

Figura 7. *E-mails* também podem ser enviados da internet para outras Redes de computadores e vice-versa.

também podem ser enviados como *attachment* (anexos), sendo que esses documentos, internamente, são transformados em puros arquivos de texto. Além do mais, programas de *e-mail* tornam possível arquivar e mandar adiante cartas recebidas, bem como administrar agendas de endereços com endereços eletrônicos.

Newsgroups

Por *newsgroup* (lista ou grupo de discussão) entende-se um fórum eletrônico de discussão de abrangência mundial. É uma forma organizada de *e-mail*, semelhante a uma coluna de Cartas do Leitor de um jornal, mas dividida por temas de discussão. No momento (primavera de 1997) há cerca de 20 mil temas diferentes de discussão, dos quais todo o usuário que possui um endereço eletrônico pode participar. Em princípio, um usuário também pode sugerir a criação de um novo tema de discussão. O tema de discussão é visível a partir da denominação de estruturação do grupo. A velocidade de transferência de dados na internet também é marcante aqui: um artigo estará à disposição do mundo todo instantes após seu envio.

File Transfer Protocol (FTP)

A tarefa do FTP é tornar possível a cópia de dados entre dois computadores. Para tanto, o FTP dispõe de alguns comandos para a transferência de arquivos de texto e binários. O FTP é usado principalmente para fornecer *softwares* gratuitamente (programas com o rótulo *Public-Domain*, *Shareware* e *Freeware* ou "demos" de *softwares* comerciais). O acesso a muitos servidores-*FTP* é possível para usuários anônimos.

Telnet

O Telnet possibilita a conexão com computadores distantes e permite a execução à distância de comandos nesses computadores, como, por exemplo, a inicialização de um programa. Entretanto, na maior parte das vezes, faz-se necessária uma autorização do usuário para o acesso ao outro computador. Esse serviço de internet é geralmente utilizado para a manutenção à distância de computadores de grande porte ou para o acesso a catálogos de bibliotecas e a bancos de dados.

World wide web (www)

A world wide web possibilita uma navegação rápida e confortável entre os arquivos constituídos por hipertextos. Esses *sites* são produzidos em uma linguagem própria de edição de página, o *Hyper Text Markup Language* (HTML), e contêm *hyperlinks*, imagens e outros objetos multimídia.

O programa-cliente também é denominado *browser* (palavra que vem do verbo em inglês *to browse*, que significa algo como "folhear"). A maioria dos *browsers* da www permite a utilização de vários serviços (geralmente *e-mail*, *newsgroups* e FTP) a partir de uma mesma interface unificada.

5. *Declarações de pessoas famosas sobre a internet (em http://www.multiscan.com/dl/internet.html#statements)*

Andy Grove, chefe da Intel: "Numa emergência, eu poderia administrar essa firma até mesmo sem luz, ar-condicionado e aquecedor, mas nunca sem *e-mail*!"

David Berlow, especialista em *screenfont*: "Em 50 anos não haverá mais nenhum jornal nos Estados Unidos. Já no ano 2000 teremos um sistema que integrará televisão, rádio, jornal e *videogame* num só aparelho, o que é justamente o que queremos. Eu creio que as pessoas irão se comunicar *on-line* de dentro dos aviões e dos trens".

Matthew Butterick, *web-designer*: "Uma página de internet é uma coisa sensacional quando se quer produzir uma revista e não se tem dinheiro para isso!"

Erik Spiekermann, *designer*: "A internet é um meio fundamentado no tempo, à diferença do livro e do jornal. A interação e a possibilidade de avançar em uma profundidade oculta criam uma nova dimensão. Quando alguém compra um livro ou um jornal, conhece a sua extensão. Nos meios eletrônicos ninguém sabe o que está escondido por trás".

E algumas pessoas famosas também já deram seus foras:

Ken Olsen, fundador da DEC (1977): "Não há razão para que algum dia alguém venha querer ter um computador em casa".

Bill Gates, chefe da Microsoft (1981): "Ninguém jamais vai precisar de mais do que 640 kbytes!"

Pois é, como é fácil se enganar...

Índice das ilustrações

Os diagramas de crescimento da internet (Fig. 2, Fig. 3) foram cedidos gentilmente por Robert H. Zakon, extraídos de sua sinopse da história da internet, em http://www.isoc.org/guest/zakon/Internet/History/HIT.html. O diagrama sobre a ACOnet (Fig. 4) encontra-se em: http://www.aco.net A figura da rede de pesquisa TEN-34 (Fig. 5) pode ser em encontrada em http://www.dante.net/ten-34/ten34net.gif.

Grandes Sistemas da www*

Novos fenômenos, novos problemas e novas soluções

Hermann Maurer

Introdução

Este trabalho divide-se em três partes. Na primeira parte tentaremos mostrar como a world wide web (www) está começando a invadir todos os âmbitos de nossas vidas e que, com isso, surgem também novos fenômenos e novos problemas. Na segunda parte comentaremos alguns sistemas modernos da www, como o *Hyperwave*, que podem minimizar muitos dos problemas que aparecem. Na terceira e última parte analisaremos algumas afirmações feitas freqüentemente em relação à www e mostraremos que, em muitos casos, se trata de reflexões muito superficiais e pouco plausíveis. Abrimos mão aqui de uma lista mais extensa de literatura da área, mas indicamos inúmeras referências na www.

1. O mundo inundado pela www

Em março de 1997, cerca de 500 mil servidores da www estavam em operação (vide http://www.altavista.digital.com). No restante deste trabalho farei menção às referências da www citando apenas o *Uniform Resource Locator* (o URL), do mesmo modo como este é utilizado em todos os *browsers* da www para a busca de informações. Omitirei, portanto, a sigla anteposta ao URL (o http://) — que indica que o endereço eletrônico em questão é uma referência da www —, ou seja, em vez de http://www.altavista.digital.com, escreverei, a partir de agora, apenas www.altavista.digital.com. Nos 500 mil servidores da www encontram-se quantidades inacreditáveis de informação e serviços de

* Tradução: Maurício Mendonça Cardozo.

todos os tipos, de literatura a propaganda, de música a filmes, de imagens turísticas a museus "virtuais", de horários de trens a previsões do tempo, de lojas eletrônicas a grupos de discussão, de sistemas de encomendas a bancos eletrônicos, de listas telefônicas a catálogos de produtos, de informações turísticas e geográficas a trabalhos científicos; e a lista é ainda muito maior e muito mais diversa do que se pode imaginar. Alguns exemplos concretos podem ilustrar o amplo espectro de ofertas da www: é possível visualizar a Terra partindo-se da dimensão representada num mapa-múndi e ir aumentando a escala de ampliação do *zoom*, passando por todos os níveis, até chegar a uma escala em que temos os detalhes de cada rua (www.mapquest.com); é possível saber qualquer informação sobre os trens da Rede Ferroviária Alemã (Deutsche Bahn — www.hacon.de), sobre qualquer vôo no mundo inteiro (www.lufthansa.de), sobre a Áustria, com uma apresentação multimídia (www.aeiou.at), até chegar à maior livraria *on-line* da www (www.amazon.com), à Biblioteca Eletrônica Nacional da Nova Zelândia (www.timeframes.natlib.govt.nz) ou a revistas eletrônicas (www.iicm.edu/jucs), jornais e outros periódicos (www.spiegel.de). Surpreendente em uma ou outra oferta não é o fato de ela existir, mas sim o número de ofertas semelhantes e a amplitude dos bancos de dados envolvidos! Até mesmo algumas ofertas mais incomuns já fazem alusão ao grande espectro da www, como: notícias atuais do esporte (www.sportsline.com), informações sobre filmes (www.hollywood.com), desenhos animados interativos (www.narrative.com), cemitérios virtuais (www.virtual29.com/garden/cemetery.html), anúncios de contatos pessoais (www.webpersonals.com), cartões postais multimídia (www.kodak.com), auto-escolas (www.stimmt.at) ou serviços que nos lembram de nossos compromissos (www.neverforget.com). Com razão, pode-se afirmar que, se temos tempo e não nos deixamos frustrar pelo caos total, é possível encontrar praticamente tudo na www.

Esse "ter tempo" não depende, em última instância, da velocidade freqüentemente muito humilde de transmissão, tanto que a sigla www já foi interpretada, com cinismo, como *welt weites warten*, que em alemão significa algo como "espera em nível global". O novo cabo transatlântico TAT 12/13 comprova que as capacidades de transmissão estão à disposição, mas não são utilizadas de maneira efetiva, por conta de uma política tarifária errônea: os custos de investimento para essa conexão via fibra ótica somaram cerca de 1,5 bilhão de marcos alemães. A linha permite a transmissão simultânea de cerca de 300 mil conversas telefônicas: se utilizada no limite de sua capacidade, amortizaria seus custos em uma única semana! Mas isso significa que os preços das tarifas telefônicas transatlânticas poderiam ser reduzidos, a partir de então, em mais de 100 vezes. E a situação na Europa também é bem semelhante.

No entanto, o usuário da www não sofre apenas com a transmissão lenta de informação, mas também com o fato de que a informação procurada raramente é encontrada no caos da www.

Para localizar-se em meio a esse caos, faz-se uso das chamadas máquinas ou ferramentas de busca. Infelizmente, no caso de alguns termos, essas ferramentas nos dão como resposta uma inundação de informações: por exemplo, se digitamos o nome da cidade de Potsdam, vizinha a Berlim e cenário importante da história alemã, encontramos como resposta cerca de 100 mil referências, o que, obviamente, ninguém pode consultar em sua totalidade. É de se perguntar como essas referências estão classificadas, como funciona o processo que estabelece um *ranking* para essas informações. *Grosso modo*, um documento é julgado com um valor maior, para efeito de *ranking* de busca, quando o termo procurado ocorre mais freqüentemente numa relação de proporção à extensão do artigo.

Sem dúvida, isso deve seduzir os organizadores de páginas eletrônicas a repetir inúmeras vezes uma palavra-chave para obter um bom *ranking*. Os primeiros a descobrir isso foram os organizadores de páginas eróticas — em cujas páginas, geralmente na parte inferior da tela, encontra-se, dissimulada, a palavra "sexo" repetida, às vezes, mais de quinhentas vezes —, seguidos depois por diferentes seitas religiosas: como exemplo, vale a pena procurar com a ferramenta de busca Altavista a palavra *bookstore* para observar os resultados.

Outro método bem diferente de encontrar informações na www consiste em adivinhar os URLs: assim, se arriscarmos os endereços www.toyota.com ou www.quelle.com, encontraremos as respectivas páginas da empresa Toyota e da rede de lojas Quelle, o que também funciona para as páginas da revista alemã *Der Spiegel* (www.spiegel.de) ou para a companhia aérea alemã Lufthansa (www.lufthansa.de). Porém, o endereço www.spiegel.com nos leva a uma loja de sapatos, www.sacher.com não nos leva ao famoso hotel vienense, www.aua.com não nos leva à AUA, a companhia aérea austríaca, e www.louvre.com nos remete a uma artista plástica norte-americana e não ao Museu do Louvre, em Paris. Já que o "Sistema de Hipermídia Integrada", o *Hyper-G*, foi desenvolvido por meu grupo de trabalho da Universidade Técnica de Graz, na Áustria, achei interessante descobrir que o endereço www.hyper-g.com remetia, na ocasião, justamente a uma firma de *softwares* que, no entanto, não tinha nada a ver com o sistema criado em nossa universidade. Aliás, essa firma pareceu estar muito disposta a comprar nosso URL www.hyper-g.com: em outras palavras, parece estar se desenvolvendo aqui uma nova profissão, a de "pirata de URL", cujo exercício tem de ser freado aos poucos por regulamentações internacionais!

2. Como a caótica www pode se tornar administrável?

Um dos problemas recorrentes nos grandes servidores de www é a manutenção "displicente" dos dados. Se por um lado é muito simples colocar em funcionamento um pequeno servidor de www e lançar na rede algumas informações muito simpáticas (texto e figurinhas), por outro lado é extremamente difícil manter sob controle a oferta de um servidor de www que se encontra em constante crescimento: esquece-se facilmente de apagar informações que já não têm validade, mas, com freqüência, apagam-se dados que servem de referência a outras instâncias, o que gera os "*links* quebrados" e irrita ao extremo qualquer usuário que depara com a mensagem "*object not found. Error 404*"; isso sem considerar que a estrutura do *site*, com o acréscimo e o apagamento mal gerenciado de dados, torna-se cada vez mais caótica. Com isso, os usuários se perdem em meio à confusão das referências e, geralmente, acabam não encontrando páginas que eles sabem que existem. A idéia de que "*tornar-se* pai é fácil, *ser* pai é que é difícil" vale, infelizmente, como analogia para os *webmasters*.

Para evitar os problemas mencionados, os sistemas servidores de www precisam de mecanismos poderosos de gerenciamento de dados e de *links*. Um sistema como esse foi criado pelo grupo de trabalho orientado pelo autor deste artigo entre os anos de 1991 e 1996. Para o seu desenvolvimento, se somados todos os esforços envolvidos, foi despendido um tempo equivalente a 100 anos. Atualmente uma empresa, com sede em Munique, comercializa esse produto sob o nome de *Hyperwave* (www.hyperwave.de).

Mencionaremos a seguir alguns dos aspectos mais importantes do *Hyperwave*: todos os documentos e grupos de documentos (*collections*) podem ter qualquer atributo; os *links* não são unidirecionais, fixos e aleatórios, mas bidirecionais, gerenciados externamente e tipificados (isto é, recebem atributos como qualquer outro objeto); os dados podem ser estruturados de várias formas, uma vez que usuários diferentes podem ser ordenados a partir de perspectivas diferentes; existem mecanismos de acesso e de tarifação, procedimentos de busca; e além de tudo o sistema suporta a operação multimodal (por exemplo, o funcionamento em várias línguas diferentes).

A concepção de atributos auxilia a busca por documentos e permite ao sistema a execução automática de algumas ações, por exemplo a eliminação de documentos sem validade e a abertura de documentos em períodos determinados. Com isso, a conexão com bancos de dados relacionais torna-se substancialmente mais simples, pois as relações são marcadas pelos atributos. A concepção generalizada de *link* permite a manutenção automática da consistência dos *links* através do sistema, processo que, em outros casos, tem de ser realizado manualmente. A estruturação dos dados aumenta a visualização do todo, permite evitar *links* supérfluos e torna possível que usuários diferentes vejam *links* diferentes, um ponto essencial! Supor que todas as pessoas de uma organização querem ver as informações do mesmo modo (do executivo ao gerente de vendas, do vendedor ao pesquisador) é certamente um contra-senso. Aliás, a idéia de evitar os *links* em favor do emprego de estruturas corresponde ao que vem sendo apregoado na informática nos últimos vinte anos: estrutura, ao invés de "*GOTOs*" em programação; estrutura em vez de ponteiros nas estruturas de dados; e, a partir daí, obviamente, estrutura em vez de *links* na www. É triste ver que isso ainda não está claro nem mesmo para especialistas em computação.

Dos 35 mil produtos de 6.800 expositores da CeBIT 97 — a maior feira de computação do mundo —, o *Hyperwave* foi contemplado pela BYTE com o prêmio *Best of the Show*, e justamente pelas razões aqui já mencionadas. O *Hyperwave* é, atualmente, a única tecnologia de operação de servidores que suporta de modo estável e confiável o gerenciamento de grandes servidores de www. Para informações sobre o prêmio CeBIT, ver www.byte.com/special/cebit97.htm ou www.iicm.edu/hyperwave.cebit. Para mais informações sobre o *Hyperwave*, ver www.hyperwave.de e www.iicm.edu/hyperg. O livro "clássico" sobre o *Hyperwave* é o *Hyper-G now HyperWave:...* (Maurer, 1996), enquanto em *Datenbanken, Interaktivität und Benutzerprofile* (Maurer, 1997) comenta-se mais aprofundadamente por que servidores de www que operam grandes quantidades de dados não podem abrir mão de bancos de dados e por que esses bancos de dados devem, de preferência, ser integrados ao sistema como no *Hyperwave*.

3. *Algumas suposições quanto à www e por que elas não são válidas*

Neste tópico pretendemos comentar cinco afirmações feitas com muita freqüência, mas que, se não são falsas, são, no mínimo, duvidosas.

3.1. "A www vai se tornar o maior sistema de informação do mundo"

Essa suposição não é falsa, mas só mostra um lado da moeda: a www, exclusivamente como sistema de informação, nunca conquistaria o significado que já tem e que ainda haverá de ter. Seus componentes comunicativos (*e-mails*, *chats*, formulários, encomendas, salas de discussão...) são e continuarão a ser, ainda por muito tempo, os elementos mais importantes.

3.2. "A www — com o suporte de agentes inteligentes — fará que possamos procurar para cada produto e para cada prestação de serviço a melhor oferta"

Quem insiste em repetir algo assim não faz mais que sonhar um belo sonho. O mercado sempre conseguiu, com sucesso, opor-se à idéia de *comparison shopping* e, certamente, não é agora que abrirá mão dessa posição. Assim como é comum, no mercado editorial europeu, ocorrer o lançamento de um livro primeiramente na versão em capa dura, e só mais tarde na versão em brochura — isso para poder exigir um preço mais alto antes de partir para o mercado massificado —; e assim como é comum encontrarmos no mercado duas versões do mesmo produto, mas com algumas diferenças mínimas — diferença suficiente para evitar qualquer tipo de comparação —, do mesmo modo podemos esperar uma profusão de ofertas e liquidações: comprar e procurar continuará sendo uma atividade que nos rouba tempo, e que alguns amam e outros detestam. Aliás, o "diferencial de preços" nem sempre é inimigo do consumidor. Há uma história famosa de uma impressora *laser* de alta velocidade e qualidade de impressão lançada em dois modelos: um muito veloz e caro, o outro mais barato e, pela inclusão de um *chip* extra, propositalmente mais lento. A estratégia pode soar insana para nós, mas foi muito vantajosa para a empresa e para os consumidores (sic!): a empresa conseguiu vender muito mais unidades do seu produto e alcançar mais lucros; os consumidores que necessitavam de uma impressora mais rápida puderam comprá-la mais barata — em função da quantidade de unidades produzidas; os consumidores que queriam uma impressora boa, mas não tão veloz, também se deram por satisfeitos. A economia nem sempre é uma guerra de fato, há situações em que os dois lados saem ganhando!

3.3. *"Os editores precisam decidir se farão suas publicações em CD-ROM ou na www"*

Considero isso um equívoco fundamental. É preciso fazer ambos paralelamente, e de tal modo que isso não gere custos extras. E isso funciona: é possível preparar um belo guia de referências da www em um servidor *Hyperwave* e então editá-lo — com as ferramentas de busca e tudo a que se tem direito — no formato de CD-ROM, e com custos mínimos.

3.4. *"Com a www, todo mundo se torna editor"*

As máquinas de fotocópia não transformaram todo mundo em editor. A www também não o fará. No futuro, não poderemos abrir mão de funções homogeneizadoras e administrativas: hoje, ao encontrarmos informações na www, raramente é possível comprovar sua autenticidade; como saberemos que um restaurante, descrito como sendo "ótimo" nos *sites* de duas cidades, é de fato bom, se não podemos compará-los, se não há uma instância que realize essa comparação e na qual possamos confiar? Informações em si, sem o conhecimento de suas fontes, não têm valor algum: para podermos emitir algum julgamento quanto à validade do conteúdo de um artigo que lemos, sobre um assunto qualquer, é necessário saber em qual jornal ou revista, por exemplo ele foi publicado.

3.5. "No futuro, com a www, faremos leituras e pagamentos apenas de modo seletivo"

Todo cientista econômico sabe que essa afirmação tem de ser falsa: produtos com custo baixo e variável (que dependem da quantidade de consumidores) sempre levam a um *bundling*, não a um *unbundling*. Em outras palavras, pode até ser que, no futuro, venhamos a ler mais seletivamente. Contudo, não pagaremos por aquilo que vamos ler, mas sim por um pacote de ofertas, do qual só faremos proveito parcial.

Um cálculo bem simples e ingênuo mostra o porquê disso. Tomemos como exemplo um jornal que oferece três partes principais: Esportes, Política e Entretenimento. Tomemos ainda três pessoas A, B e C, que se interessam de modo diferente por essas três seções: a pessoa A estaria disposta a pagar 50 centavos por dia pela parte de Esportes, e as pessoas B e C estariam dispostas a pagar, respectivamente, a mesma quantia pelas partes de Política e Entretenimento. Mas pelas outras duas seções restantes, que não atingem o centro de interesse das pessoas A, B e C, elas pagariam apenas 20 centavos.

Se a editora lançar esse jornal em meio eletrônico, ela terá três possibilidades:

a) Cada seção custará R$ 0,50. Nesse caso, A, B e C pagarão apenas por sua seção predileta e a editora lucrará R$ 1,50.
b) Cada seção custará R$ 0,20. Sendo assim, A, B e C comprarão todas as seções publicadas e a editora lucrará R$ 1,80 (A política de preço baixo é mais lucrativa!).
c) A editora não oferece as seções separadamente, mas sim como um pacote que custa R$ 0,90. Com isso, A, B e C adquirem o seu jornal em condições aceitáveis, a editora, no entanto, lucra R$ 2,70: já que o custo variável é praticamente nulo, a estratégia de veiculação no formato de pacote é a solução mais razoável!

A www gerará muitos fenômenos novos: alguns deles foram esboçados neste trabalho.

Bibliografia

MAURER, H. (org.), *Hyper-G now HyperWave: The Next Generation Web Solution,* London, 1996.

___, "Datenbanken, Interaktivität und Benutzerprofile im WWW", in BODEN, K.-P., BARABAS. M. (org.), *Internet — von der Technologie zum Wirtschaftsfaktor,* Heidelberg, 1997, pp. 25-34.

Lista dos colaboradores

Gunter Bauer
Assistente técnico do Instituto de Ciência da Informação da Universidade Karl-Franz, em Graz, Áustria
Universitätsstrasse 15/F3
A-8010 Graz
Áustria
E-mail: gunter.Bauer@kfunigraz.ac.at

Rafael Capurro
Professor titular de Ciência da Informação na Faculdade de Biblioteconomia e Gestão da Informação de Stuttgart
Livre-docente da cadeira de Filosofia Aplicada na Universidade de Stuttgart
Relenbergstrasse 57
D-70147 Stuttgart
Alemanha
E-mail: capurro@hbi-stuttgart

Reinhold Esterbauer
Assistente universitário no Instituto de Filosofia da Faculdade Católica de Teologia da Universidade Karl-Franz, em Graz, Áustria
Universitätsplatz 3
A-8010 Graz
Áustria
E-mail: reinhold.esterbauer@kfunigraz.ac.at

Anton Kolb
Diretor do Instituto de Filosofia da Faculdade Católica de Teologia da Universidade Karl-Franz, em Graz, Áustria
Universitätsplatz 3
A-8010 Graz
Áustria
E-mail: reinhold.esterbauer@kfuinigraz.ac.at

Andreas Maron
Coordenador de Desenvolvimento Organizacional da AVL List GmbH
Hans-List-Platz 1
A-8020 Graz
Áustria
E-mail: maron@avl.com

Hermann Maurer
Diretor do Instituto de Processamento de Informação e Novos Meios com Suporte Computadorizado da Universidade Técnica de Graz
Diretor do Instituto de Sistemas de Hipermídia do Centro Joanneum de Pesquisa de Graz
Schiebstattgasse 4 a
A-8010 Graz
Áustria
E-mail: hmaurer@iicm.tu-graz.ac.at

Wolf Rauch
Reitor da Universidade Karl-Franz, em Graz, Áustria
Diretor do Instituto de Ciência da Informação da Universidade Karl-Franzen
Universitätsstrasse 15/F3
A-8010 Graz
Áustria
E-mail: wolf.rauch@kfunigraz.ac.at

Gerhard Reichmann
Assistente universitário no Instituto de Ciência da Informação da Universidade Karl-Franz, em Graz, Áustria
Universitätsstrasse 15/F3
A-8010 Graz
Áustria
E-mail: gerhard.reichmann@kfunigraz.ac.at

Hans-Walter Ruckenbauer
Assistente universitário no Instituto de Filosofia da Faculdade Católica de Teologia da Universidade Karl-Franz, em Graz, Áustria
Universitätsplatz 3
A-8010 Graz
Áustria
E-mail: hans.ruckenbauer@kfunigraz.ac.at

Michael Trimmel
Instituto de Higiene Ambiental da Faculdade de Medicina da Universidade de Viena
Kinderspitalgasse 15
A-1095 Viena
Áustria
E-mail: Michael.Trimmel@univie.ac.at

Edições Loyola
Editoração, Impressão e Acabamento
Rua 1822, n. 347 • Ipiranga
04216-000 SÃO PAULO, SP
Tel.: (0**11) 6914-1922